PHILOSOPHIE

GOUVERNEMENTALE

PAR

HINCMARCH

PARIS

G. TEQUI LIBRAIRE-ÉDITEUR

85, Rue de Rennes, 85

1885

PHILOSOPHIE GOUVERNEMENTALE

PREFACE

Retiré depuis des années dans un modeste ermitage
loin de mon pays natal, par suite d'évènements mal
heureux, je consume les heures si lentes de l'exil, à
philosopher sur la patrie mutilée, mourante Philosopher sur la France, quel sujet plus cher pour un exilé
français !

Après sa chute lamentable de 1870 — 1871, je comp-
tais pour elle sur une résurrection prompte et brillante
Hélas ! il n'en est rien, absolument rien, bien au contraire, cette pauvre France ! va se désagrégeant de
jour en jour et dépérissant à vue d'œil

Naguère un superbe vaisseau, chargé de richesses
colossales, voguait majestueusement vers le port, défiant tous les écueils et toutes les tempêtes, sous la direction d'un pilote consommé, lorsque l'équipage, mu-
tiné sans raison, jeta ce pilote à la mer, et brisa la
boussole Depuis lors ce magnifique bâtiment erre à
l'aventure, tantôt d'un côté tantôt de l'autre, exposé à
mille dangers sur l'immense mer En vain tous les
matelots et les passagers prodiguent leurs conseils et
se jettent à la manœuvre au besoin, il ne retrouve pas

sa route, il s'en éloigne peut etre, il erre toujouis au milieu des brisants. Vains sont ses effoits poui échapper a la ruine, car ses vivres diminuent et les foices s'en vont si donc, il ne sombie sui les écueils qui l'entourent ou sous la tempete qui gronde, il ne peut manquer de périr bientot d epuisement. c'est fatal !

Ainsi nous sommes depuis des annees sans pilote, sans boussol[,] aux mains des plus loquaces, c'est-a-dire des plus teméiaires, sur l océan politique si tourmenté, si herisse de recifs, si battu pai les orages !

D ou vient cet etat navrant, sinon désespeie ? Pourquoi ne no is relevons-nous pas comme tant de fois dans le passé? Comment se fait-il meine que nous allons baissant de p'us en plus, malgie nos ressouices immenses, notie activite merveilleuse et le concours de tant de bonnes volontes ? Quelles sont les causes de cette anémie perfide ? Quels sont les remedes les plus capables de l'enrayer ? Quels sont les meilleurs moyens de ianimer puissamment tout le corps social ? Voila ce que je me suis efforce de chercher par tous les soins possibles

Que des savants parcourent peniblement les sentiers des hautes montagnes, afin de savoir pourquoi ceitains insectes descendent dans les vallons pour l hiver et montent sur les sommets pour l'ete, je ne les blame pas, je les loue meme volontiers Toutefois, je me suis dit que les causes de la décadence et de la prospérite des nations meritent plus encore d'exercer la sagacite de l esprit humain, et c'est pourquoi je me suis livré a cette etude.

Or, plus je m'y suis enfoncé, plus je me suis convaincu que tout notre malaise actuel vient de nos erreuis

politiques, que pour dissiper cette anémie qui nous
mine, et renaître a la vie, a la puissance et a la gloire,
il nous faut absolument revenir aux principes sociaux,
et rentrer dans nos voies providentielles

Quand cette conviction a été surevidente, translucide pour moi, j'ai pensé qu'un ouvrage signalant ces
erreurs nefastes et mettant en relief les principes
vitaux de toute société, si defectueux qu'il fut par ailleurs, suffirait pour la communiquer a une foule d'esprits sagaces, qui ne sont privées de sa lumiere trans-
cendante que parce que, emportés par la rapidite des
évenements et préoccupes de leurs affaires, ils n'ont
pas le temps de reflechir

Voila pourquoi, malgre mon inexperience littéraire
et des difficultes sans nombre, j'ai pris ma plume, celle
du pays bien entendu, et lui ai dit « Ma pauvrette, la
patrie se meurt, étouffee sous une avalanche monstrueuse d'erreurs signale ces erreurs et tache de les
dissiper Cette chere patrie ne peut recouvrer sa puissance qu'en revenant aux principes qui sont la base
des sociétés rappelle donc ces principes, ouvre leur
mine trop longtemps delaissee, ne fut-ce que pour invi-
ter de plus habiles a l'exploiter c'est la mine du salut.
A l'œuvre donc et promptement ! »

Des mois durant, docile, infatigable, rapide, trop
rapide meme elle a marche, cette pauvre petite plume,
sans crainte des sphinx de la politique, sans autre
passion que l'amour de la patrie . Et c'est son travail
que je presente en ce moment a mes concitoyens.

Va ! mon petit livre, que je voudrais mille fois meilleur a cause de la France Va ! l'amour de la patrie

t'a fait et, je l'espere du moins, son amour te fera recevoir Va donc ! et sois pour sa consolidation, ou plutôt
pour sa reconstitution sociale une petite pierre, un
grain de sable, ce que tu pourras Partout te suivront,
s'ils ne te precedent, les vœux de l'exile.

Que saint Michel te protege !

HINCMARCH

INTRODUCTION

Le monde ne s'est pas fait tout seul par la raison que rien ne se fait ainsi : *primo esse.* Il en est de même absolument de tous et de chacun des êtres spécifiques qu'il renferme, ces êtres etant dans l'impossibilité de changer d'espèce C'est pourquoi ceux qui, malgré cette impossibilite basée sur l'expérience de tous les siécles, font venir l'homme du poisson, de la grenouille, de l'ignoble guenon ou du singe, tombent en plein dans l'absurde.

Donc , pour expliquer l'existence de ce monde et des êtres innombrables qu'il renferme, il faut nécessairement recourir à l'intervention d'un Etre premier, créateur de tous les autres.

Le Créateur a-t-il un commencement? Non, assurément; qui l'aurait fait puisque rien n'existait avant lui ? Mais, s'il n'a pas de commencement, pourquoi aurait-il une fin ? Et, s'il n'a ni commencement ni fin, il s'ensuit donc qu'il est infini, du moins en durée, c'est-a-dire eternel. Or de cette éternité découlent logiquement deux conséquences qui nous font entrevoir cet Etre sublime. La premiere c'est qu'il est également infini en bonté, en puissance, en sagesse, en tout, parce que l'infini exclut invinciblement le fini qui n'est pas de même nature, la seconde, c'est que cet Etre infini est un esprit : car toute matiére a nécessairement des bornes.

Ainsi donc le Createur est cet esprit infiniment parfait que le ciel dit à la terre et que la terre redit au ciel, que tous les êtres proclament, au moins par leur existence, que tous les peuples connaissent, bien qu'il soit inventable malgre Voltaire, que tous même adorent et que nous appelons Dieu.

Mû par sa bonte, qui est le fond de son être, Dieu se determina, quand il le voulut, à communiquer l'existence. Alors, à sa parole, par sa puissance, sortirent des profondeurs du néant ou furent crees de rien des myriades d'anges pour habiter le ciel, des myriades de spheres, sinon de mondes, pour rouler dans

l'espace incommensurable, des myriades
d'êtres de toutes espéces pour peupler les
airs, la mer et la terre. Il les fit conformes
aux types qu'il choisit dans son sein et les
plaça dans ce bel ordre qui surpasse toute
admiration.

Creés en partie à maturité parce qu'ils
n'auraient pu se développer sans une suite
de miracles, la plupart de ces êtres doivent
se reproduire par un germe dont la nature
mysterieuse defie les investigations de la
science ; tous ils proclament chacun à sa ma-
niére la bonte, la puissance et la sagesse de
leur auteur divin ; tous, depuis le plus petit
jusqu'au plus grand de cette chaîne immense
qui va de l'atome à l'ange, sont merveilleux,
chacun en son genre.

Toutefois, le plus admirable, c'est l'homme, le roi de ce monde. Double est sa nature :
par son corps élegant, droit, au front éclairé
des splendeurs de la pensee, il tient à la matiére essentiellement périssable ; tandis que
par son âme intelligente et libre, qui plane
dans l'espace et monte jusqu'aux cieux pour
en admirer les splendeurs, il tient aux esprits,
c'est-à-dire aux êtres impérissables Quant à
son cœur, participant de la sensibilité de la

chair et de la pérennité de l'esprit, il est tout à la fois léger et indomptable dans ses haines comme dans ses affections : c'est un monde d'abimes insondables. Merveilleuse est la puissance de ce roi, si petit par le corps et si grand par l'intelligence. Il fait sauter les montagnes avec quelques grains de poussière ; avec un morceau de fer il déchire la terre et sonde ses entrailles ; il franchit les mers sur une planche ; la terre, il la parcourt sur les ailes de la vapeur ; maître de l'électricité, il lui commande de s'enquérir des antipodes : elle part et revient à l'instant ; quant à lui, s'élevant sur les ailes puissantes de sa pensée il franchit, rapide comme l'éclair, les limites de ce monde, pour aller contempler au plus haut des cieux les merveilles de l'infini. Mais ce qui surprend davantage en lui, c'est cette étrange liberté par laquelle il peut soit s'attacher à la vérité, s'élever de vertus en vertus, recueillir les hommages des êtres inférieurs et les offrir au Créateur imprégnés de son amour ; soit, suivre l'erreur, se vautrer dans le vice, user même des créatures et de ses facultés pour faire à Dieu une guerre extravagante, insensée.

III. Comme toute intelligence se propose une ou plusieurs fins en agissant, il est évident qu'il n'en peut être autrement de Dieu, qui est l'intelligence même. Si donc l'on demande quelles étaient ses vues quand il créa, nous sommes obligés de répondre que sans doute il avait pour but prochain le bonheur des êtres auxquels il donnait l'existence, selon cet adage : *Melius est esse quam non esse* ; mais que son but suprême ne pouvait être autre que lui-même, puisque rien n'existait que lui. Ainsi donc, Dieu est la cause première et la fin suprême de toutes les créatures, leur alpha et leur oméga, et c'est en définitive pour procurer sa gloire externe que toutes ont reçu ou reçoivent l'existence.

Or, cette haute mission de procurer la gloire de Dieu, toutes les créatures l'accomplissement avec une docilité, une activité et, je puis le dire, avec une ardeur admirable. Voyez plutôt vous-même quel travail immense dans ce but suprême ! Des milliards d'herbes, d'arbustes et d'arbres épanouissent leurs fleurs milliformes et remplissent l'air de leurs parfums ; d'autres tamisent leur sève pour fabriquer des fruits de toutes sortes : le blé fortifiant, le vin généreux, la pêche odorante

1.

et délicate. . ., tout près, le vermisseau file sa
soie, la brebis cède sa laine, l'abeille butine
son miel ; sur nos têtes, des oiseaux de toutes
couleurs jettent à tous les vents leurs harmo-
nies sonores ; en un mot tout travaille avec
ardeur à la gloire du Très-Haut, et, quand
ces artistes seront épuisés, d'autres, en vertu
de la loi de transmission, les remplaceront
partout sur ce vaste théâtre, instruits des
mêmes sciences, animés des mêmes ardeurs.

Plus haut, dans l'espace incommensurable,
des globes immenses marchent avec une ra-
pidité devorante et une regularité stupefian-
te. S'ils ne distribuent à des mondes inconnus
les lumières vives, nécessaires au travail, ou
celles plus sombres, propices au repos, ils
publient du moins depuis des siècles, par
leur exactitude et leur éclat, la puissance et
la gloire du Createur. C'est une immense machine régie par des lois mathematiques que
nous entrevoyons à peine et auxquelles nous
ne saurions toucher. Ne craignez donc pas
qu'elle se derange, elle a reçu de Dieu une
impulsion qui lui suffit et elle ne s'arrêtera
que sur son ordre souverain.

Plus haut, dans l'echelle de la perfection,
nous trouvons les hommes qui sont intelli-

gents, libres et capables d'amour. Eux aussi, du moins pour la plupart, mais avec plus de zèle encore et d'une manière plus parfaite, malgré leurs passions et les efforts continuels de Satan pour les dévoyer, ils travaillent incessamment à la g'oire de Dieu. Ils le cherchent avec ardeur, parce qu'il est la vérité absolue et, parce qu'il est la beauté suprême, ils l'aiment d'une passion indomptable. C'est pourquoi, recueillant en leurs mains royales les hommages des créatures inférieures, leurs sujets, ils les lui présentent sans cesse avec les leurs, animés de leur connaissance, embaumes de leur amour et enrichis des merites de leur liberte.

Ces hommages, déjà si pleins de vertus, sont reçus avec bienveillance par le premier-né des hommes : l'Homme-Dieu, le Christ. Jesus-Christ les impregne à son tour des mérites infinis de sa connaissance et de son amour parfaits, puis, lui-même, de ses mains divines, il les presente continuellement ainsi divinises, au souverain Créateur du ciel et de la terre.

Quel hymne à la gloire de Dieu ! et dans cet hymne quelle varieté, quelle pérennite, quelle perfection et, par suite, quelle immense moisson de gloire !

IV. Cette chaîne, il est vrai, me direz-vous, est admirable au suprême degré, mais elle manque de solidité dans un de ses anneaux les plus importants : celui de l'humanité. Les hommes en effet sont libres, donc, s'ils ont jusqu'ici, du moins en général, accompli leur haute mission, ils peuvent aussi cesser quand ils le voudront, et cela en vertu même de leur liberté ; et alors Dieu sera frustré d'une partie notable de la gloire qu'il est en droit d'attendre de ses créatures

Mirage de surface, pure illusion ! Les hommes, il est vrai, poussés par leurs passions déchaînées et surtout par le premier révolté, Satan, ne lutteront que trop souvent contre le plan divin, contre les limites posées à leur liberté ; mais, si beaucoup franchissent ces limites, ils ne les franchiront jamais tous, croyez-le bien. Croyez bien au contraire que, plus la place qu'ils occupent dans l'hymne de la création est importante, plus ils y seront maintenus fortement, non pas, il est vrai, par des lois physiques, parce que ces lois ne laissent aucune place à la liberté, mais par des lois

d'un autre ordre, compatibles avec cette liberté, et cependant toutes aussi fortes que les premières, parce qu'elles ressortent comme elles
de la puissance infinie.

Quelles peuvent être ces lois qui, tout en
laissant aux hommes leur pleine liberté, les
ont cependant maintenus en partie du moins,
et les maintiendront quand même jusqu'à
l'eternité dans leur sublime mission, comme
les rives d'un fleuve maintiennent jusqu'à
l'Océan ses flots indociles ? Ce sont d'abord
les lois morales que les hommes ne sauraient
violer sans se nuire ; ce sont aussi les gouvernements et surtout le gouvernement suprême par lequel Dieu conduit lui-même, avec
une puissance et une suavité infinies, les êtres
libres vers leur fin.

Diriger en effet des êtres libres, c'est gouverner. Expliquons en quelques mots ce haut
œuvre de l'art des arts. Voici sur la route de
la patrie un exilé marchant à pas rapides dans
une voie large d'abord mais qui diminue peu
à peu au point de se confondre avec d'autres ;
il va s'égarer, lorsque quelqu'un se présente
et lui dit : « Toutes ces routes me sont connues :
voici la vôtre, suivez-moi, je vous guiderai sûrement. » Ce quelqu'un est un gouvernement.

Ou bien notre voyageur connaît très bien sa route et la poursuit avec ardeur ; mais il rencontre tout à coup un ennemi formidable et recule effrayé, lorsque survient un homme puissant qui lui crie : « En avant ; écartons l'ennemi et, comme il peut s'en trouver d'autres, je vais vous accompagner. » Cet homme puissant est encore un gouvernement. Ou bien enfin notre exilé n'est pas un héros, il perd peu à peu toute son ardeur et, la faim, la soif et la fatigue l'assaillant tout à la fois, il s'arrête dominé par le découragement ; alors arrive quelqu'un qui lui dit. « Venez chez moi, vous aurez bonne table et bon lit pour vous restaurer, demain vous continuerez votre route. » Ce quelqu'un est aussi un gouvernement. Telles sont en effet les principales fonctions de tout gouvernement : éclairer, défendre, réconforter.

Pour gouverner il faut donc 1° une intelligence supérieure pour distinguer et indiquer clairement le but ainsi que les meilleurs moyens de l'atteindre : au lieu d être utile une intelligence faible ne pourrait que nuire en egarant, faute de lumières ; 2° une puissance supérieure aussi pour écarter et, au besoin, briser tous les obstacles, car, si elle n'etait pas telle, tôt ou tard vaincue par une plus forte, elle entraînerait tous ses protégés dans son malheur ; 3° un dévouement immense et continuel à cause des nombreuses natures lâches ou faibles qui, peut-être hélas, n'arriveraient jamais au but sans de puissants et généreux secours.

Indéniable est l'action des gouvernements sur l'homme. De toutes part en effet, quel que soit son âge ou sa condition, il est enlacé par eux, bon gré mal gré, et il ne peut se mouvoir que dans les limites qu'ils lui posent Dans la famille le père, qui est à la fois l'intelligence, la force et le dévouement, travaille sans cesse a diriger, a protéger, à fortifier ses enfants : c'est le gouvernement. Dans la commune il y a des écoles, une police, des secours pour tous les besoins : c'est le gouvernement. Plus haut, dans l'Etat, vous trouvez des institutions pour divulguer la science, des armées pour protéger, des lois pour regler les rapports des citoyens, des hôpitaux pour les malades, les vieillards, tous les nécessiteux : c'est le gouvernement dans sa plénitude. Tous les peuples ont leur gouvernement : les civilisés s'empressent autour d'un roi, ou s'attellent a la carriole bariolée de quelques ba-

vards qui verseront demain dans l'oubli, sinon
dans la fange ; les sauvages tremblent devant
le chef brutal qu'ils se sont donné ! Enfin,
fût-il seul dans une solitude inabordable,
l'homme n'est pas encore sans gouvernement,
car alors même son âme, qui est son intelligence et sa grande force, fait tous ses efforts
pour diriger et gouverner le corps. Ainsi
donc toujours et partout l'homme est gouverné, et, si l'on trouve quelques lâches qui
ne se gouvernent plus, il ne faut en conclure
qu'une chose, c'est qu'il y a des exceptions
pour les lois morales comme pour les lois
physiques ; d'autant plus que demain peut-
être, comme les *rois* qui remontent sur leur
trône, ces lâches reprendront leur autorité sur
sur eux-mêmes.

V. Avant d'aborder l'etude des gouvernements civils qui ont pour objectif le bien-
être matériel des peuples, je suis obligé de
parler de deux autres qui leur sont supérieurs et dont, par consequent, ceux-là doivent tenir compte pour ne pas faire fausse
route. L'un, c'est le gouvernement divin par
lequel Dieu maintient dans les voies qu'il leur
a tracées et les individus et les nations et

l'humanité tout entiere. L'autre, c'est celui de l'Eglise que Jésus-Christ a établie pour élever les hommes à l'etat surnaturel, les faire progresser indéfiniment dans cet état sublime et les conduire au ciel, la patrie éternelle où il nous attend.

De là trois parties dans ce travail, savoir: 1° gouvernement de Dieu, 2° gouvernement de l'Eglise ou de droit divin, 3° gouvernements civils ou de droit humain.

ESSAI

DE

PHILOSOPHIE GOUVERNEMENTALE

SUR LA FRANCE.

PREMIÈRE PARTIE.

GOUVERNEMENT DIVIN

I. Ce monde renferme deux ordres bien distincts : l'ordre moral et l'ordre physique, c'est-à-dire, celui des êtres intelligents et libres et celui de ceux qui ne le sont pas. Ces derniers sont régis par des lois physiques qui ne laissent aucune place à la liberté absente, les premiers le sont par des lois morales et des gouvernements qui, tout en laissant plus ou moins de large à leur liberté, les conduisent cependant à leur fin.

De tous ces gouvernements le plus haut est, sans contredit, le gouvernement de Dieu. Commençons par lui.

Dieu, qui a fait les hommes intelligents et libres, se contente-t-il de leur verser dans le principe une certaine quantité de lumière et de force pour atteindre leur fin, et les laisse-t-il ensuite, spectateur indifférent comme le soleil dans le monde physique, user ou abuser à leur gré de ses dons et meme les tourner contre eux-mêmes et contre lui ? Ou bien, apres leur avoir départi ses dons, veille-t-il encore sur eux avec toute la sollicitude d'un bon pere, leur donnant de nouvelles lumieres et de nouvelles forces au besoin, et même, s'il le faut, les arrêtant sur la pente de la révolte. en un mot les gouverne-t-il, d'une main discrete sans doute pour ne pas léser leur liberté, mais aussi d'une main habile et puissante qui, atteignant à la fois les gouvernements et les sujets, les mene comme un seul homme vers leur fin ?

II La raison repousse la premiere hypothese de toutes ses forces Que le soleil dispense la lumière et la chaleur dans une mesure toujours la même, cela se comprend, cela doit être. c'est une machine. Mais que Dieu, qui est l'intelligence et la bonté mêmes, qui par conséquent voit les obstacles se dresser devant les hommes, ses créatures bien-aimées, et les abîmes s'ouvrir sous leurs pas, après leur avoir donné une portion peut-être insuffisante de lumière et de force, les abandonne ensuite, sans jamais plus les éclairer ni les fortifier, sans jamais venir au secours de ceux qui l'implorent de toute leur âme dans la détresse ? Non, cela n'est point

Quoi ! l'homme, faible image de Dieu, ne se contente pas d'ouvrir l'intelligence de ses enfants, de leur apprendre à gagner leur vie et de leur donner une position dans le monde, il les suit encore partout d'un œil attentif et ne cesse jamais jusqu'à son dernier soupir de leur prodiguer son expérience et ses forces, et Dieu, qui est son prototype parfait, qui est le meilleur et le plus puissant des pères, n'en ferait pas pour le moins autant en faveur des hommes, ses enfants privilégiés, et il les abandonnerait sans cœur aux hasards d'une vie périlleuse ! Non, cela n'est pas possible.

D'autre part, les êtres ne sont pas libres vis-à-vis du soleil, puisque le plan, dans lequel ils sont, les en éloigne et les en approche tour à tour ; mais il n'en est pas de même des hommes vis-à-vis de Dieu, leur soleil immatériel, des lorsqu'ils sont libres, ils peuvent s'en éloigner à jamais. Si donc ce même Dieu, la seule source de vie, ne les suit dans leur fuite et, au besoin, ne les ramène à lui, il en résulterait que l'ordre moral aurait moins de ressource et de solidité que l'ordre physique, bien qu'il soit de beaucoup plus important. Non, mille fois non, cela n'est pas possible.

Non, encore une fois, la raison ne saurait admettre ce système absurde, qui blesse tous nos sentiments les plus élevés et qui, du reste, n'a été inventé par Épicure que pour légitimer sa dépravation, et n'est soutenu que pour la même cause par les épicuriens de tous les siècles. Que sont d'ailleurs, auprès de l'immense majorité des hommes, ces quelques dépravés? sinon quelques gouttes sales, sorties du grand et majestueux fleuve humain.

Mais ce que la raison admet, ce qu'elle clame même de toutes ses forces depuis le commencement du monde, c'est que Dieu, l'intelligence, la bonté et la puissance infinies, est loin d'abandonner les hommes aux dures épreuves de la vie présente, c'est que, tout au contraire, il les suit d'un œil attentif pendant toute leur carrière, leur prodiguant avec une activité incessante tous les secours permis par sa justice, c'est qu'en un mot il étend sur tous, sur l'individu comme sur les nations, comme sur l'humanité, son gouvernement vigilant et paternel.

En cela la raison cède à l'évidence d'une loi générale qui nous enveloppe de tous côtés. A tous les degrés de la création, en effet, nous trouvons une activité bienfaisante. La fleur répand ses parfums, l'arbre laisse tomber ses fruits, l'animal donne son produit ou son travail, le soleil verse sa lumière et sa chaleur, plus haut, dans l'humanité, le savant communique sa science, le fort défend le faible, le riche assiste le pauvre ; plus haut encore, dans l'ordre social, le pere protege sa famille, la commune, ses habitants et l'Etat, ses sujets Nous en concluons avec justesse que cette loi genérale ne s'arrete pas là , qu'elle doit avoir sa source dans le Créateur , que Dieu, qui est parfait, ne peut manquer d avoir au plus haut degré cette activité bienfaisante ; que par conséquent il répand incessamment sa lumiere, son amour et tous ses trésors , qu il nous éclaire, qu'il nous protege, qu'il nous assiste de toutes manieres , qu'il nous gouverne en un mot dans toute la force du terme C'est ce gouvernement suprême que nous appelons la Providence parce qu'il prévoit tout et pourvoit à tout. Il est si connu des hommes qu'ils se meprennent moins sur sa nature que sur celle de Dieu lui-même.

III. C'est pourquoi de toutes parts, à toute heure, et pour toute espece de besoins, les hommes adressent leurs prieres à Dieu comme à la lumiere qui voit tout, à la bonté qui veut le bien de tous, à la puissance qui peut tout , et, fallût-il des miracles, ils y comptent fermement, comme sur une chose toute naturelle Ces miracles, il est vrai, ne sont pas toujours necessaires, parce que Dieu, qui des le principe a prévu toutes les prieres, a pu jeter leur accomplissement dans la chaîne des faits naturels . mais encore une fois, fussent-ils nécessaires, les hommes comptent sur eux avec une confiance inébranlable « Partout, nous dit le R P. Livinhac, (Propag. de 1881. p 211) la nature humaine a les mêmes instincts profonds, indestructibles. Partout elle cherche Dieu, sa consolation, son secours, surtout dans la souffrance. » Ce n'est pas seulement en particulier et dans les grandes nécessités que la prière est adressée à Dieu par les hommes ; c'est aussi en public et pour les besoins les plus minimes. Elle s'élève tout à la fois de partout. des temples saints, des palais dorés et des cabanes de chaumes. De plus elle semble aussi forte en demandant un morceau de pain qu'un trône; et même, à voir la confiance des petits, on dirait qu'ils savent à fond la grande loi de la protection des faibles, par laquelle Dieu est si près d'eux. Sans doute il est des hommes qui ont appris de l'orgueil à ne plus prier, mais cela ne dure pas. bientôt ils réapprennent du malheur à solliciter Celui qui peut tout, et alors ils rendent, avec usure, ce qu'ils avaient enlevé à l'unanimité de la foi au gouvernement divin.

Telle est la croyance de l'humanité ; telle est aussi celle de toutes les religions et en particulier de la religion catholique qui seule a sa racine dans les cieux, qui seule contient toutes les révélations prouvées, qui seule embrasse tous les lieux et tous les temps. Écoutez la mere de Samuel dans son cantique : « C'est Dieu qui donne la mort et la vie, qui conduit aux abîmes et en retire, qui fait le pauvre et le riche, qui abaisse et qui élève. Il tire le pauvre de la poussière et l'indigent du fumier pour l'asseoir entre les princes, et lui donner un trône de gloire. » Du reste à chaque page de son enseignement nous trouvons la même doctrine pour les nations, pour les rois, pour les sujets, pour tous. « Pourquoi les nations se sont-elles soulevées avec frémissement et pourquoi les peuples ont-ils formé de vains projets ? Celui qui habite dans les cieux les tournera en dérision et les remplira de troubles dans sa colère... Maintenant comprenez, ô rois (ps 2) « Ce pauvre a demandé, et Dieu l'a exaucé (ps. 33)» etc, etc.

Mais, ce qui donne à cette vérité une évidence translucide, c'est que Jésus-Christ, le divin précepteur, l'a maintes fois confirmée de tous points. « Ne soyez pas inquiets de votre vie au sujet de de la nourriture, ni de votre corps au sujet du vetement. Est-ce que la vie n'est pas plus que la nourriture et le corps plus que le vêtement ? Regardez les oiseaux du ciel... c'est votre Pere céleste qui les nourrit. Or n'êtes-vous pas plus qu'eux ?..... Regardez les lis des champs, ils ne travaillent ni ne filent et cependant je vous dis que Salomon, dans toute sa gloire, n'était pas vêtu comme l'un d'eux (St Matt. 6) » . « Donnez-nous aujourd'hui notre pain de chaque jour Tous les cheveux de votre tete sont comptés et pas un ne tombera sans la permission de Dieu » Ceci ne doit pas paraître étrange puisque selon St Paul, c'est en Dieu que nous avons le mouvement et la vie « *In quo movemur et sumus.*

Apres cela, il n'est pas étonnant de voir les chrétiens, appuyes plus encore sur la parole de Jesus-Christ qui ne les a jamais trompes, que sur la voix pourtant si imposante de l'humanite tout entiere, compter sur le gouvernement divin, sur la Providence, avec une confiance inexprimable et lui adressera tout propos des prieres miraculantes

Ainsi donc, le gouvernement divin n'est pas seulement une verite proclamée par la raison humaine, un dogme qui a sa place marquante dans toutes les religions et sur tout dans la religion catholique, c'est encore une vérité pratique, qui fait qu'a toute heure et de tous les pays s'élèvent à la fois vers Dieu des supplications pour des grâces particulieres la nourriture, la santé, la science, la vertu comme pour des grâces publiques . le succes dans la guerre, de sages lois, d'abondantes récoltes Quels votes sincères, escomptés d'avance par Celui qui sait tout, et exaucés par son infinie bonté, dans la mesure de nos mérites et plus encore de nos besoins.

IV Mais, ce qui fait surtout que cette vérité
plonge, malgré l'orgueil et la dépravation, des
racines si profondes dans le cœur humain, c'est
qu'elle est sensible et palpable au plus haut degré Sans doute Dieu n'est pas visible en son
essence, mais il le devient par les événements,
comme l'âme par les mouvements du corps.
Voilà pourquoi le peuple, qui raisonne peu ,
mais qui sent si vivement, s'émeut tant partout
de la Providence c'est que la main de Dieu se
montre à chaque instant et d'une manière irré-
cusable dans les événements de ce monde, aussi
bien dans la vie privée que sur le vaste théâtre
de la vie publique Cette main puissante, habile,
inexprimable , ce n'est pas seulement Adam ,
Noe, Abraham, Jacob, Moise, les apôtres et un
grand nombre de saints qui l'ont vue , c'est encore Balthasard avant de demander à Daniel
l'explication de l'arrêt *Manc-Thecel-Pharès*, écrit
sous ses yeux épouvantes ; c'est Julien l'Apostat
lançant vers le ciel son sang putride en disant.
« Tu as vaincu, Galiléen », c'est Voltaire mourant juste 20 ans après ses paroles impies :
« Dans 20 ans le Christ aura beau jeu », c'est
Napoléon sur son rocher desert apres avoir rêvé
l'empire du monde; c'est quiconque regarde avec
bonne foi les événements humains

Du reste, qui ne l'a pas vue, même dans sa
propre vie, cette main souveraine ? Quelquefois

nous pouvons ne pas la voir, d'abord parce qu'elle se cache pour ne pas léser notre liberté, ensuite parce dans le succès l'orgueil s'attribue souvent le mérite ; mais ce n'est pas long : bientôt un malheur, que nous n'avons pu ni prévoir, ni éviter, vient nous révéler dans notre propre vie un autre artisan que nous-mêmes. Bien orgueilleux et bien aveugle est l'homme qui ne s'arrête pas à un certain point de sa vie pour dire : « Ce n'est pas moi » Mais, quoi qu'il en soit des superbes, les simples, qui n'ont point de ressources contre la conscience dans leur orgueil, ne manquent jamais d'apercevoir cette main divine dans le tissu de leur vie, et tous les astres des cieux ne les impressionnent pas autant que son apparition souvent aussi claire que soudaine.

Imitons le poète *Paulo majora conamus*, et jetons les regards sur l'histoire des peuples. Là, cette main nous apparaîtra plus évidente et plus puissante encore, sans doute parce que le théâtre est plus grand.

Nabuchodonosor, au faîte du premier empire du monde, vit tout à coup se dresser devant lui, une statue grande, terrible, étrange. La tête était d'or, la poitrine et les bras d'argent ; le bas du tronc et les cuisses d'airain ; les jambes et les pieds, partie de fer et partir d'argile. Aucun sage ne pouvant expliquer ce phénomème au roi, le prophète Daniel, inspiré de Dieu, le fit en ces termes : « Cette statue représente les grands empires du monde. Dieu vous a donné le premier qui est représenté par la tête d'or. Le second (Mèdes et Perses), l'est par l'argent ; le troisième, par l'airain (Grecs), et le quatrième, par le fer et l'argile (Romains). Pendant que vous regardiez, non sans stupeur, une pierre se détachant de la montagne sans main visible, brisa la statue, puis, se prit à grandir et remplit bientôt l'univers. Cette pierre représente l'Eglise que Dieu suscitera, sur les débris des quatre premiers empires, pour régner toujours (Dan. ii, 32,) » Ainsi donc c'est Dieu qui a disposé des Assyriens, des Mèdes, des Grecs et des Romains ; c'est lui aussi qui a fondé l'Église, qui l'a répandue sur tout l'univers et l'y maintiendra toujours, malgré tous les obstacles. Peut-on douter après cela qu'il ne dispose également de toutes les puissances, quelles qu'elles soient ?

Si l'on veut scruter la fin du colosse romain qui remplit le vieux monde du bruit de ses exploits et de la terreur de son nom, le voici en deux mots : il abusa pendant des siècles de son omnipotence en jetant dans l'esclavage d'innombrables victimes et surtout en immolant les chrétiens avec une cruauté savante. mais, quand la mesure fut pleine, l'on vit les Barbares, qui n'attendaient qu'un signal d'en haut, l'assaillir de tous côtés, le renverser, le piétiner et le dépecer avec une barbarie non plus savante, mais toute sauvage.

Même spectacle dans les temps modernes Depuis Luther et surtout depuis Voltaire, dans le centre de l'Europe, les peuples et les rois conspiraient contre Dieu et son Eglise. Une nation, qui par son esprit et son cœur magnétise tout ce qu'elle touche, se mit a la tete du mouvement en chassant Dieu de ses temples Aussitôt l'Europe entiere tressaillit d'impiéte Mais bientôt, helas ! quels châtiments ! Cette nation agonise dans l'imbécilité et dans le sang, ou râle sous la botte d'acier d'un Geant et, tandis que les trônes sont brisés, ses enfants, trop mal élevés pour être bénis de Dieu, sont immolés aux quatre coins de l'Europe en d'immenses hécatombes, puis tous les peuples, qu'elle a entraînés dans sa revolte impie, viennent la fouler sous leurs pieds, comme pour se venger en vengeant le le Très-Haut

Apres cette terrible leçon, cette nation revenait courageusement a Dieu, et Dieu la bénissait de nouveau avec générosité, lorsque, captivée derechef par les Francs-maçons et ramenée par leurs perfides mensonges a ses anciens errements, elle dit par la voix de son chef carbonaro aux ennemis de l'Eglise et de Dieu. « Faites et faites vite, pas d'intervention. » Elle fut prise au mot là-Haut où tout se décide en dernier ressort hélas ! il en fut fait vite de lui comme de nous, et l'intervention ne se trouva nulle part. Comment ne pas voir ici non seulement la main divine, mais encore ses mouvements gradués sur nos folies.

Aujourd'hui encore, toujours fascinés par les perfidies de la secte satanique, nous tombons de nouveau dans les mêmes monstruosités De nouveau aussi se montre la justice divine, procedant d'abord par l'ironie puis par les troubles selon le psaume deuxieme « *Subsannabit* . *conturbabit eos* » N'assumons-nous pas toutes les dérisions par nos inepties depuis des années ? Et ne voyons-nous pas les troubles lever partout leurs têtes hideuses, prets à nous devorer Il faut être aveugle pour ne pas voir cela et ne pas y reconnaître la main de Dieu

Ils la voient bien, cette main toute-puissante, Satan et ses suppôts qui poussent les peuples a la revolte afin de pêcher en eau trouble, et c'est pourquoi ils font tout leur possible pour la voiler dans l histoire Travail de Titans et de Danaides de Titans, parce que son empreinte est partout, de Danaides, parce que l'histoire se continue toujours la même, de sorte que nous la voyons un jour ou l'autre se dresser devant nous avec son inexpugnable cachet divin.

C'est a cause de cela que je puis redire aujourd'hui ce que Lacordaire disait en 1851, du haut de la chaire de Notre-Dame de Paris « Vous la voyez — cette main — MM. ; et sans regarder en arrière ou en avant de votre âge, en nous tenant à l'heure précise où nous sommes parvenus, je vous le demande, qui tient le sceptre de nos destinées ? Qui peut se promettre ou même nous nommer le port ? Ni les hommes d'expérience pourtant, ni le sens et l'esprit ne manquent à notre nation . elle est encore ce peuple éloquent et brave que dépeignait César, douee du plus beau territoire qui soit au monde, d'une antiquité supérieure à l'antiquité des peuples ses concitoyens et ses rivaux, et d'une histoire qui lui assure les titres de premier-né de l'Eglise, de bouclier de la foi et d'épée de Dieu pour la justice. Si une terre habitée par les hommes pouvait se passer du gouvernement de la Providence, ce serait la nôtre · et pourtant au quatorzieme siècle de notre âge, au sein de tant de souvenirs et de trésors, nous voici incertains de nous-mêmes , tremblants devant l'avenir , et, que nous le voulions ou non, attendant de Dieu seul le secret de notre salut. Vous vous étiez flattés de le mettre à l'écart ; vous vous disiez désabusés de son Christ et n'accordiez plus à l'Evangile que l'honneur vieilli d'avoir été le précurseur du regne de la raison. Qu'en dites-vous à l'heure qu'il est ? Le bras de

Dieu est-il si peu de chose, son secours inutile, son nom une simple antiquité de la métaphysique et de l'abstraction ? Dans quel fabuleux labyrinthe il a pris votre sagesse... Or ce que vous voyez, le monde l'a vu dans tous les temps. Sous des formes qui changent et des noms qui se succèdent, la vanité des peuples se montre tôt ou tard. Je dis tôt ou tard parce que la Providence n'est pas toujours également visible... Dieu se cache et se révèle tour à tour, afin d'être mieux vu. »

Concluons donc. Dieu seul connaît à fond la voie des individus et celle des nations ; il doit intervenir en bon père pour la leur montrer et les aider à la parcourir ; il le fait toujours, tantôt se cachant pour ne pas blesser notre liberté, tantôt se montrant pour ranimer les courages abattus. Sous ce rapport donc la vérité pour tous les temps est ceci : l'homme peut proposer en vertu de sa liberté, mais c'est Dieu qui dispose et conduit tout avec une douceur et une force infinies. Ceux qui l'oublient dans le succès le rapprennent tôt ou tard du malheur.

V. Ce serait maintenant le moment d'établir les lois de ce gouvernement suprême, mais je voudrais les déduire des événements humains, de l'histoire générale des peuples et ce serait trop long. C'est pourquoi, tout en observant que ce

gouvernement parfait ne saurait avoir ni défauts
ni caprices quelconques, je me bornerai à indiquer ses trois principales lois qui sont la sagesse, la bonté et la justice infinies.

Par la sagesse divine sont tracées, avec un
art infini, toutes les voies particulières, bien que
reliées entre elles, que doivent suivre les individus et les nations pour atteindre leur fin, et
qui constituent l'unité parfaite dans une immense variete, cachet des œuvres de Dieu Sa
bonté infinie distribue des le principe aux nations comme aux individus tous les dons nécessaires pour parcourir leurs carrieres avec succès,
elle ajoute au besoin des lumières pour les égarés, des forces pour les faibles, des secours de
toute nature, pour tous, surtout pour ceux qui
l'implorent avec confiance De là vient le rôle
préponderant de la priere dans ce gouvernement
parfait qui semble reposer, non sur les votes
faussés, mais, chose merveilleuse, sur les vœux
sinceres de tous et de chacun

Quant à la justice, divine aussi, c'est elle qui
éprouve pour récompenser, qui châtie pour corriger et ramener dans les voies droites et qui, au
besoin, renouvelle ou efface du livre de vie et
les invidus et les nations et les gouvernements
trop pervers Si elle frappe relativement plutôt
les gouvernements et les peuples que les particuliers, il ne faut pas s'en étonner les premiers

portent plus de préjudice à la gloire de Dieu que les derniers qui d'ailleurs peuvent tout payer avec usure dans l'éternité. Voilà pourquoi nous voyons si souvent des gouvernements, jeunes encore, disparaître de la scene du monde. Puissent ne pas l'oublier les directeurs des peuples ! « *Et nunc reges intelligite, crudimini qui judicatis terram* »

Ainsi marchent et marcheront, bon gré mal gré, les hommes sous la direction suprême de Dieu jusqu'à ce que soit complet le nombre des saints voulu par lui. Alors ce bas monde, ayant terminé sa carriere en atteignant son but, disparaîtra sur l'ordre souverain de Celui qui donne et retire l'existence quand il lui plaît.

DEUXIÈME PARTIE

GOUVERNEMENT DE DROIT DIVIN.

L'ÉGLISE CATHOLIQUE.

Dieu est l'autorité souveraine, toutes les autres, quelles qu'elles soient, viennent de cette autorité suprême et en dépendent : ce sont des délégations plus ou moins immédiates, toujours responsables. A ce titre de représentant de Dieu, tous les gouvernements réguliers ont droit au respect et à l'obéissance ; mais ils perdent ce droit dès qu'ils commandent ce que Dieu défend parce qu'alors ils outre-passent les limites de leur délégation S'ils sont établis par les hommes ils ne sont que de droit humain ; ce n'est que quand ils sont constitués par Dieu qu'ils sont de droit divin. Ceux de Saul et de David avaient ce privilége, comme on le sait Depuis lors il n'en existe plus au civil, mais au religieux nous avons celui de la religion catholique, l'Église, comme nous allons le voir.

Avant d'entrer en matière, notons certains principes dont nous avons besoin comme phares pour ne pas nous égarer

Dieu ayant fait l'homme pour sa gloire lui devait nécessairement les moyens efficaces pour la procurer. c'est pourquoi il l'a doté d'un instinct, disons mieux, d'un organe religieux si puissant que rien ne peut le detruire, ni la corruption, ni la sauvagerie, ni le laïcisme, ni le satanisme, ni quoi que ce soit; c'est pourquoi encore il lui a notifié lui-même, dès le principe, sa fin glorieuse et les moyens d'y parvenir la véritable religion ; c'est pourquoi enfin il lui a donné le droit plein de connaître cette religion et de la pratiquer. Là réside le plus grand des droits de l'homme, son droit principe, et le lui nier ou le mutiler est une iniquité sans pareille, dont les monstres seuls sont capables.

La véritable religion étant nécessaire, non pas seulement à l'organe mystique de l'homme, comme la lumiere à sa vue et l'air à ses poumons, mais à l'humanité tout entiere, puisqu'elle lui enseigne sa fin et les moyens d'y parvenir, nous en concluons qu'elle a toujours été enseignée et pratiquée et qu'elle le sera toujours sans cela l'humanité cesserait de tendre vers sa fin, ce qui ne peut être, vu la sagesse et la puissance infinie du Créateur. Donc, toutes les religions qui sont nées dans le cours des

siecles portent leur cachet de fausseté sur leur
extrait de naissance ce sont des scories attachées
au tronc de la véritable, ou plutôt des simula-
cres inventés par Satan, le grand singe de
Dieu, pour lui arracher les hommes et les conduire pour leur malheur au satanisme, l'erreur
supreme, sa religion à lui De plus, parce que la
religion est nécessaire à l'humanite, qu'elle est
un de ses elements intégrants supérieurs, nous
en concluons que, loin de nuire à ses facultés, elle doit au contraire contribuer a leur
complet épanouissement, qu'elle est leur complément, leur couronnement et que les peuples,
qui la pratiquent, doivent grandir, tandis que
les autres doivent végéter dans l'impuissance.
Et, n'est-ce pas là le fait de la religion catholique ? N'est-elle pas par sa doctrine sur la vie
présente, sur l'éternité, sur Dieu le soleil de
notre firmament intellectuel ? Ne nous appelle-
t-elle pas à tous les progres par sa morale sublime et le modele parfait qu'elle nous propose ?
Ne répond-elle pas par les trésors infinis du bonheur éternel à toutes les aspirations de notre
cœur ? N'est-elle pas enfin la cause de la su-
prématie incontestable des peuples qui la pratiquent ?

Observons encore que la véritable religion ne
peut venir que de Dieu. Lui seul en effet connaît
à fond le but pour lequel il a créé l'homme et les

moyens d'atteindre ce but, seul il est compétant
pour déterminer le culte par lequel il entend
être glorifié, seul encore il peut donner à ce
culte l'efficacité voulue ; donc cette fin, ces moyens
et ce culte, nous ne pouvons les connaître que
par révélation de sa part. Assurément les hommes sont incapables de tout cela   preuves, tant
de religions ridicules, pour ne pas dire plus, qu'ils
ont forgées et qui, fussent-elles sages, manqueraient quand même de l'efficacité voulue. Du
reste, l'humanité l'a si bien compris que jamais
elle n'a admis de religion sans révélation à sa
base. Le mal est qu'elle s'est montrée bien trop
facile sur les preuves de ces révélations , sans
cela il n'y aurait debout, comme juste, que la
religion dont les preuves de révélation sont inébranlables et qui, par cela meme, est la seule
vraie.

La religion qui vient de Dieu est non seulement la véritable, mais encore elle est infaillible par la raison que Dieu ne peut ni se tromper
ni nous tromper Cela doit être du reste   car il
importe souverainement que les hommes, qui
pour la plupart n'ont ni le temps ni les facultés
voulus pour discuter les religions , ne soient
pas leurrés sur l'affaire suprème de leur salut.
Il suit de là que les religions — toutes, moins la
catholique — qui ne proclament pas leur infailli-
bilité, avouent par là-même leur faussete.

Toutefois, et nous devons le dire bien haut, si parfaite qu'elle soit, la véritable religion ne laisse pas d'avoir nécessairement des mysteres. Dieu en effet est son objet, or il n'est pas possible qu'il soit adéquatement compris par un être créé. Donc, toute religion qui n'a pas de mystères n'est qu'un leurre et l'on a tort de s'effaroucher outre mesure de ceux que nous propose la véritable Est-ce que toutes les sciences n'ont pas des mysteres ? Pourquoi des lors la religion, qui est la plus haute, n'aurait-elle pas aussi les siens ? Est-ce sa faute d'ailleurs si les opérations ou les attributs divins, qu'elle nous revele, ne sont pas compris par notre faible raison ? Pas plus que ce n'est la faute du télescope, si les globes, qu'il nous montre dans l'espace, restent mystérieux pour nous. Ces mysteres donc, au lieu de nous effrayer, devraient au contraire nous rassurer ils sont une preuve et de la véracité de la religion qui les propose et de sa supériorité sur notre intelligence

Quant au gouvernement de la véritable religion, si tant est qu'elle en ait un, on entrevoit facilement la nécessité qu'il vienne de Dieu comme elle, afin d'etre, comme elle aussi, identique et permanent, chose si difficile, pour ne pas dire impossible, aux institutions humaines, toutes si versatiles et si caduques.

II. Ces principes posés, arrivons aux faits qui constituent la veracité de la religion catholique et de son gouvernement l'Église.

Apres la création Dieu ne laissa pas l'homme dans l'état purement naturel. De suite il l'éleva à l'etat surnaturel, plus parfait, et lui prodigua tous les enseignements et tous les secours nécessaires pour progresser dans cet état sublime, procurer d'une maniere plus excellente la gloire de son auteur et gagner le ciel, qu'il lui promettait comme récompense infinie de sa fidélité : c'était la religion.

Tout aussitôt apres la désobéissance première, la chute la originelle, il frappa l'homme d peines sévères et, maintenant toujours son plan, il lui promit un Redempteur et lui donna des moyens efficaces de réparaton en vue de ce Rédempteur : c'était encore la religion, mais réparatrice et avec toutes ses bases actuelles la priere, la sanctification du septieme jour, la pénitence, les sacrifices sanglants en vue de celui de Jésus-Christ, bases dont nous trouvons les traces chez tous les peuples

Les hommes déserterent peu à peu cette religion sainte pour suivre leurs passions ; c'est pourquoi un deluge universel les fit tous périr, moins Noé et sa famille qui la pratiquaient encore et auxquels Dieu la rappela

Comme les descendants de Noé allaient l'ou-

bliant aussi, il la renouvela à son fidèle servi-
teur Abraham et constitua miraculeusement sa
race en peuple, pour la garder.

Ce peuple devenant infidèle à son tour, Dieu
le rassembla autour du Sinaï et proclama lui-
même, d'une voix formidable, du haut de cette
montagne en feu, ses dix commandements qui
confirmaient en les developpant les premières
révélations

Parce que ces admirables commandements su-
bissaient des alterations à leur tour, malgré des
miracles de toutes sortes et un sacerdoce de valeur, Dieu, qui avait mis le sceau à la création
le sixième jour, le mit aussi à la révélation en
ouvrant sa source pour la sixieme et derniere
fois en la peronne de son Verbe éternel.

Le Fils unique de Dieu donc, Dieu lui-même,
revêtit notre humanité, dans le sein de la bienheureuse Vierge Marie, par l'opération du Saint-
Esprit « Et Verbum caro factum est » c'était
le Messie promis, le Rédempteur universel, le
Christ en un mot, Dieu et homme tout à la fois
Jésus-Christ voulut vivre trente ans durant aux
prises avec toutes les misères de notre humanité déchue, pour les sanctifier non moins que
pour montrer à tous dans sa personne un modele parfait, divin Ensuite, pendant trois ans,
guérissant les malades, chassant les démons,
rappelant les morts du tombeau, semant en un

mot les miracles à pleines mains pour prouver sa divinité, il enseignait aux pauvres, aux riches, aux ignorants, aux savants, aux foules qui le suivaient avides de sa parole souvent plusieurs jours de suite, il enseignait, dis-je, à tous, en public comme en particulier, tout ce qu'il faut éviter, tout ce qu'il faut croire, tout ce qu'il faut faire pour glorifier Dieu et gagner sûrement le ciel ou il se donne sans mesure avec toute sa gloire et tout son bonheur Rien, absolument rien de ce qui est nécessaire ou simplement utile à l'homme sur la route de la patrie céleste ne fut oublié ! Et, chose bien capable de frapper tout homme sérieux, cet enseignement extraordinaire, simple, sublime, divin, qui s'adresse à tous les hommes, à toutes les conditions, à tous les temps, qui fonde les droits de l'humanité sur les devoirs contre lesquels il ne peut y avoir de droits, qui renverse toute la sagesse humaine : «Heureux ceux qui pleurent. — Malheur aux riches. — Cherchez d'abord le royaume de Dieu . cet enseignement ne contredit en rien les révélations précédentes ; tout au contraire il les éclaire, il les précise en les développant, il est leur complément achevé, parfait.

III. Mais cette révélation parfaite qui sanctionne et complète toutes les autres, cet Évangile sublime qui proclame tous les devoirs de l'huma-

nité et par la meme tous ses droits indestructibles, cette religion en un mot, la plus belle et
la plus haute du monde, qui seule a par ses révélations ses racines dans les cieux, qui seule se
proclame et se montre infaillible au milieu des
égarements perpétuels , qui seule embrasse tous
les pays et tous les siecles, preuves aussi tangi-
bles que formidables de son origine et de sa
mission divine pour conduire à sa fin l'humanité tout entiere, cette religion sainte, dis-je,
apres l'avoir lancée au firmament intellectuel,
comme jadis le soleil au firmament materiel,
Jésus-Christ se contente-t-il de la sceller par
l'effusion de son sang divin, rançon universelle,
source inépuisable de reparation pour les fautes,
de forces pour le combat et de progres dans la
vertu ? Non, de tout point Il était assez prouvé
que les hommes sont incapables de la garder
intacte , d'ailleurs elle est trop precieuse, maintenant qu'elle est enrichie des mérites infinis du
sang divin, pour laisser plus longtemps a leur
faiblesse et a leurs caprices le droit d'en dispo-
ser. C'est pourquoi Jesus-Christ voulut élever à
cette religion, desormais parfaite, une forteresse
à la fois infaillible et inexpugnable, d'ou elle
pût sûrement diriger tous les peuples pendant
tous les siecles jusqu'a l'éternite , et c'est ce qu'il
fit en lui donnant un gouvernement de création
nouvelle, un gouvernement de droit divin, ve-

nant de lui comme elle l'Église, que Mœler appelle justement la permanence de l'incarnation, selon du reste ces paroles du Maître : « Voici que je suis avec vous jusqu'à la fin des siecles »

Les membres de cette Église avaient été préparés d'avance, Jésus-Christ lui-même les avait choisis C'étaient d'abord les chefs, les Apôtres : douze pauvres pêcheurs auxquels il avait dit : « Suivez-moi, je vous ferai pêcheurs d'hommes, « Et fecit ut essent duodecim (Matt iii, 13), » c etaient ensuite, pour représenter les ministres inferieurs, soixante-douze disciples « Designavit Dominus et alios septuagenta duos » (Luc x, 1) D'avance aussi il leur avait assigné leurs attributions à Simon choisi pour chef il avait dit « Tu es Pierre et sur cette pierre je bâtirai mon Église et les portes de l'enfer ne prévaudront point contre elle Je te donnerai les clefs du royaume des cieux ce que tu delieras sera delie et ce que tu lieras sera lié. J'ai prie pour toi afin que ta foi ne defaille jamais affermis tes freres Pais, ou plutôt gouverne et mes agneaux et mes brebis » Pour tous il avait ajouté « Je vous envoie comme mon Pere m'a envoyé Ceux auxquels vous remettrez les péchés, les péchés seront remis, mais ils seront retenus à ceux auxquels vous les retiendrez » (J xx, 21) Ce n'est pas tout encore, ces apôtres,

Jésus-Christ avait voulu les essayer lui-même, comme pour ne rien laisser aux caprices du hasard : c'est pourquoi il les avait envoyés prêcher le royaume de Dieu et ils etaient venus lui rendre compte de leur mission « Narraverunt illi quœcumque fecerunt (Luc IX, 10). »

Enfin la religion était enseignée tout entière, les sacrements institués, les chefs de l'Église choisis, la Rédemption accomplie et Jésus-Christ ressuscité depuis quarante jours, allait quitter la terre et monter au ciel · le moment était donc venu pour lui de constituer définitivement son Eglise et de lui léguer tous les pouvoirs nécessaires pour le salut du monde.

Écoutez cette scène incomparable ou la parole divine, le Verbe Dieu, créa l'Eglise du limon de l'humanité pour diriger à jamais cette humanite, comme autrefois il avait créé du limon de la terre celui qui devait régner sur elle.

Les onze apôtres, arrivant sur la montagne ou Jésus-Christ leur avait commandé de le rejoindre, l'adorèrent, et Lui s'approchant d'eux leur dit « Toute puissance m'a été donnée au ciel et sur la terre — quel debut — comme mon Pere m'a envoye je vous envoie aussi moi-même. » Puis, soufflant sur eux, il ajouta « Recevez le Saint-Esprit, les pechés seront remis à qui vous les remettrez et retenus a qui vous les retiendrez . Allez donc, instruisez toutes les nations, les baptisant au nom du Pere et du Fils et du Saint-Esprit et leur apprenant a observer toutes les choses que je vous ai commandées, et voici que je suis avec vous jusqu'à la fin du monde (Mat 28. Jean, 20) »

Apres avoir reçu son âme du souffle de Dieu, Adam s'était levé devant son Créateur, attendant ses ordres Ainsi fit l'Eglise apres avoir reçu le Saint-Esprit qui l'anime et la dirige, elle attendit les ordres de Dieu pour s'elancer a la conversion du monde. Plus tard nous verrons ce travail de sanctification. Maintenant nous devons nous arreter, par esprit de discipline, aux faits indeniables que nous venons de rapporter et sur lesquels repose l'Église tout entiere pour en dégager sa constitution de droit divin, sa mission divine renfermant ses droits comme ses devoirs, et sa position vis-à-vis des divers gouvernements civils.

IV. Il résulte avec évidence des faits ci-dessus que l'Eglise est une monarchie élective et absolue, instituée par Jésus-Christ lui-même « Tu es Pierre . gouverne mes brebris et mes agneaux, » que cette Eglise a reçu de lui les pouvoirs administratif, legislatif, et judiciaire, tous les pouvoirs neressaires aux mouvements d'une société complete Tout pouvoir m'a eté donné. . Je vous envoie de meme ; » qu'elle a pour but d'enseigner tous les hommes, de les rétablir dans l'état surnaturel perdu par la chute originelle et de les conduire au ciel, à Dieu qui est leur fin suprême ainsi que leur bonheur infini « Instruisant, baptisant jusqu'à la fin du monde »

A sa tête donc, selon l'ordre du Maître, est un chef électif et absolu tout à la fois c'est le Pape, c'est-à-dire le père de tous, des gouvernants comme des gouvernés Un pauvre pêcheur Pierre, eut le premier ce titre auguste et cette charge incomparable de premier représentant de Dieu sur terre Ses successeurs peuvent etre pris dans tous les rangs de la société, mais d'ou qu'il vienne le pape ne reçoit ses pouvoirs souverains que de Dieu Sa juridiction s'etend sur tous, sur les pasteurs comme sur les agneaux, c'est lui seul qui préside ou fait présider les conciles genéraux, partout dans l'Église il est le premier. De plus, selon cette parole de Jésus-Christ « J'ai prié pour toi confirme tes frères, » il est infaillible quand, s'adressant à l'univers, il prononce sur la foi ou sur les mœurs Là, il y a une loi nouvelle comme celle qui fait l'homme enfant de Dieu par l'eau et les paroles sacramentelles du baptème, comme celle de tous les sacrements du reste

Au second plan sont les évêques, successeurs des Apôtres, et comme tels, juges de la foi et membres-nés de l'Église enseignante. Quand ils sont réunis en concile et approuvés par le Pape, leurs décisions sont celles de l'Église même, contre laquelle ne prévaudront point les portes de l'enfer. Toutefois, c'est du Souverain Pontife qu'ils reçoivent leur troupeau et c'est sous son autorité suprême qu'ils le gouvernent.

Au troisieme plan sont les prêtres, successeurs des soixante-douze disciples L'Église les recrute dans tous les rangs de la société, mais le plus souvent dans les familles de foi des classes inférieures. Ce n'est qu'après les avoir longuement formés à la science et à la vertu qu'elle les couche dans ses cathédrales pour dire adieu aux joies mondaines et les élever au sacerdoce. Des lors ils sont aptes à toutes les dignités à l'épiscopat, au cardinalat, à la papauté. L'évêque, qui dispose d'eux, sachant comme saint Bernard que Dieu donne à chacun les qualités de sa destinée. « *Omnia charismata. . Quæ necessaria sunt* » les place, sans écouter la faveur, selon leurs aptitudes, leurs talents et surtout leurs vertus, parce que c'est la vertu qui est et sera toujours le grand levier de ce monde De la vient que les relations en haut comme en bas sont des plus faciles . chacun est à sa place. Rarissimes sont ces nullités surexhaussees, qui, sans cesse occupées d'abaisser le mérite et de favoriser les non-valeurs afin de paraître avec avantage, sont le fléau de tant d'administrations. Ce sont ces prêtres si humbles et souvent si capables qui communiquent directement avec les peuples pour les instruire, les sanctifier et les guider dans la voie de la perfection.

Nommons encore ces innombrables congrégations d'hommes et de femmes qui, tout en se vouant, sous l'autorité du Pape et des évêques à la pratique des conseils évangéliques pour le bien et l'édification de tous, embrassent avec tant d'ardeur toutes les œuvres de sanctification et de dévouement. Auxiliaires puissants et dévoués de l'Eglise, elles lui fournissent des pionniers infatigables pour la science, des polémistes redoutables pour l'erreur multiforme, des maîtres incomparables pour l'instruction de la jeunesse, des orateurs d'élite pour les villes, pour les campagnes des apôtres zélés, pour les sauvages des missionnaires intrepides, pour l'humanité necessiteuse son cher Frere sa garde-malade, ses infirmiers, sa Sœur des pauvres, son admirable Sœur de charite, en un mot tous les devouements

Telle est la constitution hierarchique de l'Église au sommet, une monarchie tout a la fois élective et absolue, au milieu une aristocratie puissante, au bas une democratie pleine de vitalite, et çà et la des auxiliaires dévoués.

Ce sont presque partout des natures communes selon la chair, des pêcheurs, des pâtres, des hommes tirés du limon de l'humanité, c'est-à-dire des hommes bien trop faibles pour la haute mission de l'Église ; mais Jésus-Christ, son chef, a voulu qu'il en fût ainsi afin, sans doute, que sa présence soit plus manifeste.

V. Quant aux droits de l'Église, comme ses devoirs auxquels ils sont corrélatifs, nous les trouvons dans sa mission citee plus haut   developpons-la donc afin de les bien apprécier.

Comme mon Père m'a envoyé, ainsi je vous envoie. Or j'ai été envoyé pour enseigner aux hommes tous leurs devoirs, pour payer leur rançon, pour les retablir dans les droits surnaturels perdus et pour les conduire au ciel, leur patrie eternelle, séjour de tous les biens. Tout pouvoir m'avait été donné dans ce but et je n'avais besoin d'aucune permission. Eh bien ! je vous envoie de même pour instruire les hommes sur tous leurs devoirs, pour les rétablir dans l'état surnaturel et ses droits, pour les conduire au ciel ou je vais les attendre. Vous non plus, vous n'avez besoin d'aucune permission, car je vous donne tout pouvoir pour cette grande œuvre. Tels sont les devoirs que je vous impose et les droits que je vous confere.

Allez , enseignez toutes les nations Enseignez

à tous les hommes qu'il n'y a qu'un seul Dieu en trois personnes, le Père qui les a créés, le Fils qui les a rachetés, le Saint-Esprit qui les sanctifie et par conséquent, arrachez de tous les esprits et de tous les cœurs le polytheisme et toutes les superstitions, enseignez-leur encore que cette terre n'est qu'un lieu d'exil et qu'il ne faut pas s'y attacher parce qu'elle est vile et caduque, enseignez-leur aussi que le ciel éternel, ou sont tous les trésors, toutes les gloires et tous les bonheurs, est leur patrie veritable, mais que pour y entrer il faut servir Dieu fidelement pendant cette vie d'épreuve. Et, ce n'est pas quelques peuples que je vous ordonne d'instruire ainsi, c'est tous, les sauvages comme les civilisés, ce n'est pas seulement tous les peuples actuels, c'est encore tous les peuples futurs, quels qu'ils soient. Mais pour instruire tous les hommes, il vous faut une juridiction universelle, eh bien ! je vous la donne tous les peuples sont miens et vôtres. Pour aller chez tous ces peuples il faut pouvoir vous recruter chez tous aussi je vous donne ce droit, il n'y a plus de Grecs ni de Gentils, conferez le sacerdoce à tous ceux que j'y appellerai Pour aller toujours jusqu'à la fin il vous faut vivre vivez donc des biens meubles et, ce qui est plus prudent, des biens immeubles Ce droit, que vous avez de la nature, comme toute société bienfaisante, je vous le donne encore de mon autorité divine, de sorte que tout rapt de vos biens sera un vol compliqué de sacrilège. Donc aucune autorité n'a le droit de vous barrer le passage, d'enrayer votre recrutement qui a pour but le plus haut service des peuples, ni de ravir vos biens, pas plus les immeubles que les meubles

Les baptisant au nom du Père et du Fils et du Saint-Esprit. Tous ces hommes actuels et futurs, il ne suffit pas de les instruire, il faut encore, il faut surtout les sanctifier, les rétablir dans l'état surnaturel et les y faire progresser de plus en plus. c'est pour cela que j'ai institué les sacrements. Ouvrez donc ces sept sources de grâce, disposez les hommes à leur réception et formez-les à leur pratique quelquefois pénible, toujours consolante et salutaire. Ces sacrements je les remets entre vos mains ; seuls vous avez le pouvoir de les conférer, seuls vous en disposez Donc, de quelque part qu'il vienne, tout empiétement sur leur administration, sur celle du mariage comme des autres, est non seulement vain, mais encore coupable

Leur apprenant a observer tout ce que je vous ai commandé Faites-leur observer tous les commandements que je vous ai donnés, tous ceux que vous leur imposerez pour l'accomplissement des miens, tous leurs devoirs envers Dieu, le

prochain et eux-mêmes Les vertus, ah ! je vous
les ai recommandées aussi ; vous en êtes les
gardiens comme de la foi, comme des mœurs ;
ne les oubliez donc pas. Sapez donc partout
l'orgueil, la haine, l'avarice, l'égoisme, la sen-
sualité, tous les vices , efforcez-vous de faire
fleurir à leur place l'humilite, la charité, la
pauvreté, l'obeissance, la chasteté, toutes les
vertus Ce n'est pas assez de ce travail general,
il est des âmes d'elite appelées à une plus haute
perfection , ces âmes, c'est a vous seuls qu'il
appartient de les stimuler et de les rassembler
en associations et en congregations pour les
pousser a tous les progres Tels sont encore
vos devoirs et vos droits imprescriptibles , donc
ridicules et criminels sont toutes les prétentions
de placet, tous les appels comme d'abus, toutes
les oppositions a mes commandements et aux
vôtres, toutes les violences contre mes ministres et mes congrégations.

*Comptez que je suis avec vous jusqu'a la consom-
mation des siecles* Allez donc, gardez intacte ma
doctrine seule salutaire et ma constitution afin
qu'etant unis à votre chef et votre chef a moi
comme je suis uni à mon Pere, il n'y ait plus
qu'un pasteur, Dieu, et un troupeau, tous les
hommes Ma religion sainte, dont vous etes
seuls les gardiens, enseignez-la a tous les
hommes actuels et futurs quels que soient leurs

mœurs, leurs aptitudes, leur tempérament · à tous j'impose la même loi, tous je les appelle au ciel Allez partout aussi malgré les difficultés de communication, de climats et de gouverne- ments Enfin allez toujours jusqu'a la fin des temps, malgré les montagnes d'obstacles que les siecles accumuleront devant vos pas. Apre sera la lutte beaucoup y perdront la vie, qu'ils s'en réjouissent, je leur donnerai la vie éternelle. Nombreux et cruels seront vos ennemis . tous les démons et tous les méchants , mais ils ne prevaudront point Vaste et long sera le com- bat tous les pays et tous les temps ; mais glo- rieuse sera la victoire et infinie la récompense. Allez donc avec confiance, car, bien que je vous envoie « comme des agneaux au milieu des loups, » vous remporterez neamoins la victoire, parce que « moi qui ai vaincu le monde » je se- rai avec vous jusqu'à la fin de ce monde Alors votre victoire sera complete et vous entrerez dans la patrie des triomphes éternels, où vous attendent d'ores et déjà toutes les gloires et tous les bonheurs

Ainsi donc, l'Église est un gouvernement complet, institué par Dieu lui-même pour gar- der infailliblement sa religion sainte et géier les intérêts religieux de tous les hommes Elle a les droits de se régir à son gré, de faire des lois comme tout gouvernement, de bannir ou de retrancher de son sein ceux qui n'en sont pas dignes, et de se défendre par l'anatheme contre ceux qui l'attaquent, d'aller partout pour enseigner la religion veritable dont elle est la gardienne infaillible, de se recruter partout aussi afin de pourvoir aux besoins religieux de tous les peuples, de vivre de tous les biens de la vie presente afin d'aller jusqu'a la fin des temps; de fomenter la pratique de tous les commandements, de tous les devoirs et de toutes les vertus, de former, selon toutes les regles qu elle veut, des associations et des congrégations et de les dissoudre à son gré, enfin de veiller partout et toujours à l'integrité de la foi, des mœurs et de la discipline, c'est-a-dire à l'accomplissement de la volonté de Dieu

Tous ces droits de l'Eglise sont imprescriptibles et parce qu'ils sont fondés sur ses devoirs, contre lesquels il ne peut y avoir de droits, et parce qu'ils lui viennent de Dieu lui-même. On peut dire qu'elle les possede de droit naturel comme société bienfaisante, mais là n'est pas leur plus haute racine cette racine est dans le don que Jesus-Christ lui en a fait. Remarquons d'ailleurs que c'est pour le bien de tous, des gouvernes comme des gouvernants, qu'il les lui a concédés. D'un côté en effet l'Eglise émancipe des gouvernements la liberté des peuples en ne la faisant relever que de Dieu et de la conscience, de l'autre

elle fortifie singulièrement l'État en prechant à
.tous le respect et l'obéissance De là vient que,
et c'est un fait sans réplique, partout ou elle domine, la liberte croit et les gouvernements s'af-
fermissent, tandis qu'au contraire la liberté
diminue et les gouvernements chancellent partout ou elle decline ; de sorte qu'on peut dire
d'elle ce que Tacite disait de Nerva « Elle a
reconcilié la liberté avec le commandement. »

Aller contre ces droits sacrés de l'Eglise, c'est
donc aller tout à la fois contre le droit naturel,
contre le droit divin et contre les plus hauts intérets des peuples Quand on considere ces choses
on est porté à croire que personne n'osera le
faire Malheureusement il n'en est pas ainsi. à
l'instigation de Satan, l'eternel ennemi du genre
humain, on les conteste sans cesse, souvent on
les mutile, quelquefois on les rejette tous avec violence, comme naguère au Japon. De nos jours de
tempetes on les attaque tous plus ou moins, mais
on s'en prend d'une maniere toute particuliere
au droit de posséder, afin, si c'etait possible,
d'étouffer l'Eglise dans les angoisses sourdes
mais terribles de la faim.

Dejà on a depouillé l'Eglise-mère de son patrimoine séculaire, don pieux de nos ancetres, le
plus bienfaisant, le plus légitime et le plus antique du monde Quelle iniquite moderne ! C'est
d'autant plus monstrueux que Rome, cette capi-

tale antique du royaume de la force brutale, devenue providentiellement la capitale du royaume universel de l'amour (Roma Amor), est absolument nécessaire à l'indépendance du chef de deux cent millions d'hommes Sans ce patrimoine en effet, dit éloquemment le R. P Monsabré, « l'autorité de l'Église tombe fatalement aux mains de celui qui fait du Pape l'un de ses sujets. Il aura beau se porter garant de l'indépendance qu'il a en réalité confisquée, ses garanties n'auront que la durée du faible rayonnement d'un passé royal sur une condition asservie. Laissez faire l'œuvre du temps et de l'oubli, bientôt les caprices d'un prince jaloux ou les passions d'un parlement sans foi auront effacé toutes les garanties et rendu suspectes aux yeux du monde catholique l'autorité et les décisions de son Chef, dont l'indépendance, purement nominale, sera dépouillée de sa protection naturelle et de son prestige normal » (5ᵉ conf de 1882)

Maintenant des sectaires haineux travaillent en France et ailleurs à ravir au clergé, tant séculier que régulier, tous ses moyens d'existence En vain on leur dit tous les peuples ont reconnu à l'Eglise le droit de posséder, il était sacré en Perse, en Chaldée et en Egypte ou Pharaon n'osa vendre les biens sacerdotaux « Præter terram sacerdotum » (G. 47); il était hautement reconnu en Grèce, preuve les richesses fabuleuses du temple d'Apollon ; il en était de même à Rome puisque la loi des Douze Tables traite de parricide quiconque ravit le bien des prêtres « Qui diripuerit rapueritque .. parricida est, » aujourd'hui encore ce droit de posséder est reconnu à toutes les sectes du monde ; Vous-mêmes, vous ne le niez ni aux Juifs, ni aux protestants, ni aux apostats les plus tarés, ni aux saltimbanques les plus pietres. En vain on ajoute en l'enlevant à l'Église vous blessez tout à la fois l'égalité, la liberté et la fraternité que vous proclamez si haut et qui pourraient se retourner contre vous avec indignation ; vous lésez le premier droit et le plus grand intérêt des peuples qui ont besoin de la religion pour porter courageusement le fardeau de la vie et gagner le ciel, auquel ils ne renonceront jamais , enfin vous vous heurtez contre le droit divin dont les lois, autrement existantes que les vôtres défient toutes les puissances créées. Charlemagne n'en ignorait pas lui, quand il disait à l'assemblée de Worms. « Nous sommes persuadé que beaucoup de royaumes et de rois sont tombes UNIQUEMENT parce qu ils ont dépouillé l'Eglise. . Aussi ne furent-ils point forts dans la guerre, ni stables dans la foi, ni victorieux dans les batailles... Voulant éviter ces revers, nous entendons défendre tous ces biens » (Cap R F. 11) Rien n y fait : ces

misérables sectaires aux instincts juifs , aveu=
glés par leur haine, n'en poursuivent pas moins
leur campagne inique, avec un acharnement qui
n'a d égal que leur cynisme.

Quand on agit ainsi contre le monarque le
plus auguste et la propriété la plus sacrée, est-
il étonnant que les rois soient menacés, que les
trônes chancellent et que la société soit ébranlée
jusque dans ses fondements ? Non : qui sème du
vent doit recueillir la tempête Dieu fasse qu'elle
ne soit pas trop terrible !

Mais, grâce au Créateur qui veut conserver
la société, l'erreur et les méchants aux traces
désastreuses, souvent sanglantes, n'ont qu'un
moment et, par suite, le temps n'est pas loin ou
l'humanité, désabusée enfin, comprendra de nouveau que ses meilleurs amis sont le Christ et ses
ministres ; tandis que ses pires ennemis sont ces
tyranneaux athées, aux instincts Juifs, qui ne s'en
prennent à la liberté de l'Église et à ses droits
sacrés que pour étouffer ensuite ceux des peuples, sans défense alors, et s'engraisser de leur
substance, comme dans les temps du paganisme

Phénomène étrange, toutes les religions, moins
la catholique, sont respectées à la fois par les
gouvernements, par les savants et par les peuples, quiconque leur fait la guerre est mis au
ban de l'humanité, et c'est à peine si ces sectes
opposées se la font entre elles ; tandis que, de-

puis son berceau, l'Eglise catholique est combattue tantôt par les savants, tantôt par les
gouvernements, tantôt par les peuples, toujours
par les autres religions et quelquefois par tous
ces ennemis coalisés D'où vient cela ? Cela vient
de la nature meme des choses , c'est l'histoire
du soleil luttant contre les tenebres sans cesse
renaissantes Plus il monte au zénith plus il en
abat ainsi fait contre les erreurs l'Eglise, qui
est le soleil du monde moral

Développons quelque peu cette verité, dont
la lumiere importe beaucoup à notre sujet.

Les fausses religions ne sont que des rayons
de lumiere, qui sont séparés de leur foyer et dont
le temps et le raisonnement ne peuvent manquer
de faire justice pourquoi les savants s'irrite-
raient-ils contre elles. Par suite de leur faiblesse
elles sont pleines de complaisance, souvent aux
depens des peuples, pour les gouvernements
pourquoi ceux-ci les combattraient-ils ? Leur
morale est facile, sinon complice des passions.
pourquoi les peuples s insurgeraient-ils ? Enfin,
faute de principes sûrs, ces religions n'ont pas
de convictions fortes pourquoi se feraient-elles
la guerre autrement que pour soutenir leur existence ephemere par un peu de bruit ? Mais, s'il
n'y a pas de raison pour les combattre, il en est
de plus ou moins specieuses pour les protéger.
D'abord elles répondent tant mal que bien au

besoin mystique des hommes, et de plus elles sont d'une faiblesse qui inspire la sympathie ; ensuite elles permettent aux savants de porter sans concurrence le sceptre de la science, elles sont pour les gouvernements un moyen de domination, elles legitiment les passions des peuples et sont les complices de Satan pour arracher les hommes à Dieu, leur souverain maître et leur souverain bonheur n'est-ce pas assez pour assurer à leur existence anémique non seulement la paix, mais encore la protection ?

Il n'en est pas de même du tout de la religion catholique Par sa doctrine élevée, précise et compacte sur toutes les questions importantes pour l'humanité, elle touche a l histoire et aux sciences naturelles qu'elle redresse, à la métaphysique et a la philosophie dont un simple enfant peut briser le sceptre par une reponse de son catechisme Voila pourquoi les demi-savants, les orgueilleux se tournent contre elle Tout en prechant l'obéissance aux Etats elle leur arrache la direction des âmes qui ne relevent que de Dieu, pour ne leur laisser que celle des intérets matériels voila pourquoi les tyrans de tout acabit, qui veulent asservir les peuples corps et âmes, s'elevent contre elle Par sa morale pure, sublime, elle fletrit l orgueil, l ambition, l'avarice, la haine, la sensualite tous les vices pour preconiser l'humilité, le desinteressement, la charité, la chasteté.. toutes les vertus n'est-ce pas crucifier l'humanité, pour l'élever sans doute, mais enfin n est-ce pas la crucifier et par là se faire partout des ennemis ? De plus, certaine de ses révélations et par suite, pleine de foi dans l'infaillibite de son culte pour procurer la gloire de Dieu et sauver les âmes, elle proclame bien haut la fausseté et l'inanité des autres religions n'est-ce pas plus qu'il n'en faut pour se les attirer toutes sur les bras ? Enfin par sa charite, par ses sacrements et ses préceptes inspires, elle fait le bonheur des hommes ici bas, elle les sanctifie et les conduit à Dieu, leur bonheur eternel est-il étonnant qu'elle ait contre soi leur plus grand ennemi, Satan ? Non certes, et, si sa haine est implacable, c'est qu'il sait, disons mieux, c'est qu'il voit qu'elle fournit aux hommes des moyens efficaces de gagner le ciel perdu par lui. Aussi n'est-il rien qu'il ne mette en œuvre pour la combattre, et l'orgueil et l'ambition et tous les vices par lesquels il ameute contre elle les savants, les gouvernements, les peuples, et le mensonge et la calomnie qu'il seme a pleines mains, pour la rendre odieuse ; et le raisonnement, qui fut donné aux hommes pour trouver la vérite, et qu'il trompe dans l'orgueil afin d'en faire le plus terible des instruments de destruction, et la terre, et l'enter et tout A tout prix il veut la détruire, cette Eglise, parce qu'elle conduit dans la paix les hommes à leur bonheur suprême, pour se substituer a elle et les conduire au travers des ruines, à la souveraine erreur, le satanisme, et au supreme malheur qui en est la suite « Hæc omnia tibi dabo si cadens adoraveris me (Mat IV, 9). »

Oui, voila pourquoi l'Église, bien qu'elle fasse le bonheur des hommes dans ce monde et dans l'autre, a toujours été combattue et le sera toujours, tantôt par les savants, les gouvernements et les peuples qui devraient la bénir, toujours par les sectes et Satan, leur auteur, qui la maudissent, quelquefois même, comme aujourd'hui, par toutes les puissances de la terre et de l'enfer coalisées Mais, disons-le bien vite, ces efforts homicides sont vains, grâce a Dieu, ils ne peuvent qu'accumuler les ruines sur leurs auteurs c'est écrit. « *Non prœvalebunt.* »

VI Quand il fut bien prouvé à l'homme orgueilleux qu'il est incapable de conserver les vérités dont il a le plus besoin pour guider ses pas vers l'éternité bienheureuse, Dieu, dans sa bonté, voulut donner à ces vérités capitales, pour les lui conserver inctactes, un organe ou plutôt un gouvernement tout à la fois infaillible et indestructible l'Église. Mais, pour aller partout comme la vérité dont elle est l'organe et pour éclairer l'humanité tout entiere, il fallait que cette Église fût placée bien haut et hors de

l atteinte des hommes, comme le soleil Eh bien '
c'est ce que Dieu a fait en la mettant au-dessus
de tous les gouvernements civils qui sont l'apo-
gee de la puissance humaine Elle les surpasse en
e fet, non pas seulement par sa constitution
et ses droits qu'elle a reçus de Jésus-Christ, mais
encore et surtout par deux autres choses qu'elle
a reçues de lui aussi, savoir sa juridiction
doublement universelle et sa sublime mission
de conduire tous les hommes à la béatitude céleste C'est donc un gouvernement majeur qui
ne releve absolument que de Dieu et qui a droit,
comme la vérite dont il est l'organe infaillible,
au respect et a la soumission de tous On a donc
tort de dire qu'elle est un Etat dans l'Etat, car
ce sont au contraire les États qui sont dans elle
et forment comme ses provinces

En cela point n'est troublée l'harmonie des
œuvres divines ; tout au contraire cette harmonie
est affermie à jamais là ou elle semblait faiblir,
puisque les vérités qui nous sont le plus nécessaires et que menaçaient les passions, complices
de Satan, l'Eglise est chargée de les défendre
et de les faire briller partout, de tout leur éclat,
jusqu'à la consommation des siècles.

D'ailleurs les Etats sont toujours independants
dans les limites de leur juridiction temporelle.
Il y a plus, cette indépendance, nul ne la reconnaît et ne la fortifie plus que l'Église. N'ensei-

gne-t-elle pas hautement qu'il faut rendre à César ce qui appartient à César « *Quæ sont Cesaris, Cesari* » ? Osius de Cordoue ne disait-il pas a Constantin , « Celui qui cherche à vous enlever l'autorité contredit l'ordre de Dieu » ? Naguere encore dans son encyclique du 21 juin 1881, Léon XIII n'affirmait-il pas cette indépendance par ces paroles « L'ordre civil est entierement soumis a leur (des princes) puissance et a leur souveraine autorite » Non, ce n'est pas l'Eglise qui tente des empiétements sur le civil, elle a trop le respect des droits de chacun, et c'est pourquoi elle peut toujours repondre a ceux qui l'en accusent. par ces fieres paroles de saint Ambroise « *Cupidiores sunt imperatores sacerdotio, quam sacerdotes imperio* » le civil est plus envieux du religieux que celui-ci du civil

Les Etats peuvent donc etablir le régime qui leur plait, légiférer à leur guise pourvu que ce ne soit pas contre Dieu et son Eglise, régler les statuts des societes homogenes qui naissent dans leur sein, faire et defaire leur administration, encourager tous les progrès et marcher en avant tant qu'ils voudront, ils sont sûrs de ne jamais trouver l'Eglise a l'encontre de leur légitime action

Toutefois ils ne sauraient se desinteresser de la fin supreme de l'homme confiee a celle-ci Ne pas tenir compte des intérêts spirituels des peuples et, par suite, les traiter comme des brutes, c'est une monstruosité incomparable Loin donc d enrayer l'Eglise, les pouvoirs doivent au contraire la seconder dans les limites de leur juridiction et cela par la raison péremptoire que toute fin subalterne doit etre coordonnée en vue de la fin superieure. « Quand une chose, nous dit saint Thomas, doit être faite en vue d'une autre qui est sa fin, on doit veiller à ce que l'œuvre soit en harmonie avec cette fin. Or la fin de la vie vertueuse qu'il faut mener icibas etant la beatitude celeste, il est du devoir de celui qui gouverne de procurer au peuple un genre de vie qui puisse le conduire à la vie éternelle Il doit donc ordonner ce qui mene au bonheur du ciel et defendre, dans les limites du possible, ce qui en detourne » En d'autres termes, de même que l'Eglise dit « Rendez à César ce qui appartient à César », de meme aussi de leur côte, les pouvoirs civils doivent dire « Rendez a Dieu ce qui appartient a Dieu. » Assurément tout irait à merveille s'ils accomplissaient leur devoir comme l'Église accomplit le sien, tandis que les maux qu'engendre leur faute, sont incalculables

L'Eglise aussi est indépendante chez elle, Dieu le veut absolument « *Nihil tam diligit Deus quam libertatem Ecclesiæ (Baronius)* », Donc, par son

État qu'elle n'a plus mais qui lui sera rendu parce qu'il est nécessaire à son indépendance, elle est l'égale des puissances civiles C'est pourquoi elle peut le régir à son gré et, au besoin, le défendre par l'épée. comme elles, le leur Mais au spirituel elle plane bien au-dessus de ces puissances civiles comme nous l'avons vu. Là, elle préside aux plus hautes destinées de l'humanité. De ce sommet, d'où elle domine toute puissance créée, elle a de par Dieu, le droit et le devoir d'enseigner à tous les hommes, avec ou contre le gré des gouvernements, ce qu'il faut croire, ce qu'il faut faire et ce qu'il faut éviter pour arriver à la céleste patrie, d'apprendre aux pouvoirs que pour se sauver ils doivent laisser pratiquer sa religion divine, la pratiquer eux-mêmes et se soumettre à ceux qui président aux choses sacrées, au lieu de chercher à les asservir, de les appeler, puisque l'épée leur a été donnée dans ce but, à défendre la justice et, au besoin, à la défendre elle-même selon ces paroles du concile de Trente « Les princes du monde doivent être regardés comme les protecteurs de l'Église, » de les reprendre lorsque par des lois oppressives, immorales ou athées ils outragent la justice, la religion ou la divinité ; de dire à ceux qui prétendent que l'Etat est tout, *non licet*, à ceux qui prônent le fait accompli ou la non-intervention *non licet*, à ceux qui patronnent l'école

athée *non licet ; non licet* a ceux qui ne veulent
pas qu'on parle de Dieu à l'enfance ; *non licet* à
toutes les erreurs d ou qu'elles viennent, en un
mot, l Eglise a le droit comme le devoir d'etre la
divine conscience des nations et des gouverne-
m nts et d en remplir publiquement les offices.

De la à pretendre qu'elle a le droit de faire et
de défaire les rois il y a loin Si dans le passé
elle a pu déposer certains souverains et en élire
d autres, c'est que les peuples lui avaient concé-
dé ce pouvoir, qu'elle n'a pas par elle-même Du
reste ils ne pouvaient mieux choisir leur tribunal supreme, et ce grand pouvoir donné à l'Église n eta t que l'ampliation de celui qu'elle a et
qu'elle aura toujours de rappeler aux gouvernements qu'ils ne doivent jamais agir contre Dieu
et son Église, et aux peuples qu il vaut mieux
obéir à Dieu qu'aux hommes et que, par conséquent, ils doivent s'eloigner des lois et des pouvoirs athees, sous peine d'encourir les malédic-
tions du ciel et de se perdre à jamais D'ailleurs,
ce pouvoir qu'elle n'avait accepté que dans l'intérêt des peuples, l'Église ne le regrette pas, parce qu il était plein de dangers elle lui prefere
de beaucoup sa liberté dans l'indépendance,
c est à-dire avec son patrimoine seculaire, afin
de se livrer tout entiere, en paix avec tous, à sa
haute mission du salut des âmes partout l'univers

Ainsi donc, au sommet des pouvoirs créés, se trouve l'Église etablie par Jésus-Christ lui-même pour gérer les interets spirituels du monde entier, et plus, bas les Etats civils venant de Dieu aussi, comme nous le verrons plus tard, et chargés des intérets matériels de chaque nation tel est l'ordre etabli par la sagesse divine Or si ces deux autorites, maitresses chacune dans sa sphere, se respectaient mutuellement, s'entendaient dans les matieres mixtes et marchaient d'accord, la main dans la main, comme deux sœurs qu'elles sont, l Eglise grandirait en influence, les pouvoirs s'affermiraient, la verité descendue du ciel animerait toutes les institutions de sa sagesse et de son amour, toutes les forces humaines tendraient vers le progrès, tous les peuples, sûrs de la paix, tout en se livrant avec ardeur aux affaires de ce monde, ne manqueraient pas de se montrer vaillants pour celles de l'éternité ce serait véritablement le regne de Dieu sur la terre, règne que nous appelons depuis des siècles « *Adveniat regnum tuum* » et qui nous conduirait infailliblement à son règne eternel

Helas ! pourquoi en sommes-nous si loin ? Est-ce la faute des institutions ? Non, puisque Dieu, dans sa haute sagesse, leur à donné une place et des attributions distinctes. Est-ce la faute de l'Église ? Pas davantage puisque, comme nous l'avons dit, elle prêche hautement l obéissance aux pouvoirs civils et ne demande pas mieux que de s'entendre sur les matières mixtes. D'où vient donc le mal ? Ici, comme toujours depuis la chute, il vient des révoltes d'en bas et ce sont les pouvoirs civils qui en sont la cause. D'aucuns enchaînent la liberté de l'Église, d'autres la repoussent avec violence, il en est même qui veulent la détruire · de là des tiraillements, des luttes sanglantes et des ruines. C'est d'autant plus triste que ces pouvoirs ne peuvent par leurs révoltes que se briser, car l'Église est plus forte qu'eux : « *Super quem ceciderit, conteret eum* » (Matt. 21). A leurs soldats, il est vrai, elle n'oppose pas des soldats, elle n'oppose qu'un agneau son martyr ; mais ce martyr qui est légion leur dit : « Mon âme, vous ne l'aurez jamais : je l'emporte dans la patrie de la véritable liberté. Vous n'aurez que mon sang le voilà. » Et ce sang généreux ne manque jamais de germer rapidement et d'étouffer celui des bourreaux. D'ailleurs, s'il le faut, l'Église en appelle du souverain Maître, à Jésus-Christ, qui d'un seul mot apaise la tempête, si la nation des persécuteurs le mérite, et qui, si elle ne le mérite pas, lui inflige une de ses plus terribles punitions en disant à son Église « *Mobevo candebrum* », c'est-à-dire, laissons pourrir dans ses vices cette nation perverse, en voici d'autres plus dociles que je vous donne.

Aussi, quelle que soit l'attitude des hommes et des puissances, l'Église, conformément aux ordres de Jésus-Christ s'efforce et s'efforcera toujours, par tous les moyens honnêtes possibles, d'accomplir sa haute mission et d'exercer ses droits, sûre qu'elle est de faire la volonté de Dieu, de sauver les âmes et de remporter avec ses agneaux la victoire sur les loups.

VII. Mais par quels moyens ou, si vous voulez, par quelles armes ouvrira-t-elle sa voie au travers de tant d'ennemis et d'obstacles ? Sera-ce par la violence ? On l'en accuse sans cesse et cependant rien n'est plus faux. Les armes de l'Église, en effet, comme celles de la vérité dont elle est l'organe, sont toutes des armes de persuasion et elle n'en veut pas d'autres. D'ailleurs elle sait que Dieu défend de violenter la liberté qu'il a donnée à l'homme, et qu'il ne reçoit que les hommages libres : c'est pourquoi jamais, même dans sa plus haute puissance, elle ne s'est servie de l'épée pour faire des prosélytes ; jamais non plus ceux qui s'en sont servis n'ont été approuvés par elle. Du reste dix-neuf siècles de luttes, contre des ennemis souvent cruels, sont là debout pour attester le caractère toujours pacifique de l'Église ; caractère auquel ne peuvent s'empêcher de rendre hommage les Juifs, les mahométans, les Russes, les protestants et tant d'autres hérétiques, qui vivent à Rome sous les yeux du Pape aussi libres, sinon plus, que partout ailleurs. Ceux donc qui objectent l'inquisition et la Saint-Barthélemy, feraient bien d'apprendre dans l'histoire de ces temps que la première est l'œuvre des lois civiles de l'époque, lois semblables à celle qui commande encore le repos du Dimanche en Angleterre ; et que la seconde est due aux passions violentes d'une reine que l'Église n'a ni conseillée ni approuvée, qu'elle ne peut que condamner.

Qui donc a pu propager ce double préjugé qui attribue la violence à l'Église et la tolerance à l'erreur ? Disons-le sans réticence, c'est l'erreur qui a voulu par là donner le change et masquer ses propres fureurs L'erreur en effet, pénétrant dans l'humanité par les passions et les sens, participe à leur violence et c'est pourquoi elle a toujours recours à la force brutale du corps, son complice. D'ailleurs étant sans consistance par elle-même et n'ayant pour soi ni la raison, ni le cœur, ni l'histoire, ni la science, que voulez-vous qu'elle fasse en présence de la doctrine toute puissance de l'Église et de ses convictions inébranlables ? Elle s'irrite, et dans sa fureur elle a recours à la ruse, au mensonge et à la violence de là ses traces sanglantes auxquelles on peut la suivre dans tous les temps. Pourquoi nommer ses victimes : Abel, Joseph, Jésus-Christ, les martyrs, les suppliciés de Jean Husse, de Henri VIII et d'Elisabeth la Cruelle, les guillotinés de la Révolution, les otages de la Commune ? Il y en a partout tandis que celles de l'Église ne sont nulle part. Certes, s'il est un dogme historiquement indiscutable, c'est que l'erreur est persécutrice autant qu'elle peut et quand elle le peut.

Sera-ce par la ruse, le mensonge ou des promesses fallacieuses que l'Église procédera ? Pas davantage Elle sait que ces moyens deshonnêtes sont opposés à la vérité qu'elle proclame, qu'on fait beaucoup de mal aux peuples par eux et que Dieu les réprouve . c'est pourquoi elle, les repousse absolument . *Mendacium fugies* Quant aux promesses de la vie éternelle, elle les tient de Jésus-Christ qui saura les accomplir dans toute leur étendue.

Par quelles armes donc procédera-t-elle à l'accomplissement de sa mission surhumaine ? Par des armes toutes pacifiques qui sont la vérité, la grâce, la vertu et par-dessus tout l'assistance divine. Un mot de chacune.

La vérité, l'Église la possède sans mélange, dans ses révélations, sur toutes les questions importantes pour l'humanité, sur Dieu, sur la création, sur la vie présente, sur la vie future, sur les moyens d'éviter l'enfer et de gagner le ciel. Cette vérité, qui constitue la religion dont elle est la gardienne et l'interprète infaillible, elle la développe depuis des siecles avec une ardeur et des talents incomparables, et, sans négliger les sciences humaines dans lesquelles elle est maîtresse aussi , elle la jette à tous les vents et en toute langue, élevée pour le savant, simple pour l'ignorant, pour tous pure comme au sortir des levres du Verbe. Depuis les Apôtres qui se partagerent le monde, ses prédicateurs sont partout l'univers exposant cette religion sainte, démontrant sa nécessité, son efficacité et sa beauté, démasquant l'erreur avec ses malefices et la pulvérisant. travail immense toujours à recommencer, que l'Église recommence et continue toujours avec une ardeur toujours nouvelle Ce travail ne saurait être vain, parce que l'intelligence, l'âme et la conscience humaine appellent la vérité comme l'œil, la lumiere de là des succes assurés partout pour l'Eglise, dans l'Aréopage des savants, dans la Rome guerriere, comme dans la ville civilisée, comme dans le clan du sauvage.

Ces succes d'ailleurs, l'Église les provoque et les affermit par un element tout spirituel, qui est comme le rayonnement de la lumiere et de la charite divine et qu'on appelle la grâce. Cette grâce qui semble revetue de la puissance de Dieu, tant elle est merveilleuse en ses effets, procede ordinairement avec une douceur infinie. Ses charmes indicibles surpassent de beaucoup,

le mirage trompeur des passions. Par elle la vérite est plus agréable à l'intelligence et plus
sensible au cœur Sous son empire l'âme devient
capable de toutes les vertus et de tous les sacrifices ; elle court aux immolations avec plus de
volupté que la personne mondaine à ses plaisirs. Tel est le secret de tant d'héroisme chez
les chrétiens de tout âge, de tout sexe et de
toute condition, et, par suite, de tant de succès
pour l'Église. Celle-ci, en effet, puisant à pleines mains dans l'ocean sans bornes de la grâce,
constitué par les mérites infinis de Jésus-Christ
et des saints, la repand à flots sur le monde par
ses sept canaux toujours pleins, les sacrements
qui sanctifient les âmes, par ses bénedictions de
toutes sortes qu'elle répand sur tout et sur tous,
par la priere toute puissante de la messe, et par
celles de tous ses enfants et en particulier par
celle de ses saints si puissants auprès de Dieu.
« On raconte, dit le R. P Monsabré dans sa
sixieme conférence de 1885, qu'un prédicateur
célebre fut envoyé dans une ville réputée au
loin par ses desordres... Tout lui réussit à merveille... S'il en eut un mouvement de vanité, il
le paya bien cher. Dans une oraison, Dieu lui
montra le pauvre petit frere convers qui l'ac-
compagnait dans ses missions et qui pendant
ses prédications récitait pieusement le rosaire
et les litanies des saints. C'était lui qui mettait

le ciel en émoi pour obtenir la conversion des
pécheurs, c'était la communion des saints qui,
par cet homme obscur et peut-être méprisé, dé-
terminait la circulation des grâces extraordi-
naires qu'on attribuait au zele apostolique et à
l'eloquence du prédicateur. » Non, ce n'est pas
en vain que Jésus-Christ a dit. « Demandez et
vous recevrez » L'Église en a la preuve tous les
jours . tous les jours elle lui adressse ses prieres
et tous les jours elle reçoit de lui, avec abon-
dance, lumiere, force, courage et succes.

Nommons encore la vertu, cet autre élément
d'action qui prend naissance dans l'amour de
Dieu et se répand en bonnes œuvres. L'humanité, quelque viciée qu'elle soit, n'y fut jamais
insensible . « Voyez comment ils s'aiment ! »
disaient avec admiration les paiens, de nos peres , au contraire, malgré les calomnies du vice
jaloux, elle l'estime quand meme, elle subit,
bon gre mal gré, son influence et s'attache à
ses pas. D'ailleurs elle en a un besoin extrême
pour combattre les douleurs innombrables qui,
depuis la chute, ne cessent de l'assiéger partout,
dans l'opulence comme dans la pauvreté, et
contre lesquelles la science, la civilisation, le
progres et toutes les institutions laiques ne sont
que des palliatifs impuissants Qui peut, en effet,
le plus la consoler, cette pauvre humanité déchue, la soulager et la fortifier sur la route si

pénible de son exil ? C'est, sans contredit possible, l'Église avec son cortège de vertus souvent surhumaines Voyez-là plutôt à l'œuvre
elle console et fortifie tout à la fois, plus qu'on
ne saurait dire, par son Christ, le modèle parfait
et le sanctificateur de toutes les souffrances et
par son ciel, qui en est la récompense infinie.
Ses ministres sacrés, encore plus formés à la
vertu qu'à la science, ne cessent, tout en puri-
fiant les âmes de leurs souillures avec une
patience angélique, de ranimer les cœurs décou-
ragés par leurs paroles charitables et de soulager mille et mille misères cachées par l'obole de
leur petite bourse, car l'argent ne tint jamais
à leurs doigts. Ses congrégations saintes, qui
se sacrifient corps et biens pour servir Dieu et
le prochain avec un dévouement absolu, com-
battent avec une ardeur incomparable, qui les
punitions de la justice divine par des pénitences
volontaires, qui l'ignorance par l'instruction et
l'apostolat, qui la pauvreté par la charité sous
toutes les formes, qui les infirmités humaines
dans les hôpitaux, qui les maux de la guerre
sur le champ de bataille lui-même... que sais-je !
toutes les douleurs. Ses pieux enfants de toutes
conditions, stimulés sans cesse, se multiplient
partout pour soulager les maux qui sont à leur
portée, ils ouvrent leur bourse pour tous les besoins, pour des églises, pour des hôpitaux, pour

des asiles, pour des écoles, etc , etc. ; l'univers est plein de leurs largesses Aussi quand le démon furieux de tant de bienfaits, réussit par les calomnies de ses sectaires à éloigner l'Église d'un peuple, comme chez nous en 93, ordinairement cela ne dure pas. L'absence des bonnes œuvres inconnues aux laïcs athées d'une part, et de l'autre les maux, allant croissant par suite des passions déchaînées, ont bientôt dissipé tous les préjugés, et ce peuple malheureux, sachant désormais que ses meilleurs amis sont, non ces athées toujours cupides, mais les ministres si charitables de l'Église, se hâte de les rappeler afin de ne pas périr dans la douleur et dans le vice. Ils reviennent donc ces ministres sacrés ; et, toujours pleins de dévouement, ils reprennent avec une nouvelle ardeur leur œuvre de salut et de bienfaisance, réalisant ces paroles de Montesquieu . « La religion chrétienne qui ne semble avoir d'objet que la félicité de l'autre vie, fait encore notre bonheur en celle-ci (Esp. 24). »

Toutefois, l'arme la plus puissante de l'Église, celle qui lui assure l'immortalité, c'est l'assistance continuelle de Jésus-Christ. Elle est souveraine celle-là, et c'est par elle seulement qu'on peut expliquer la stabilité constante de l'Église au milieu de tant d'ennemis et des bouleversements perpétuels du monde. Cette épouse bienaimée de Jésus-Christ en use en tout temps, mais surtout quand les ténèbres sont plus épaisses, les batailles plus acharnées, les ennemis plus nombreux et les dangers plus pressants. Alors, comme les Apôtres sur la mer en fureur, elle crie à son divin protecteur. « *Salva nos, perimus*, sauvez-nous, nous périssons. » Jésus-Christ reçoit cette prière avec bien-veillance et, au moment voulu par sa justice et sa bonté, il se leve et commande aux flots furieux des passions humaines : de suite le calme se fait et l'Église, mettant à sa couronne une palme de plus, continue sa course bienfaisante au travers des siècles.

VIII. Nous avons vu la constitution divine de l'Église, sa mission surhumaine, ses droits imprescriptibles, sa place au-dessus des pouvoirs civils et ses armes toutes pacifiques ; il ne nous reste plus à constater que ses succès. Comme ils sont patents, ce ne sera pas long : on ne montre pas le soleil, c'est lui qui se fait voir.

Rappelons-nous que sa mission est de détrôner une foule immense de dieux débonnaires pour n'en faire adorer qu'un seul et son Fils mort sur une croix infâme, de détruire toute les religions si bénignes pour en établir une qui étonne la raison par ses dogmes, abaisse la philosophie par son élévation et crucifie la nature par sa morale, d'arracher aux tyrans, soit de l'absolutisme, soit de la multitude, la direction des âmes pour les amener à Dieu dans leur liberté totale, pleine de responsabilité ; de dépouiller chacun de son esprit propre et de l'amour de soi pour établir à leur place l'esprit de Jesus-Christ, l'amour de Dieu et celui du prochain, et par suite, de renverser l'humanité de fond en comble , de relever l'étendard du vrai, du bien et de la vertu, vaincu pendant quarante siecles, et de le porter, malgré Satan, les passions et le monde, ses complices, de victoires en victoires, jusqu'à la consommation des siecles. Rappelons-nous encore que cette tâche impossible, humainement parlant, est confiée de parti pris par Jésus-Christ à de pauvres pêcheurs juifs, rebut du monde, *limon de l'humanité*, lesquels seront remplaces le plus souvent par des hommes de rien comme eux. N'oublions pas non plus que ses ministres, sans aucun prestige humain, sont comme des agneaux au milieu des loups . « *Sicut agni inter lupos* »

Apres avoir reçu leur mission, les Apôtres entrerent dans une maison de Jerusalem et monterent dons une chambre haute La premiere chose qu'ils firent sous la proposition de leur chef, Pierre, ce fut de nommer un remplaçant au traître, et le sort tomba sur Mathias ; puis ils persévererent dans la priere, attendant la venue du Saint-Esprit. C'était Dieu qui par sa parole avait illuminé la raison du premier homme, c'était lui aussi qui devait éclairer celle de l'Église.

Les Apôtres n'attendirent pas longtemps « Au jour de la Pentecôte ils entendirent tout à coup un grand bruit, et en même temps ils virent paraître comme des langues de feu qui se partagerent et s'arrétèrent sur chacun d'eux. Aussitôt ils furent tous remplis du Saint-Esprit et se mirent à parler diverses langues (Act. II, 2). »

C'était fait, l'Église, qui avait déjà le Sauveur avec elle, possédait aussi désormais le Sanctificateur : elle pouvait donc s'élancer à la conquête du monde.

Aussitôt les Apôtres sortent du Cénacle et se répandent dans Jérusalem, prêchant la religion. A lui seul, Pierre convertit par sa première prédication trois mille hommes et cinq mille par la seconde, de leur côté les autres Apôtres réussissent à merveille. Aux magistrats irrités qui les font mettre en prison, battre de verge et menacer de mort, ils jettent par leur chef, l'humble pêcheur Pierre, cette fiere parole qui vaincra le monde : « Il vaut mieux obéir à Dieu qu'aux hommes,» puis, délivrés de leurs chaînes autant par leur hardiesse que oar l'effervescence du peuple, ils continuent intrépidement leur predication. Bientôt est achevée la conversion de la ville ; et celle de la campagne ne leur prend que

quelques jours. Tout aussitôt ils se replient un
instant sur Jérusalem pour composer cet admirable symbole que chante l'univers, puis ils se
hâtent de partir pour évangéliser le vaste champ
du Père de famille, le monde entier, allant chacun de son côté, semant partout des miracles
avec la vérité et constituant des Églises. Jean
enseigne dans l'Asie-Mineure, Philippe dans la
Haute-Asie, André dans la Scythie, Thomas,
chez les Parthes ; Barthélemy pénètre jusqu'aux
Indes ; Simon prêche en Perse, Mathias en Éthio-
pie et les autres ailleurs. Paul, loup changé en
agneau, parcourt la Grece, la Gaule, l'Espagne
et s'en vient rejoindre son chef à Rome. C'était
là en effet que Pierre, après avoir évangélisé le
Pont, la Galathie, la Cappadoce, l'Asie et la Bi-
thynie, avait osé, sous l'inspiration de Dieu,
planter à jamais le sceptre du Catholicisme.....
« Aux jours de Claude-Auguste — l'an 42 de
Jésus-Christ —, nous dit Eusèbe, la tendre et
miséricordieuse providence de Dieu dirigea sur
Rome, qui était devenue la corruption du genre
humain, le plus fort, le plus grand, le premier
des Apôtres, Pierre, qui comme un valeureux
conducteur de la milice divine, muni des armes
célestes, s'en vient de l'Orient apporter le précieux trésor de la lumière intellectuelle à ceux
qui habitent l'Occident. »

Les Apôtres n'avaient pas encore parcouru

leur intrépide et glorieuse carrière que déjà l'É-
vangile, ecrit par saint Matthieu, saint Luc,
saint Marc et plus tard saint Jean, parvenait
aux limites du monde, « Croissant par tout l'u-
nivers » (Colosse. 1 23) Dès lors il y avait des
chrétiens partout, et Rome elle-même en était
remplie. Pline lui-même, tout hostile qu'il fût,
l'affirme en ces termes : « Cette exécrable superstition, un moment contenue, rompit de nouveau
ses digues comme un torrent.., On en prit une
grande multitude (Ann. 1 XV à 44).

A la vue de ce torrent de chrétiens, l'Empire
romain devint furieux et toutes les forces par
lesquelles il avait vaincu le monde, il les tourna
contre l'Agneau divin et contre ses disciples,
des agneaux aussi. Certes, il devait remporter
la victoire ayant pour lui la raison paienne, les
passions furibondes, les dieux irrités et des forces immenses. Il n'en fut pas ainsi cependant.
Les Apôtres donnèrent leur sang en témoignage
de leur foi invincible ; des chrétiens de tout âge,
de tout sexe et de toute condition les imiterent
avec enthousiasme ; ceux-ci furent remplacés
par d'autres plus nombreux encore et tout aussi
prodigues de leur sang. Apres trois longs siècles de persécutions farouches, atroces, qui tran-
chèrent la vie à plus de douze millions de martyrs, la lutte cessa enfin, non pas faute de victimes, mais faute de bourreaux . il n'y avait plus

que des chrétiens. Le colosse romain était vaincu, et l'Église, couverte de cicatrices glorieuses, élevait sur la capitale du monde la croix
victorieuse de Jésus-Christ

Alors, sur un signe d'en haut, arrivent les
barbares pour abattre et depecer le colosse romain. Nouvelle bataille d'un autre genre pour
l'Église et nouvelle victoire : ces sauvages farouches, elle les convertit ainsi que les Francs.
Plus tard, quand Mahomet lui enleve l'Afrique,
elle prend au paganisme l'Angleterre d'abord,
puis l'Allemagne, la Suede, la Russie et la Hon-
grie. Aux défections de l'Occident elle répond
par des succes merveilleux en Amérique, et à
celles de l'Allemagne et de l'Angleterre au xvii^e
siecle, par de brillantes conquêtes aux Indes,
au Japon, dans l'Urugai et le Paragai.

Dans sa soif insatiable du salut des âmes elle
suit partout, quand elle ne les devance pas, les
explorateurs du globe et elle arrive jusqu'à nous
victorieuse de l'espace qui relâche tous les liens
gouvernementaux, des philosophes et de leurs
sophismes qui demolissent tout, du temps qui
pulvérise tout, victorieuse du Donatisme, du Nes-
torianisme, du Mahométisme qui tombe en pourriture, du lutheranisme qui s'envole en poussière, du Jansénisme qui râle dans son hypocrisie, de toutes les hérésies et de leurs violences ; victorieuse des puissances, qui l'ont quel-

quefois favorisée mais plus souvent combattue, soit par la force brutale, soit par l'hypocrisie, soit par l'une et l'autre à la fois ; victorieuse de la mobilité humaine qui modifie tout, qui change tout, qui rejette tout ; et, ce qui est plus merveilleux encore, victorieuse de Satan, de tous les démons, de tous leurs sectaires, de toutes leurs ruses infernales et de toutes leurs puissances magiques. Car, elle est là debout, cette Église incomparable, non sans cicatrices glorieuses, il est vrai, mais comme aux premiers jours pleine de jeunesse et tout entière. Tout entière, dis-je, avec ses trois pouvoirs administratif, législatif et judiciaire ; avec toute sa doctrine, celle de Jésus-Christ qui se développe sans changer ; avec toute sa hiérarchie : son Pape, ses évêques, ses prêtres et ses religieux. Pleine de jeunesse, dis-je encore. Voyez avec quelle ardeur elle poursuit sa tâche dans tout l'univers, prêchant l'Évangile, sanctifiant les peuples et leur prodigant tous les secours possibles. Voyez son chef, ce Vieillard auguste prisonnier au Vatican. à chaque instant il parle aux chrétiens et chacun de ses discours fait le tour du monde, fixant l'attention de tous les hommes supérieurs, pendant que ceux des potentats sortent à peine de leurs royaumes Naguere ce monarque sans royaume, ordonnait un jubilé, et à sa parole des millions de chrétiens se mettaient spontanément à genoux pour fléchir la justice infinie. Aujourd'hui il recommande le Rosaire et voilà qu'on s'assemble en foules pressées aux pieds de la sainte Vierge pour la supplier d'intervenir en notre faveur. Quel spectacle d'obéissance volontaire pour nos jours d'insubordination, mais aussi quelle vitalité !

Et qu'elle est belle cette Église bâtie de pierres vivantes avec ses assises inébranlables : les apôtres ; avec ses milliers de hautes colonnes : les pontifes ; avec ses colonnettes innombrables de toute taille · les prêtres et les religieux ; avec ses myriades de décorations, toutes diverses, souvent parfaites : ses saints de toute race, de tout pays et de toute condition. Un cœur divin l'anime, c'est l'Eucharistie qui sollicite tous les cœurs et couvre tous les êtres de son amour infini. Un soleil, divin aussi, l'éclaire, c'est le Saint-Esprit qui rayonne dans tout l'édifice et resplendit par delà les mondes. Des fleches élégantes et fortes, par milliers, par millions, montent de partout jusqu'au ciel, ce sont ses prières ; tandis que dominant tout, son dôme éternel, Jésus-Christ, s'éleve du sein de la terre jusqu'au sommet des cieux.

Oui, voilà bien la merveille des merveilles de ce monde. Ce n'est pas ma foi seulement qui le proclame, c'est encore ma raison, c'est aussi mon cœur, ce sont tous mes sens.

Que sera-ce au ciel quand cette épouse bien-aimée de Jésus-Christ, complétement spiritualisée, divinisée même, sera parée de toute la gloire de Dieu !

Comment ne pas prendre en pitié ces pygmées d'un jour qui s'épuisent à prédire la fin prochaine de l'Église, elle qui vit tous les siecles ? Comment ne pas plaindre aussi ces aveugles étranges qui nient les miracles, comme si Dieu, qui a posé librement les lois de ce monde, ne pouvait les suspendre ? Eh bien ! ne leur en déplaise, en voilà un tout actuel, annoncé depuis des siecles, visible à tous les regards, palpable à tous les sens, auquel, bon gré mal gré, tous les hommes travaillent, et allant grandissant toujours. Ce miracle, c'est l'Église si faible en apparence, dirigée par des pecheurs et des pâtres, ne possédant qu'un petit patrimoine qu'on lui enleve de temps à autre, ayant pour mission surhumaine de conduire l'humanité au port céleste au travers la mer indomptable des passions, assaillie souvent par toutes les puissances de la terre et de l'enfer, et qui, malgré ces mille et une causes de ruine dont une seule suffirait pour la perdre, non seulement reste debout, pendant que tout s'écroule autour d'elle, mais encore va grandissant et s'affermissant de siècles en siècles. N'est-ce pas par elle que la religion véritable, si souvent obscurcie pendant

quarante siècles, brille désormais constamment,
dans tout son eclat, au zénith intellectuel et
dissipe toutes les errcurs comme le soleil, les
ténebres ? N'est-ce pas par elle aussi que l'armée du bien, piesque toujours refoulée dans
l'antiquité, l'emporte continuellement depuis
18 siecles sur l'armée des méchants, les successeurs du fratricide Cain ? N'est-ce pas par elle
enfin que Jésus-Christ, dominant la licence et
l'absolutisme qui se disputent le monde, conduit invinciblement en toute liberté l'humanité
vers sa fin suprême, selon ces paroles « Christus vincit, Christus regnat, Chistus imperat. »
L'Église, ah ! c'est donc bien réellemcnt cette
petite pierre que Daniel vit se détacher de la
montagne, sans mains d'hommes, grandir tout
à coup, remplir le monde et contre laquelle les
puissances ne peuvent rien, sinon se briser.

Celui qui ne voit pas cela est frappé d'une triple ophtalmie incurable aux hommes. Qu'il dise
comme l'aveugle de l'Évangile « Seigneur,
faites que je voie ! » et que Dieu l'exauce !

Tel est le passé de l'Eglise. Quant à son avenir sur terre, je l'ignore, n'étant ni prophete ni
fils de prophete. Mais, si l'on desire mes appré-
ciations, je vais les livrer à grands traits pour
ceux qui n'ont pas le temps d'essayer à pénétrer
l'avenir, encombrés qu'ils sont par les affaires
présentes.

De même qu'il y a sept âges dans la création, il y en aurait sept aussi pour l'Église. De là les sept épîtres, les sept sceaux et les sept trompettes de l'Apocalypse, cette histoire anticipée de l'Église, burinée il y a 18 siecles par l'apôtre de Celui qui gouverne les mondes, histoire à la réalisation de laquelle contribuent tous les hommes, bon gré mal gré.

D'apres les commentateurs de cette histoire étrange, nous serions déjà bien avancés dans le sixieme âge : car le petit livre donné à saint Jean, selon le vénérable Holzhauser (t. 2, p. 6), « serait le symbole du plus grand et du dernier des conciles de cet âge. » Or, d'apres certains interprètes de valeur, ce concile est commencé, c'est celui du Vatican, interrompu depuis des années.

En ce moment il se prépare contre l'Église un assaut qu'on peut dire universel, car c'est là son caractere particulier. Immense est l'armée des méchants dont Satan est le grand chef: elle se compose des libéraux, des hérétiques et des athées de tous pays. Ses chefs, les francs-maçons qui sont répandus partout, sont reliés par des serments terribles à un état-major absolu : leur arriere-loge ou domine l'elément juif, comme nous le verrons plus tard. Or, tous le savent et nous ne le voyons que trop, les Juifs tendent à renverser le catholicisme d'abord et ensuite toute autorité constituée pour se gorger d'or pendant l'anarchie et fonder sur ses ruines leur domination universelle, rêvée depuis des siecles. C'est donc contre l'Eglise, boulevard avancé de l'ordre, de la civilisation et de la liberté, qu'ils vont lancer cette armée montante, selon saint Jean, à deux cent millions d'hommes, « Vicies decies dena millia (ch. 9, 16) et semblable — sans doute pour montrer l'orgueil de la haute arriere-loge, la docilité des chefs ainsi que la méchanceté des soldats — semblable à un monstre ayant une tete de lion, un corps de cheval et une queue de serpent, et avec cette armée formidable, toutes les forces du monde ou à peu pres, puisque la franc-maçonnerie dirige à cette heure presque tous les gouvernements.

L'Eglise pressent ce choc universel et c'est pourquoi elle redouble de sollicitude à l'égard de ses enfants, leur ouvrant tous ses trésors de grâce par le jubilé, les pressant d'invoquer leur grande protectrice par la récitation du Rosaire, leur ·prodiguant tous les conseils et tous les secours possibles. Elle possède aussi une armée nombreuse qui monte à deux cent millions. Mais malheureusement elle est privée de son patrimoine et tenue hypocritement dans la pauvreté par les pouvoirs civils ; son chef auguste est sous clef ; ses ministres ont à peine de quoi vivre ; plusieurs même sont chassés de leur domicile et n'ont pour soutien que la charité des peuples. Malgré cela, si l'on en juge par l'union des fideles avec leurs évêques et de ceux-ci avec le Souverain Pontife, ainsi que par les premieres escarmouches faites contre ses congrégations, elle résistera vaillamment sur tous les points du globe. Saint Jean l'annonce du reste en ces termes « Parce que tu as gardé la parole de ma patience — qui résiste au mal avec courage — moi aussi je te garderai à l'heure de la tentation qui doit venir dans tout l'univers éprouver ceux qui habitent sur la terre (Ap. 3).

Cette résistance des bons ne peut manquer, comme toujours, d'irriter les méchants Jusqu'ou iront-ils dans leur fureur? Se contenteront-ils d'enfermer les ministres sacrés dans les temples pour les y faire périr de faim, ou bien iront-ils jusqu'à verser leur sang, comme tant de fois dans le passe? Je l'ignore, mais ce qui est certain, c'est que l'Église remportera une nouvelle et brillante victoire. Déjà la présagent et le mouvement qui se fait dans les âmes, et le retour vers l'Église de certains peuples qui ne veulent pas périr du cancer revolutionnaire, et les insucces des premieres escarmouches. Quoi qu'il en soit de ces pronostics, cette victoire est immanquable : 18 siecles de succes l'affirment aux incrédules et la foi la garantit aux chrétiens : « Portæ inferi non prævalebunt » c'est-à-dire, les méchants, dont Satan est le chef, ne prévaudront jamais contre les bons conduits par l'Église, dont Jésus-Christ est le chef invincible.

Il y a plus, cette victoire est inscrite d'avance par saint Jean dans les fastes de l'Église en ces termes : « Voici que je viens bientôt (Ap. 3). » C'est Dieu qui parle ainsi. Or il se montre depuis longtemps par sa justice qui va pesant de plus en plus sur le monde pour le corriger.

« Un ange fort, ayant un arc-en-ciel sur la tete, pose son pied droit sur la mer et son pied gauche sur la terre » (Ap. 10). Dans cet ange fort, posant un pied sur les passions et l'autre sur les puissances, qui ne reconnaît la très sainte Vierge, notre espérance ? N'est-elle pas apparue dès le commencement des attaques maçonniques en 1830 ? Et depuis lors n'a-t-elle pas tracé sur nos têtes un splendide arc-en-ciel par ses apparitions à Paris, à la Salette, à Lourdes, à Pontmain et bien ailleurs, par des miracles de toutes sortes, par la confiance qu'elle souleve de toutes parts, par les grâces signalées qu'elle répand et qu'elle répandra, nous l'espérons du moins, jusqu'aux succès complets ?

« L'ange crie d'une voix forte comme un lion qui rugit et, lorsqu'il eut crié, sept tonnerres firent entendre leur voix (Ap.). » Ces paroles annoncent une action plus puissante de la justice divine qui, au moment le plus critique, for-

cera les incrédules par des catastrophes actuelles ou imminentes à reconnaître que l'Église est
la meilleure sauvegarde des sociétés comme des
gouvernements. Quels seront ces châtiments
commencés ou imminents ? C'est le secret de
Dieu ; mais les peuples et les pouvoirs en seront tellement épouvantés qu'ils reviendront
en foule vers l'Église, naguère traquée. Beaucoup de Juifs même se convertiront. Immense
sera la victoire de l'Église et de ses agneaux
sur les loups.

« Scelle ce qu'ont dit les sept tonnerres et ne
l'écris pas (Apo., x, 4). » Alors cesseront, par
suite de la conversion des hommes, les châtiments commencés et les menaces terribles des
sept tonnerres seront suspendues.

« Prends le livre ouvert (id). » Alors aussi
commencera une paix universelle dont l'Église
profitera pour reprendre le concile interrompu
du Vatican et donner au monde par lui des préceptes dont elle a le secret et qui feront le bonheur des peuples. Alors encore son gouvernement maternel, fondé sur l'amour, brillant de
tout son éclat, remplira le monde de ses bienfaits.

Combien de temps durera cette paix réparatrice des ruines accumulées par nos longues et
perfides erreurs ? Il est à croire qu'elle se pro-
longera suffisamment pour permettre à ceux qui

l'auront acquise par leur courageuse patience de terminer en toute sécurité leur vertueuse carrière. Toutefois, il n'est guère probable qu'elle s'étende beaucoup au-delà de cinquante ans, si même elle les atteint. D'un côté, les hommes au sang vicié par plusieurs générations de crimes, auront de la peine à supporter le joug, pourtant si salutaire, du Seigneur. C'est encore écrit dans l'Apocalypse (x, 10). « Lorsque j'eus dévoré le livre, mes entrailles sentirent de l'amertume » Ils se plaindront donc et même ils se révolteront de nouveau contre l'Église et ses sages prescriptions. D'un autre côté, les sociétés secretes ou plutôt les Francs-maçons, un moment déconcertés, ne tarderont pas à se remettre de leur stupeur et à reprendre avec une nouvelle ardeur, sous le souffle du démon, leurs trames ténébreuses et destructives.

Alors commencerait le septieme âge qui sera relativement court.

Dans cet âge, l'œuvre des Francs-maçons se poursuivra sans relâche, avec acharnement. A la domination des Juifs, succedera celle des satanistes, les vrais soldats du demon, dont les autres sectes ne sont que les auxiliaires. Les gouvernements et les peuples, impatients du frein salutaire impose par l'Église à leurs passions, se laisseront facilement séduire : en peu d'années l'armée des méchants deviendra plus nombreuse et plus audacieuse que jamais Alors paraîtra l'Antechrist, c'est-à-dire Satan en personne, pour en prendre le commandement, car c'est lui qui doit diriger la dernière persécution, la plus cruelle de toutes.

Cependant l'Église, désolée par tant de défections, ne sera point abandonnée du ciel dans ce moment pénible. Hénoc et Elie lui seront envoyés pour la fortifier et achever la conversion des Juifs ; et si Jésus-Christ lui-même, réalisant la parusie, ne vient à son secours, du moins sa justice ne lui fera pas défaut. Plus terrible que jamais sera cette justice : « *Videbis cum perierint peccatores*, vous le verrez quand périront les pécheurs » nous dit le Prophete. Alors se réaliseront les menaces des sept tonnerres, dont les méchants porteront tout le poids : leur puissance et celle de Satan seront aneanties pour toujours Puis viendra la fin du monde et l'Église, victorieuse de tout, entrera triomphante dans le séjour de la paix éternelle, qu'elle aura conquise par la patience indomptable de ses agneaux.

Nous ne verrons pas ces temps horribles et glorieux de la fin du monde. Dieu en garde la génération qui va naître !

Telles les gouttes d'eau répandues en nappes blanches sur la cime des monts quand Dieu, leur envoyant son soleil, leur commande de venir de

Lui-même à Lui, c'est-à-dire des pics éternels à l'Océan, image saisissante de l'éternel mouvement dans l'éternel repos.

Aussitôt, ruisselant à la frange des neiges, elles roulent sur la croupe des monts et bondissent au travers des rochers ; puis, se réunissant, elles prennent leur élan, tantôt lentes, tantôt rapides, toujours gaies, vers le but assigné : la mer. C'est ainsi qu'elles arrivent dans les vallées qu'habitent les fils d'Adam.

— « Arretons les gouttes d'eau, » disent ces orgueilleux, pleins d'ignorance. Incontinent ils se mettent à barrer ce faible courant qui descend paisible vers leurs prairies assoiffées. Mais le courant se joue de leur digue de terre, de bois et de pierres ; il passe en riant et court ou Dieu l'appelle.

— « Arrêtons les gouttes d'eau, » répetent en chœur les hommes infatués de leur progrès dans l'accessoire. Et, voilà qu'entassant pierres sur pierres et rochers sur rochers, ils recouvrent le tout d'un ciment *invincible*. Cependant les gouttes d'eau, dociles à la voix d'en haut, cherchent avec activité leur route et, trouvant mille fissures dans la digue pretendue *impermeable*, elles s'y précipitent et passent en jetant aux échos leurs clameurs joyeuses.

— « Arretons les gouttes d'eau, » s'écrient les descendants de Babel en fureur, blesses dans leur orgueil monstrueux. A leur appel tous les gouvernements accourent, tous les peuples sont mis à contribution et de toutes parts arrivent, armés des instruments du progres, des ouvriers plus nombreux que les soldats de Darius On bouche toutes les fissures de la digue, on élargit ses bases , sans souci ni de la religion ni des arts , on y jette avec les debris des temples les ruines de Boalbec et de Karnack ; on l'eleve bien haut en entassant rochers sur rochers, Pélion sur Ossa , le tout est noyé dans le ciment *du progres* et relié par de gigantesques bandes de fer du *progres* aussi c'est parfait, titanesque. Les pauvres gouttes d'eau ne passent plus . elles ont devant elles une digue plus epaisse que les remparts de Babylone, plus haute que les murailles de la Chine, que les pyramides d'Egypte et que l'orgueilleuse Babel. En vain elles cherchent une issue, en vain elles tentent de sauter, en vain elles se mutinent, les pauvrettes !

— « Victoire ! » s'écrient les fous du progres babélique, nous avons arreté les gouttes d'eau, nous avons vaincu Dieu, nous sommes des dieux. » Et ils poussent des hourras formidables qui montent jusqu'au ciel et vont se répercutant d'échos en échos jusqu'aux extrémités du monde Pendant ce délire universel les gouttes d'eau, toujours dociles à la voix de Dieu, arrivent par milliers et par milliards , elles montent, elles montent toujours et finissent par atteindre le sommet du rempart titanesque. Aussitôt les unes le franchissent avec l'enthousiasme du Niagara, tandis que les autres, stimulées par ce succes, le poussent, le battent et le mettent en lambeaux qu'elles emportent comme des fétus dans leur course triomphale.

— « Qu'est-ce ? » s'écrient les hommes éperdus, tombant enfin du haut de leur orgueil dans l'abîme de leur faiblesse. Eh ! ce sont les gouttes d'eau qui, fortes de la parole de Dieu, s'en vont joyeuses, en faisant le bien, vers l'eternel repos, malgre tous les *Titans du pretendu progres*.

TROISIÈME PARTIE

GOUVERNEMENTS CIVILS.

CHAPITRE I.

PRINCIPES GÉNÉRAUX.

I. Dans les gouvernements ci-dessus nous avons
dû constater la double universalité du temps et
de l'espace. Avec le gouvernement divin cette
universalité va de soi, mais elle est d'autant
plus étonnante quand il s'agit de l'Église que
ce gouvernement est composé d'humaines natures communes et qu'il est de temps en temps
attaqué par toutes les puissances de la terre et
de l'enfer. Cette universalité nous ne la trouve-
rons plus désormais. Ce n'est pas qu'elle n'ait
tenté beaucoup de peuples comme les Perses,

les Grecs, les Romains et bien d'autres plus modernes ; mais c'est qu'aucun d'eux n'a pu jusqu'à présent la realiser, soit qu'elle surpasse les forces humaines, soit que Dieu ne la permette pas, afin de sauvegarder notre liberté d'un despotisme universel et de rappeler aux puissances leur propre faiblesse. Quoi qu'il en soit, il y a là, de fait du moins, entre les gouvernements établis par les hommes et l'Église établie par Dieu, une démarcation profonde, qui ne permet pas de les confondre et qui mérite l'attention de tout homme sérieux

Cette remarque importante faite, abordons courageusement l'étude des gouvernements civils, sans nous effrayer de ses ténebres épaisses ni de ces sphinx cruels. « *Improbus labor omnia vincit.* »

Dans l'état sauvage l'homme est un membre de l'humanité dont les droits et les devoirs sont peu nombreux Dans l'état social il est de plus un membre de la société, c'est-à-dire un citoyen et, comme tel, il a des droits sociaux qu'il doit maintenir et des devoirs, sociaux aussi, qu'il doit remplir Mais, si sauvage ou civilise qu'il soit, il doit avant tout servir Dieu et tendre vers le ciel, sa patrie éternelle.

Ici-bas, son premier droit et son premier devoir c'est de vivre. « *Primo vivere* » Or pour vivre il lui faut des terres afin de récolter sa

nourriture, des habits afin de se vêtir et une demeure afin de s'abriter. L'homme a donc le droit
naturel et des lors divin à la propriéte mobiliere
et immobiliere. Il en est de même de toute personnalité morale, c'est-à-dire de toute société
qui n'est pas malfaisante Ce droit de proprieté
consiste à acquérir, par des moyens legitimes,
soit des meubles, soit des immeubles età en user à
son gré. De sa nature il est non seulement antérieur mais encore supérieur à tous les pouvoirs
créés. Ceux-ci ne doivent donc pas le molester ;
tout au contraire, pour peu qu'ils portent intérêt
à l'humanité, ils doivent le maintenir et le favoriser autant que possible. Par conséquent, toute
ingérence tendant à l'affaiblir est nulle et coupable ; comme aussi toute doctrine despotique
ou socialiste qui le sape est antihumaine et
antisociale.

Comme être intelligent et libre, l'homme a un
autre droit naturel et divin, plus important encore que le précédent, c'est celui de connaître
son créateur, d'apprendre de lui sa destinée, de
lui obéir et de n'être gouverné que par lui ou
en son nom. Voilà son droit *principe* et son devoir *fondamental*. Ce droit est antérieur et de
beaucoup supérieur à toutes les autorités de ce
monde ; il est confié à la garde des deux plus
hautes, c'est-à-dire à la paternité et à l'Église
qui ont le devoir stricte de le défendre envers

et contre tous. Ce n'est pas seulement sur la pierre du Sinaï qu'il est écrit, il l'est encore dans le cœur, il l'est aussi dans l'âme de l'homme : Voyez cette âme du martyr, comme elle triomphe de toutes les puissances de la terre et de l'enfer ! Là d'ailleurs, dans la souveraineté de Dieu reconnue, est la grande sauvegarde de la dignité de l'homme, car obéir à Dieu ou à celui qui commande en son nom, ce n'est point s'abaisser, c'est s'incliner devant le Créateur, devant le Roi des rois. Hors de là l'homme ne peut que subir avec colère la puissance de la force qui ne fera jamais le droit, ou céder aux séductions du vice et périr dans la pourriture. Donc, nier ce droit ou le paralyser en quoi que ce soit, c'est méconnaître le plus haut droit de l'homme, c'est abaisser sa dignité sous le pseudo-droit de la force, c'est commettre un crime de lese-humanité et de lese-société tout à la fois. Qu'est-ce en effet qu'une société sans Dieu ? Une bande de tyrans, sans cœur ni raison, qui imposent leurs caprices par la force d'une part, et de l'autre un troupeau d'esclaves envieux qui n'aspirent qu'à massacrer leurs maîtres. Qu'est-ce que l'humanité sans Dieu, livrée à toutes ses passions ? un amas immense de reptiles qui se dévorent dans la fange comme en 93. Voilà cependant où veut nous conduire, nous, les enfants de Dieu et les héritiers du ciel, l'immonde laïcisme moderne, qui n'est au fond que l'athéisme n'osant se nommer.

Il est encore pour l'homme un autre droit primordial, c'est celui de se propager par la famille. Or cette société sacrée de la famille ne peut etre formée que par le mariage Seul en effet ce contrat naturel et religieux tout à la fois, naturel puisqu'il repose sur le consentement libre des époux, religieux aussi puisque Dieu le consacre, chez tous les peuples, par une cérémonie spéciale, et même l'eleve, chez les chrétiens, à l'état surnaturel par un sacrement, seul, dis-je, ce contrat constitue la famille dans ses conditions normales qui sont l'unité, i'indissolubilité, l'autorité paternelle et l'affection mutuelle. Donc, puisque l'homme a le droit naturel et divin de se propager par la famille, il a par là-même aussi celui de se marier dans les conditions naturelles et religieuses de ce contrat, et nul n'a le droit de l'en empêcher, pas même l'État. Que celui-ci soit le témoin des mariages, comme des naissances et des déces, pour en fortifier les effets de son autorité tutélaire, rien de mieux, c'est son droit, c'est même son devoir, car les peuples sont ce que la famille les fait : forts et prosperes tant que la famille reste dans ses conditions normales, faibles et marchant à la décomposition dès que la société domestique dégénère ; mais qu'il n'aille pas au delà, que jamais il ne touche aux conditions du mariage non plus qu'à celles du sacrement ce serait un empietement nul de droit et criminel de fait. Donc, toute doctrine qui, comme le divorce ou l'instruction obligatoire, tend à briser ou à detendre les liens de la famille est anti sociale et anti humaine.

Remarquons que les individus et les familles, voire même les peuples, ne sont pas faits pour l'Etat, et la preuve c'est qu'ils peuvent émigrer quand bon leur semble Ils ne lui doivent donc que leur concours dans certaines limites équitables et pendant qu'ils sont sous sa domination. Là est toute sa raison d'etre : servir, proteger, etre utile. Donc, pretendre avec tous les despotes que la famille n'est rien, que le peuple n'est rien, que l'Eglise n'est rien, que l'Etat est tout et peut tout, même devorer ses enfants comme le dieu Moloch, c'est une grande erreur opposee au droit naturel et par la-meme grosse de tempetes car ce droit n'abdique jamais, et quelle que soit la puissance des oppresseurs, tôt ou tard il se redresse avec indignation et se venge par des catastrophes terribles

Enfin il est pour l'homme un quatrieme droit naturel et divin, c'est celui de vivre en société. Nous n'en saurions douter un instant, la société fait partie du plan divin. l'homme en a besoin plus longtemps que tout autre être pour vivre ; ce n'est que par elle qu'il peut arriver à un grand

développement et à une grande puissance ; sans
elle au contraire, il perd la plupart de ses facultés et s'annihile.

Or, pour former une société, il faut trois choses 1° un but proposé c'est la raison d'etre de
chaque sociéte, et ce qui la distingue des autres,
2° un nombre plus ou moins grand d'individus.
c'est l'élément matériel, le corps ; 3° une autorité pour coordonner toutes les forces sociales et
les diriger vers le but indiqué : c'est l'élément
spirituel et responsable, c'est la tête ou mieux
le gouvernement, sans lequel il y a peut-être
réunion d'hommes, mais non pas de personnalité
morale, ni, par suite, de société réelle.

Grand est le nombre des sociétés savantes,
industrielles, commerciales et autres qui sont
temporaires et dont nous n'avons pas à nous
occuper ici Trois seulement sont permanentes,
ce sont. la famille, l'Église et l'État.

Déjà nous avons parlé de la famille, cette société sainte et sacrée, type de toutes les autres.
Elle se compose de l'homme, de la femme et des
enfants, s'il en est ; les droits et l'autorité des
conjoints sont naturels et des lors divins ; le but,
c'est la propagation de l'espece humaine Nous
avons aussi vu, mais avec plus de développement, la société religieuse l'Eglise catholique.
Elle se compose du Pape, des évêques, des prêtres et des fideles, ses droits sont non seulement

naturels, mais encore explicitement divins, puisque Jésus-Christ les lui a donnés , son but c'est d'elever l'homme à l'état surnaturel, de le faire progresser dans cet état sublime et de le conduire à Dieu, sa fin suprème.

II. Reste donc la société civile qui seule nous occupera désormais
C'est une sociéte permanente, composée de tout un peuple et dirigee par une autorité complete qu'on appelle l'État, le pouvoir ou le gouvernement, lequel a pour mission, de lui procurer dans les limites du possible le bonheur temporel.

Ainsi donc le but de la société civile c'est le bonheur temporel de l'homme. J'ai dit dans les limites du possible, parce qu'elle ne pourrait changer les conditions de son existence sur cette terre d'épreuve ou il ne saurait trouver le bonheur parfait, réservé pour l'autre vie à ceux qui l'auront mérite. Le gouvernement doit donc s'appliquer à cultiver les élements du bien-être, à diminuer les causes de souffrance, et ensuite à procurer le bonheur de son peuple dans la mesure de ses forces. Lui demander davantage c'est lui demander l'impossible, comme ne le font que trop souvent les révolutionnaires, ces grands malfaiteurs de l'humanite, dans le seul but de renverser les gouvernements et de ruiner les nations crédules.

La société civile se compose non pas seulement d'une foule plus ou moins grande d'individus, mais encore d'un nombre, plus ou moins grand aussi de sociétés incompletes et cependant réelles qui sont comme ses membres Ainsi une réunion de familles forme la commune qui a ses droits particuliers ; une réunion de communes forme le département qui, lui aussi, possede certains droits speciaux, c'est l'ensemble de ces communes et de ces départements ou provinces qui forme la grande société, la nation, le peuple, en un mot la société civile complete

Complete aussi est l'autorité qui la dirige Elle a les trois pouvoirs administratif, législatif et judiciaire, et tous ceux qui lui sont necessaires pour procurer le bien général ; elle peut commander tout ce qui est nécesaire au bonheur commun et proscrire tout ce qui lui est oppose. Elle peut même imposer a ces membres des obligations qui sont tout à la fois physiques et morales. c'est-a-dires exigibles par la force et obligatoires devant Dieu

Mais d'ou vient cette autorité supérieure qui va jusqu'a lier les conscience Pour répondre clairement à cette question capitale, distinguons l'autorité prise en elle-meme, d'avec les hommes qui en disposent et voyons d'abord d'ou vient cette autorité ainsi considérée en elle-même, abstraction faite des hommes, nous examinerons

7

ensuite comment et par qui sont constitués ses
depositaires, c'est-à-dire les gouvernements

Dieu est l'autorité suprême infinie, nous
l'avions dit Il est par là-même la source d'ou
découlent toutes les autres, quelles qu'elles
soient, de sorte que tout homme, qui possede
une autorité quelconque, l'a reçue plus ou moins
immédiatement mais nécessairement de Dieu.
C'est ce que nous dit St Paul : « Il n'est point
d'autorité qui ne vienne de Dieu, *non est potestas
nisi a Deo* » (Rom. XIII, 2); c'est pourquoi l'Apôtre
ajoute · « Celui qui résiste au pouvoir résiste à
l'oidonnance de Dieu et nous devons lui obéir
non seulement par crainte de sa vindicte, mais
encore par devoir de conscience » (ibid.) Donc,
puisque tout pouvoir vient de Dieu, il en est de
même à plus forte raison du pouvoir gouvernemental qui est un des plus considérables de ce
monde

Or ce pouvoir gouvernemental est nécessaire
à l'existence des sociétes, des nations. Sans lui
en effet, celles-ci, nous ne le voyons que trop par
celles qui le méconnaissent, se troublent et tombent dans l'anarchie qui'les dévore l'homme alors
n'a pour droit de commander à ses semblables
que la force, et Dieu n'est plus là pour incliner les
cœurs à l'obéissance. Tandis qu'avec ce pouvoir,
chacun sachant qu'obéir aux supérieurs c'est
obéir à Dieu, il leur est facile de maintenir l'ordre,

de prospérer et de se développer de plus en plus. Puisque Dieu veut les sociétés et les nations, comme nous l'avons vu, et que ce pouvoir leur est nécessaire pour vivre, c'est donc à elles qu'il le doit. Eh bien ! c'est aussi, non pas à l'individu mais à elles qu'il le donne tout d'abord. Écoutez St Thomas « Le pouvoir appartient à la multitude ou à celui qui est chargé de sa gouverne. » (S. 1-2, q xc, a 3) Bellarmin, le jésuite, est plus explicite encore ? « Le pouvoir réside immediatement dans toute la multitude comme dans son sujet, car ce pouvoir est en elle de droit divin » (B. t 2, l 3) Telle est du reste la doctrine de la plupart des juristes. Ainsi donc ce sont les nations qui, de droit divin, possèdent le pouvoir gouvernemental, ce sont elles qui en sont les sujets, c'est-à-dire les dépositaires inamissibles, et ce pouvoir constitue leur plus haute propriété.

Mais, parce que la multitude ne peut exercer ce pouvoir par elle-même, que ce serait un véritable désordre si chacun mettait la main au gouvernail et que d'ailleurs, comme l'a fort bien dit un original penseur, « il faut toujours une tête à la tête des tetes, » la nation dépositaire du pouvoir a le droit et même le devoir de designer un ou plusieurs de ses membres pour l'exercer en son nom, c'est-à-dire de composer un gouvernement à sa guise et de lui donner la forme qu'elle veut Telle est du moins la doctrine d'un

grand nombre de juristes et de théologiens. Citons
Suarez « La communication des pouvoirs à des
personnes determinées et le mode du gouvernement sont laissés au pouvoir des hommes,
(L. iii ch 4) Ainsi se fait que les pouvoirs publics,
donnés d'abord aux nations, deviennent par elles
et sous leurs responsabilité l'objet de la compé-
tition des hommes. De là ce proverbe tant vaut
une nation, tant vaut son gouvernement.

De plus, parce que ce serait un grand désordre
si la nation était appelée à chaque instant à
nommer ses chefs et que des intrigants malhon-
nêtes pourraient alors profiter de l'ignorance des
simples pour usurper le pouvoir, parce que
d'ailleurs les pouvoirs publics sont la plus haute
propriété nationale, il est nécessaire que leur
acquisition et leur possession soient déterminées par une loi speciale et stable C'est ce
que tous les peuples ont compris, aussi trouvons-
nous chez tous cette loi superieure qui détermine,
avec la forme du gouvernement, l'acquisition et
la transmission des pouvoirs gouvernementaux
c'est leur constitution, c'est-à-dire leur droit le
plus haut et le plus fixe, celui qui est la base de
tout l'ordre social Rarement cette constitution
est l'œuvre d'un jour, presque toujours elle est
l'œuvre des aspirations nationales dans le cours
des siecles De là vient son caractère essentiellement traditionnel qui la distingue des consti-

tutions de hasard plus ou moins conformes aux aspirations generales. Chez certains peuples elle n'est même pas écrite, elle repose seulement sur des faits caracteristiques de l'histoire nationale et cela vaut bien Le principal, qu'elle soit écrite ou non, c'est qu'elle soit simple et précise par la raison qu'elle est la base de tout l'ordre social D'apres elle, dans les monarchies héréditaires le prince héritier est le dioit des sa naissance, tandis que dans les monarchies électives et dans les républiques ce n'est qu'apres son élection que l'élu est le droit

Bien entendu, tout gouvernement constitué régulièrement en vertu de la constition est légitime, tout autre est nul et tyrannique, à moins qu'il ne vienne, à defaut de la constitution, d'une élection valable Mais c'est tres rare, vu qu'une élection de cette nature ne peut être valable que quand il y a absence complète de gouvernants ou fautes graves et persistantes de leur part. Hors ces deux cas c'est toujours à la constitution qu'il faut s'en rapporter . elle est obligagatoire pour la nation comme pour les chefs la est le droit principe et non pas dans les caprices, fussent ceux de tout un peuple

D'apres ce qui précède, on voit qu'il y a une difference énorme entre la veritable constitution d'un peuple, calquée sur les aspirations nationales dans le cours des siecles, et ces constitutions hâtives, œuvres d'utopistes en l'air, qui les font au gre de leurs passions et de leurs inté-terets particuliers, sans consulter le moins du monde le tempérament genéral, seul compétant cependant Aussi ces dernieres ne durent-elles pas ordinairement, on est obligé de les rejeter à bref delai, sous peine de mort, tant elles sont nuisibles. Nous devrions en savoir quelque chose, nous, sur le dos desquels les francs-maçons en ont essayé douze depuis 1789 Ne dirait-on pas une expérimentation a la Bert, in corpore vili ? Ou cela nous mene-t-il, sinon à l'épuise-ment ? Un tailleur qui pour faire fortune s'ima-ginerait de nous confectionner des habits chi-nois, hottentaux ou chiliens, en serait proba-blement pour ses frais Pourquoi n'en est-il pas ainsi de ces politiciens avides, avec leurs cons-titutions plus nuisibles encore que ridicules ?

Résumons-nous L'autorité nécessaire pour gouverner vient de Dieu, la nation en est la dépo-sitaire inamissible et c'est elle qui la transmet, soit par l'élection, soit plutôt par sa constitu-tion, aux particuliers qu'elle charge du gouver-nement de son choix tels sont les principes de tout gouvernement régulier.

Quelques observations avant de passer outre.

Le droit divin strict, qui procede d'un acte positif de Dieu, n'existe pas pour les gouverne-ments civils, puisque ce n'est pas Dieu qui les fait. La consécration de l'Église qui attire les bénédictions du ciel, ne saurait créer ce droit : Clovis n'était pas plus roi de droit divin apres son sacre qu'auparavant. Mais il est un autre droit divin, moins explicite, il est vrai, et cependant tout aussi réel que le premier c'est celui par lequel Dieu sanctionne de son autorité suprême tout droit légitime. Un pere de famille laisse en mourant à son fils une propriété qu'il avait acquise honnètement par son travail, cette propriété, le fils la possede, non pas seulement de droit naturel ou civil légitime, mais encore et par la même de droit divin Or ce droit divin existe tout aussi bien pour les gouvernements que pour les particuliers ; c'est pourquoi tous ceux qui sont légitimes sont de droit divin, aussi bien les républiques que les empires ou les monarchies Pris donc dans ce sens plus large, mais réel, le droit divin est indeniable et défie les négations de tous les athées présents et futurs qui, du reste, ne l'attaquent que pour demolir tous les droits légitimes dont il est la suprême sanction

Il résulte de ce qui précede que tout gouvernement qui s'impose par la violence ou la ruse n'est pas legitime et par conséquent ne saurait lier les consciences Toutefois, parce que le pouvoir gouvernemental est une propriété réelle qui peut s'acquérir comme tout autre, il peut devenir légitime avec le temps en vertu de la prescription Mais pour cela faire, combien doit durer la prescription et quelles conditions doit-elle avoir par ailleurs ? Ici, tout en convenant qu'elle doit etre d'autant plus longue et mieux conditionnée que son objet est plus important, les légistes ne sont nullement d'accord. Il en resulte que dans la pratique il est tres difficile de savoir quand un gouvernement, frauduleux dans le principe, devient legitime de fait.

Plus est précieuse l'autorité confiée par Dieu aux nations pour leur gouverne, plus aussi est grande leur responsabilité. Quand elles en usent avec sagesse, elles en recueillent des fruits abondants et doux, mais quand elles en abusent elles se preparent des deceptions amères dans l'un et l'autre cas c'est justice Il est d'autant plus important pour elles de choisir de bons gouverneurs qu'elles ont chacune leur vocation spéciale comme tout individu et que tant qu'elles suivent leur voie, tracée là haut, tout va bien ; tandis que, au contraire, quand elles l'abandonnent, elles ne tardent pas, comme le voyageur égare, à courir mille dangers, heureuses si elles ne se brisent contre les rives du gouvernement divin N est-ce pas des lors une folie de confier sa gouverne au premier venu, au plus offrant, c'est-à-dire au plus malhonnête ? N'est-il pas surévident qu'on ne doit donner une mission de cette importance qu'à des hommes sûrs sous tous les rapports, d'une intelligence supérieure et d'un grand devouement.

Que dire d'une nation qui abuserait de sa liberté jusqu'à se donner un gouvernement athée? sinon qu'elle tombe en démence et que les fleches impuissantes qu'elle lance vers le ciel, pourraient bien lui retomber sur la tète, chargées de la colere divine. Évidemment Dieu n'a pas donné l'autorité gouvernementale à cette nation pour qu'elle puisse en user contre lui . c'est pourquoi il la retire. Des lors ce gouvernement athée est illégitime et ses lois, sans force obligatoire. Ainsi livré à lui-meme il est impuissant à gouverner et ne peut que tomber dans la boue et le sang. Mais auparavant, par un effet de la justice divine, il est rare, poussé qu'il est par les passions de l'humanité déchue et les conseils homicides de Satan, qu'il ne tourne pas à son tour, contre la nation qui l a fait, la puissance reçue d'elle, en la tyrannisant de toutes manieres C'est la loi du Talion dont la frequence dans l'histoire devrait apprendre aux plus incrédules que la justice divine ne dort pas.

Quel qu'il soit, le gouvernement est à la fois, par le fait meme de sa facture, le délégué de Dieu concesseur de l'autorité gouvernementale, et celui de la nation qui la lui a transmise Des lors, comme un simple maire de village, mais

7.

plus haut, il a le double devoir de maintenir,
d un côté les droits supérieurs de Dieu, et de
l autre, de veiller activement aux interets de ses
administrés. C'est une charge immense aussi
n est-il pas inutile qu il ait aupres de lui des
corps constitues pour le seconder dans sa grande
tâche et, au besoin, pour le contrôler dans l'interet de tous

Si malgre toutes les précautions voulues. un
gouvernement, légitime dans le principe, vient à
meconnaître les devoirs qui lui incombent, au
point de tourner sa puissance contre Dieu ou
contre ses administres, la nation est-elle desar-
mee ? Certes, Dieu ne l'est jamais il peut toujours soit retirer son autorité sans laquelle le
g ouvernmentcoupable n'estplus qu'un vaisseau
de mâté, soit le châtier sévèrement, soit même le
briser comme une paille Mais la nation ? La
nation n'est pas desarmée non plus En confiant l autorite dont elle est depositaire inamissible, elle n'a pas cesse d'en etre la gardienne
elle peut donc a la rigueur la retirer à elle et
constituer un autre gouvernement Je dis à la
rigueur, car, qu'on le remarque bien, c'est là
une mesure extreme des plus dangereuse à
laquelle il n'est permis de recourir , même
dans l interet national, qu en dernier ressort et
pour des causes graves, indéniables et persistantes Tout changement de gouvernement por-

te atteinte à la constitution, froisse des droits
acquis en vertu de cette constitution, jette le
trouble dans tout le corps social, arrête les travaux et le commerce, paralyse tous les progrès
et favorise les projets des ambitieux, les pires
ennemis de toute société. Donc, pour toutes ces
raisons et d'autres encore, avant d'en venir à
cette mesure extrême, la nation, lésée dans ses
intérêts majeurs, a le devoir strict d'employer
tous les moyens possibles pour amender son
gouvernement criminel et le ramener à ses devoirs Que si, malgré les plus grands efforts, elle
ne peut réussir, alors, mais alors seulement,
elle a le droit et même le devoir de prendre des
mesures, aussi pacifiques que possible parce
que la sédition est souvent pire que le mal, pour
rejeter son gouvernement coupable et le remplacer par un autre plus judicieux et plus dévoué

J'en dirai tout autant d'une constitution qui
par ses défauts amènerait au pouvoir les ennemis de la société Sans nul doute l'opération est
plus grave et plus dangereuse encore que la
précédente . c'est sur la constitution que repose
tout l'ordre social et il est très difficile d'en im-
proviser une bonne. Aussi faut-il auparavant,
plus encore que précédemment, employer tous les
moyens possibles et impossibles pour la perfectionner Mais si, malgré toutes les corrections,

elle continue de permettre le pouvoir aux parasites, aux ambitieux et même aux athées, je ne
saurais hésiter à dire qu'il faut la changer à
tout prix . elle ne peut mener qu'aux abîmes

Ce n'est point assez pour une nation d'avoir
des frontières profondes, de hautes murailles
comme la Chine, des forteresses puissantes et
des aspirations généreuses , il lui faut encore, il
lui faut surtout une intelligence pour la diriger,
une force pour la protéger et la défendre, un dévouement pour la soutenir et la pousser en avant,
en un un mot il lui faut un gouvernement qui
remplisse le corps social tout entier d'une activité notoire et en soit comme l'âme vigilante Et,
nous l'avons dit, ce n'est pas un gouvernement
tel quel qu'il lui faut, mais un gouvernement d'une
intelligence supérieure pour distinguer les voies
fécondes et les faire suivre, d'une force supérieure pour protéger et défendre avec succes, et
d'un devouement, supérieur aussi pour parer
à toutes les faiblesses, à toutes les calamités et
pousser en avant . car, sans ces trois qualités
nécessaires, il est au-dessous de sa haute tâche ,
loin d'etre utile, il ne peut que nuire

Voyons donc comment obtenir un gouvernement tel

Pour qu'il puisse s'entourer de toutes les lumieres possibles, quel qu'il soit, monarchie,
mpire ou république, il faut lui concéder tout

le pouvoir administratif, du moins quant aux places importantes C est là dans ces hauts postes, qu'il doit appeler comme ministres, ambassadeurs et administrateurs, toutes les valeurs du pays Plus ses choix seront judicieux, plus grandira sa force intellectuelle et morale qui est la plus consistante des forces. Pour l'élever de plus en plus il doit premierement, tout en evitant les hommes tarés, les loquaces ordinairement sans fond, les ambitieux et les ennemis jurés qui feraient beaucoup de mal, aller chercher les hommes de valeurs réelle partout ou ils se trouvent Ne les prendre que dans un parti serait une faute complexe les autres partis mécontents pourraient se coaliser, des ambitieux ne manqueraient pas de se faufiler pour trahir, le parti favorisé, ne contenant pas toutes les valeurs du pays, il faudrait employer des nullités qui ne pourraient qu'entraver l administration et plier au premier vent contraire, comme en 71 Il doit secondement, quand toutefois il a réussi dans ses choix, défendre ses élus contre les jalousies, les passions malsaines et les conserver aussi longtemps que possible S'il les rejette par caprice ou par vice des institutions parlementaires ou republicaines . Il se prive de lumières precieuses et se fait des ennemis puissants , il se condamne surtout, vu la rareté des talents , à s'épuiser en projets futiles et sans suite, à végéter dans l'im-

puissance et à sombrer dans l'anarchie. C'est
fatal, nous ne le pouvons que trop en plein 19° siecle, malgré nos ressources incomparables. Mais,
pour peu qu'il soit habile, si le gouvernement
joint à des choix judicieux une protection raisonnable de ses elus, il ne peut manquer d'etre
entoure d'hommes d'élite qui seront pour lui un
grand faisceau de lumiere, qui feront sans peine
prévaloir ses vues à l'interieur et qui lui gagne-
ront l'estime et la confiance de tous Alors sa
force intellectuelle aura tout son développement désirable

Pour protéger sa nation et, au besoin, la défendre avec succès, le gouvernement a besoin
d'une force matérielle imposante c'est po rquoi
il faut encore lui confier tous le pouvoir exé-
cutif, c'est-à-dire la police et l'armée La premiere, il est vrai, destinée qu'elle est à maintenir
le calme dans la rue et la sûreté des communi-
cations, n'a pas besoin d'être formidable, il suffit
qu'elle soit sagace, ferme et dévouée. Mais il
n'en est pas de même de l'armée, surtout de nos
jours troubles ou malheureusement la voix
meurtriere du canon est si souvent la raison
derniere des choses Donc, cette armée, le gouvernement doit faire tout son possible pour la
rendre puissante par la perfection de ses armes,
puissante par la sévérité de sa discipline, puissante par l'unité de commandement sur les

services des corps en campagne, puissante surtout par la solidité de ses chefs, choisis, non à
leur couleur, mais à leur valeur réelle encore
plus qu'à leur dévouement   Ici, qu'on le sache
bien, l'ostracisme, à moins qu'il ne tombe sur
des ennemis certains, serait un crime de lèse-
nation   la patrie a besoin de toutes ses forces et
nulle n'est de trop, il est des hommes négligés
qui valent des armées et qui, par mécontente-
ment, pourraient passer à l'ennemi.

Avec les deux pouvoirs administratif et exé-
cutif le gouvernement a toute la force voulue
pour donner une impulsion vive à la nation,
pour la protéger et, au besoin, pour la défendre
efficacement   Aussi, lui concéder de plus le pouvoir législatif serait une faute grave qui le
rendrait encombrant, sinon Molock, et qui lui
permettrait toutes les tyrannies, « Lorsque
dans la meme personne ou dans le même corps
de magistrature, nous dit Montesquieu, la puissance législative est réunie à la puissance exécutrice, il n y a point de liberte, parce qu'on
peut craindre que le meme monarque ou le
meme sénat ne fasse des lois tyranniques pour
les exécuter tyranniquement (L II ch 6) D'ailleurs, en droit, le pouvoir législatif releve
beaucoup de la nation   Il a pour but ses tendances, ses besoins et ses intérets, or il est difficile, pour ne pas dire impossible, qu'il attei-

gne ce but, s'il n'est géré par elle ou plutôt par des délégués sortis de son sein et connaissant à fond ses tendances, ses besoins et ses intérêts si variables : voilà pourquoi un corps législatif, librement élu, est nécessaire pour son développement normal Est-ce à dire qu'il faut fermer à l'État le sanctuaire des lois ? Non pas, il faut au contraire l'y appeler et lui donner une influence notable sur la législation, parce qu'il doit voir les choses de plus haut que les particuliers et que c'est a lui de diriger le mouvement national Mais, encore une fois, il importe avant tout que les lois correspondent aux tendances et aux besoins variables du pays, et c'est pourquoi il est absolument nécessaire que ses deputés aient la haute main sur leur confection.

Toutefois, nous devons le dire, il serait plus pernicieux encore d'accorder au gouvernement le pouvoir judiciaire qui a pour objet l'application des lois, sans acception de personne. Ce n'est ni le pauvre, ni le petit qui peuvent avoir de l'influence, mais bien plutôt le grand, le riche et surtout l'Etat Napoléon Ier, quoique despote par moments, prit ses précautions contre ce danger. Il dit à son conseil d'État « Il faut donner au corps judiciaire une force égale à celle des autres corps et le mettre en état de défendre l'ordre public et la liberté civile contre l'administration ... Sa majesté, ajouta son agent, n'entend pas donner une police au corps judiciaire, mais elle veut que, si la propriété ou la sûreté ont été violées, il puisse la venger » (Locre, t 24) C'était tres sage, et cependant tout le monde sait que partout, même chez nous, malgré ces précautions, il faut avoir trois fois raison pour gager un proces contre l'Etat, tant est grande son influence et tant est faible la nature humaine. Que serait-ce donc si l'État disposait de la magistrature ? Alors il n'y aurait plus de liberté possible et tous les despotismes pourraient se donner libre carrière Ecoutez à ce sujet Montesquieu (L. 11 ch 6) « Tout serait perdu si le même homme ou le même corps des principaux, ou des nobles, ou du peuple exerçaient ces trois pouvoirs celui de faire les lois, celui d'exécuter les résolutions publiques, et celui de juger les crimes ou les différends des particuliers Dans la plupart des royaumes de l'Europe, le gouvernement est modéré, parce que le prince, qui a les deux premiers pouvoirs laisse à ses sujets l'exercice du troisieme .. Dans les republiques d'Italie, ou ces trois pouvoirs sont réunis, la liberté se trouve moins, que dans nos monarchies Voyez quelle peut etre la situation d'un citoyen dans ces républiques Le même corps de magistrature a, comme exécuteur des lois, toute la puissance qu'il s'est donnée comme législateur. Il peut ravager l'État par ses volontés générales , et, comme il a encore la puissance de juger, il peut détruire chaque citoyen par ses volontés particulieres » Que l'État donc se contente de nommer les juges puisque c'est l'usage et, comme c'est une cause d influence sur eux, qu'il ait soin, pour l'attenuer, de les rendre inamovibles et d'accorder aux intéressés le droit d'en recuser sur motifs sérieux Mais surtout que jamais il ne monte sur le siege judiciaire pour être juge et partie ce serait une monstruosité dont l'affaire Cazot-conflit, ce monument pyramidal du despotisme sectaire, peut seul nous donner une idee Quoi de plus dégoûtant et de plus exécrable, suitout en république, que de voir à chaque instant, tantôt ici tantôt là, le peuple-roi condamné par son sujet soi-disant le plus fidele . l'Etat Du reste, il y va non seulement de l'existence de la liberte, mais encore de celle du gouvernement lui-même Qu'on le veuille ou non, c'est la justice qui constitue la force interne des Etats Plus donc les corps législatif et judiciaire, qui en ont la garde, recelent ou permettent d'injustices, plus il y a d'argile dans la statue gouvernementale et plus cette statue est fragile, comme celle de Nabuchodonosor Voila pourquoi de nos jours, ou la force prime le droit, tant de gouvernements sont si facilement mis en pieces

Toutefois. ce n'est pas assez pour un gouver-

nement sérieux de diriger la nation avec intelligence et de la défendre envers et contre tous,
il doit encore, il doit surtout veiller à l'obser-
vation des lois, maintenir les droits de chacun,
assurer l'ordre et, par un travail incessant, allé-
ger les souffrances, provoquer l'activité, procurer
autant que possible le bien-être et pousser à tous
les progrès Pour cela faire il lui faut un dévouement de tous les jours et sans bornes, qui pénetre
de son action vivifiante la nation tout entière
et embrasse tous ses intérêts sans en négliger
aucun. Sans ce dévouement absolu, son action
sera minime et, malgré les efforts généreux des
particuliers, la société ne tardera pas à tomber
dans le marasme ou du moins à végeter dans la
langueur, comme tant de peuples de l'Orient

Qu'il est beau ce dévouement sans bornes à la
chose publique, dont nous trouvons des types si
parfaits dans tant de pères de famille et le prototype en Dieu qui s'occupe incessamment du
grain de sable comme des sphères, du brin
d'herbe comme du cèdre, du vermisseau comme
de l'homme et de l'ange ! Mais aussi qu'il est
rare et difficile à trouver ! Le trouvera-t-on chez
les incrédules de toutes nuances, chez les sectaires embrigadés pour jouir, ou chez les athées
frippons ou fous, selon Cuvier, l'académicien ?
Non, certes. Chez ces hommes incomplets, qui
ont cessé de regarder vers le ciel, il n'y a plus

que l'égoisme, l'égoisme insatiable. Tout ce siècle malheureux dans lequel ils ont tant de fois
dominé, vu la bêtise humaine, est las d'en rendre témoignage. Ou sont leurs aumônes et leurs
bienfaits ? Quelles sont leurs œuvres de dévouement pur, desinteressé ? Ce ne sont pas les che-
mins de fer construits ou gérés par eux, puisqu'ils
coûtent plus que les autres , ce n'est pas meme
l'instruction laique, tant prônée pourtant, puisqu'elle baisse, malgré nos millions détournés de
leur but. Les anciens pouvaient trouver des
Aristide et des Cincinnatus, grâce à la frugalité,
à l esperance de la vie future et à l'amour de la
patrie, mais nos sectaires modernes ne sauraient
produire de tels hommes parce qu'ils rejettent
ces elements de vertu Pour eux la vie simple
est un mythe, la vie future une superstition, l'a-
mour de la patrie un préjuge. Des lors leur ego-
isme croît sans obstacles, il etouffe en eux toute
vertu, il envahit toutes leurs œuvres, il absorbe
toute leur activite ' Voilà pourquoi ces sectaires
libéraux ou athées sont fatalement si âpres a
la curée, si insatiables d'impôts, si sordidement
cupides. Pour eux il n'y a plus qu'une seule
chose jouir, et par suite gouverner c'est exploiter, exploiter quand même, per fas et nefas,
pour arriver a la fin supreme la jouissance a
pleins bords.

Ou donc l'Etat trouvera-t-il ce dévouement

supérieur qui lui est aussi nécessaire que la lumière et la force ? Chez ceux qui croient aux récompenses de la vie future et notamment chez les disciples de Celui qui a proclamé l'amour du prochain et qui a donné sa vie pour le salut des hommes c'est là qu'il s'est réfugié de nos jours d'égoisme et qu'il vit dans toute sa puissance. Si donc le gouvernement, quel qu'il soit, veut éviter ce *vampirage* sordide qui ruine nos sociétés modernes, s'il veut par son désintéressement mériter l'amour de ses sujets ; s'il veut animer sa nation d'un souffle puissant de vie, il doit rejeter tous ces sectaires libéraux ou athées qui brûlent du désir d'exploiter, il ne doit appeler à lui que des hommes animés de croyances robustes et remplis du feu sacré de l'amour de leurs semblables. Ce n'est qu'à ces conditions qu'il deviendra ce qu'il doit être un gouvernement dévoué

Telles furent, dans le moyen-âge, ces monarchies chrétiennes que se donnèrent les peuples de l'Europe et qui, par un dévouement indomptable, surent les grouper en sociétés compactes, les former à la vie civile, les pousser vers le progrès et les élever bien au-dessus de tous les autres peuples du monde.

III Multiples sont les intérêts auxquels tout gouvernement sérieux doit sa sollicitude. Vou-

loir les énumérer et les classer serait une pré-
tention d'autant plus ridicule que beaucoup sont
variables Contentons-nous donc de jeter un coup
d'œil sur les principaux.

En première ligne se présentent les intérêts
religieux qui l'emportent sur les intérêts matériels, comme l'infini l'emporte sur le fini Nul
gouvernement ne doit les négliger ce serait
traiter les peuples en brutes, ce serait une monstruosité sans pareille, avons-nous dit Ajoutons
que la religion ne se contente pas de procurer
le bonheur eternel, qu'elle est encore pour tous,
des ici-bas, une source considérable de bonheur
par son respect de tous et en particulier des supe-
rieurs, par ses lumieres, par sa charite, par ses
vertus, par ses consolations, par ses secours de
toutes sortes. Ajoutons encore qu'elle est la base
la plus solide des societes et leur meilleur ciment.
A ceux qui en douteraient j'oppose avec confiance ces paroles de Montesquieu, de Wasington
et de Thiers, qui ne pécherent jamais par cléri-
calisme « Chose admirable ' la religion chrétienne qui ne semble avoir d objet que la felicité
de l'autre vie, fait encore notre bonheur en celle-
ci (L xxiv ch 3) — La religion et la morale sont
les *bases indispensables* de toutes les dispositions
et de toutes les habitudes qui conduisent a la
prospérité politique Celui qui chercherait a renverser ces grandes colonnes du bonheur humain,

ces étais les plus solides de la destinée des hommes et des citoyens, reclamerait en vain le titre de patriote (discours d'adieu). — J'ai toujours été l'ami sincere du catholicisme, je le suis davantage depuis le 24 février La religion est la derniere discipline pour les âmes Tout frein disparaîtrait avec elle Le clergé mourra de faim, sans etre affranchi, si l'on cesse de le payer La France retrogradera jusqu'a l Irlande » (Lettre du 24 mai 1848) Pour toutes ces raisons donc, le gouvernement doit prendre des mesures efficaces pour assurer le service religieux de son peuple. C'est là un devoir d'autant plus imperieux qu'il y va pour ce peuple, non seulement des biens éternels, mais encore d'une somme considerable de biens temporels, et pour lui, de sa stabilite et même de sa conservation.

Toutefois, disons-le bien haut, dans aucun cas il ne saurait gerer par lui-même ces intérets sacrés. Outre qu'il a bien assez du temporel, il n'en est pas capable, n'ayant reçu de Dieu ni les révélations, ni les droits, ni les pouvoirs nécessaires à cet effet. D'ailleurs en assumant cette charge si grave il ne pourrait que briser la liberté de conscience et se couvrir d odieux. L'Etat-Eglise en effet est une monstruosite surannée qui aboutit nécessairement a faire adorer, sous peine de prison sinon de mort, hier Jupiter, Saturne, le chat, le tigre, aujourd'hui le soleil ou l'impudicité comme en 93, demain une autre divinité tout aussi ridicule, peut-etre le singe, grand-pere des hommes, selon Duruy et grand nombre de ministres modernes, peut-etre encore les celebres balançoires des liberaux, tres probablement le nouveau porte-veine républicain

Mais il est une autorité speciale à laquelle Dieu a confie exclusivement la mission de gérer les intérets spirituels dans tout l'univers et qui a recu de lui aussi toutes les revelations, tous les droits et tous les pouvoirs pour accomplir efficacement cette mission sublime Cette autorite, qui est la sœur aînée des autorités civiles, c'est l'Eglise catholique C'est donc par elle que l'Etat doit, autant que possible, assurer le service religieux de son peuple, en laissant à cette Eglise toute la liberte dont elle a besoin et que Dieu lui a donnee, en protegeant son culte saint contre les passions malsaines et, comme de juste, en retribuant convenablement ses ministres J'ai dû dire autant que possible, car en vertu de la liberté des cultes généralement admise, il peut y en avoir plusieurs établis dans la nation et alors l'Etat n'est plus entierement libre D'un côte il ne peut subventionner plusieurs cultes, ce serait, comme les sectaires qui visent à pêcher en eau trouble, fomenter des divisions funestes et préparer des luttes terribles, et de l'autre il est obligé d'assurer le service religieux de la majorité de son peuple Or pour atteindre ce double but l'État n'a souvent qu'un moyen, c'est de s'appuyer sur les faits et, tout en réservant les droits imprescriptibles de la véritable religion, de solder d'une manière convenable le culte dominant tant est boiteuse la justice humaine !

Sous ce rapport, je dois le dire non sans une profonde douleur, notre gouvernement est gravement en défaut vis-a-vis de la religion catholique qui est celle de l'immense majorité des Français Voyez en effet ce qui se passe et jugez vous-mêmes. Les prêtres manquent dans plus de trois mille cures et dans autant de vicariats pour le moins Les aumôniers sont chassés des colleges, des hôpitaux et de l'armée elle-même, à laquelle pourtant on devrait bien laisser le droit d'assurer son éternité puisqu'elle donne sa vie pour la défense commune Les religieux si nécessaires pour l'instruction, pour l'apostolat, pour toutes les bonnes œuvres sont crochetés dans leur propre demeure et jetés sur la rue Il se prépare à coups de mensonges une loi qui a pour but d'empêcher le recrutement du clergé, sans aucun benéfice pour l'armée On éleve tous les traitements moins ceux des prêtres sur lesquels on se plaît à faire des retenues d'autant plus injustes que l'État retire encore, de ses biens spoliés en 93, plus de cinquante millions de rente De grands sacri-

fices sont faits pour les monuments, les musées
et les theâtres, tandis que ceux qui ont pour objet l'Eglise et ses institutions sont systematique-
ment diminués ou abolis Tous les budgets sont
doubles, souvent triples, seul celui des cultes est
rogne, toujours rogné jusqu'à ce qu'on puisse
le supprimer pour étouffer l'âme de la France
La police, qui se prelasse somnolente en présence
des calomnies atroces, des caricatures immondes,
des parodies infâmes et des mechancetés de toutes
sortes contre la religion, déploie toute son astuce,
toute son activité, toute sa violence pour sur-
prendre sur les levres du prêtre quelque blâme
des institutions ou des manuels empoissonneurs,
pour suivre le clerge, pavoiser sa demeure et
carrillonner les assassinats de la Bastille, pour
enfoncer les portes des monasteres et jeter sur
la rue leurs propriétaires inoffensifs, mais
trop bienfaisants La voie publique, libre pour
les scenes carnavalesques, les mascarades, tous
les scandales, est séverement interdite aux ma-
nifestations religieuses, aux processions, à Dieu
lui-meme L'ignoble laicisme a chasse tous les
chrétiens des places de l'Etat, même du ministere des cultes, pour y caser des francs-maçons,
des Juifs cupides, des athées plus cupides encore
Par une loi scélérate il est defendu de charmer
l'enfance avec la vision dorée du ciel et de lui
parler de Dieu, le divin Soleil des cœurs et des

âmes Une autre loi, non moins infâme, arrache le Christ des monuments publics et vise à le chasser de cette belle France qu'il combla de bienfaits, pendant de longs siecles Rien n'est épargné pour tuer notre foi il ne reste plus a employer que la violence sanglante et toutes les portes lui sont ouvertes

Non, mille fois non, elle n'est pas indifférente cette action du vote qui produit de telles conséquences Elle est coupable chez tous ceux qui donnent leur voix a des hommes sans croyances, c'est porter au pouvoir des hommes de désordre et de cupidité, mais elle est plus coupable encore chez les chrétiens, car pour eux, c'est de plus donner des armes à leurs ennemis jurés et à leurs propres enfants, des modeles scandaleux Si donc ces chrétiens portent le plus grand poids des malheurs actuels, ils ne faut pas s'en étonner, car il est juste que chacun soit puni par ou il péché « *Per quæ quis peccat per hæc et punitur* » Ah ! qu'ils doivent gémir sur ces tartuferies dont ils sont les victimes, sur cet archarnement sans trève ni merci contre leur religion sainte, sur ces écoles athees pleines d'impiétés, sur ces abominations envers le Christ, leur divin Sauveur, arrache du prétoire, du chevet des malades, de l'asile des morts et jete dans la boue !

Est-il possible qu'ils puissent reparer tant de crimes dont ils sont la cause première ? Je le

crois mais à deux conditions. La première c'est
de ne jamais plus voter pour des incrédu es
quels qu'ils soient, et de reporter tous ensemble,
comme un seul homme, leurs voix sur des chrétiens de foi, de foi pratique. La seconde c'est
de donner asile avec amour au Christ chassé
par leur faute et de redoubler de fidelite à son
égard, car ce n'est que par le Christ tout puissant qu'ils pourront, comme Constantin, remporter la victoire Le feront-ils ? Espérons le
d'eux, instruits qu'ils sont par tant de malheurs.
Mais, en attendant quelles ruines et quelles
ruines vont s accumuler sur notre chere patrie
dont la religion avait élevé si haut le cœur et
l'âme !

L'instruction contribue pour beaucoup aussi
au bonheur des peuples c'est pourquoi tout
gouvernement doit s'efforcer de la répandre, de
l'élever et de lui donner une grande impulsion
Mais pour y arriver il a des précautions à
prendre, car il n'a pas ici tous les droits. En
principe l'instruction appartient aux peres et
mères Ce sont eux qui sont les instruments de
Dieu pour appeler l'enfant à l'existence, ce sont
eux qui le reçoivent sur le rivage de la vie. ce
sont eux par conséquent qui sont, de droit naturel et divin, chargés de lui donner tous les déve-
loppements nécessaires pour arriver à sa fin. Ils
sont donc les gardiens de son corps, de son cœur

et de son âme, c'est-à-dire ses directeurs responsables et cela, non pour leur bien, mais pour celui de l'enfant et la gloire du Createur. Voilà pourquoi l'instruction releve en principe des parents.

Elle releve en second lieu de l'Eglise. L'enfant en effet, bien qu'il soit le tresor spécial de son père et de sa mere, n'appartient d'une maniere absolue qu'au Createur. Il a le droit incontestable de connaître Dieu, son soleil immatériel, de connaître son origine, sa fin et les moyens d'y parvenir, c'est-a-dire d'être instruit de la religion, c'est meme la, disions-nous plus haut, son droit fondamental, son droit principe. De là vient que la religion fait partie intégrante de toute instruction, non seulement parce qu'elle est la plus haute des sciences, non seulement parce qu'elle est leur âme au point que sans elle les autres ne sont plus que des nomenclatures arides, Dieu le principe de tout leur manquant, mais encore, mais surtout parce qu'elle est absolument nécessaire a l'homme pour atteindre sa fin Sans elle du reste on pourra peut-être avoir des hommes de beaucoup de connaissances accumulées par la mémoire, mais non des hommes de fond, des hommes de devoir, des hommes tout à la fois de haute valeur intellectuelle et morale Pour en former de tels, il faut absolument que la religion marche de pair avec les

8.

autres sciences, sinon par la pratique, si nécessaire cependant, du moins par la théorie Certes,
son absence des hauts programmes n'est pas
étrangere aux faiblesses que nous avons la
douleur de constater chez nombre de nos savants Or l'Église est l'organe exclusif de la veritable religion et la directrice indefectible de
tous les hommes dans les voies de leur fin suprême elle a donc par là-même un droit indéniable à l'instruction. Ce droit n'est pas seulement naturel, il est encore explicitement
divin, puisque Jésus-Christ le lui a donné par
ces paroles « Allez, enseignez toutes les nations » Sans elle aucune institution n'est capable de donner une instruction complete, parce
qu'aucune n'a ce qu'il faut sous le rapport religieux. Seule l'Eglise pourrait assumer cette
haute tâche parce que, fort capable pour les
sciences humaines, elle a seule ce qu'il faut
pour la religion .

Ici, dans l instruction, l'État ne vient qu'au
troisième rang Il a pour droit et pour devoir
d'empêcher certaines brutalités barbares, de
surveiller les ecoles pour écarter les doctrines
antisociales, de suppléer à l'insuffisance des parents, en leur fournissant des maîtres dignes et
capables, de fixer les programmes pour les di-
plômes et d'employer tous les moyens possibles
pour élever le niveau scientifique de sa nation.

Telle est sa part s'il va plus loin c'est de la tyrannie. Certes, quelque considérable qu'elle soit, cette part ne lui permet pas d'accaparer l'instruction , ce serait violer les droits des parents, des enfants et de l'Eglise, et d'autant plus odieusement, que sans l'Église, il est incapable de cette haute fonction, du moins sous le rapport religieux Pour le prouver par des faits, prenons la libre-pensée et la morale indépendante qu'il patronne aujourd'hui En vertu de la première, libre est pour tous la pensée d'assassiner, pour un percepteur celle d'emporter sa caisse, pour un instituteur celle de corrompre ses enfants, pour un médecin celle de prolonger les maladies dans ses intérêts   N'est-ce pas abominable ? Le bon sens tout seul, d accord avec la religion, ne dit-il pas qu'il faut repousser ces pensées, comme etant les germes des crimes corresponbants En vertu de la seconde, la morale est indépendante de Dieu , indépendante de la justice, independante de tout elle ne relève que du caprice, comme chez l'animal N'est-ce pas superabsurde ? Autant vaudrait dire que l'astronomie est independante des lois du mouvement, la mécanique, de celles de la force, et le raisonnement, de la logique

L'État n'a pas le droit non plus de confier le monopole de l'instruction à une société laïque. Ce viol des droits supérieurs des parent et de l'Église, aurait des conséquences des plus funestes pour l'instruction elle-même Cette société, fût-elle animée des principes chrétiens, serait tout aussi incapable que l'Etat sous le rapport religieux. D'ailleurs, faute de ces contradictions vives qui font jaillir la lumiere, de ces rivalites puissantes qui stimulent l'émulation, comme aussi par suite des prejuges si faciles à l'orgueil, elle serait stationnaire d'abord et bientôt arrierée Enfin, la science étant à la fois un don et une acquisition, il se trouverait nécessairement des découvertes et des spécialités qui ne seraient pas employées et qui, par dépit, pourraient passer a l'etranger

En présence de cet état de choses, ce que le gouvernement doit faire, c'est 1° d'asseoir la liberté de l'enseignement sur des bases aussi larges que possible ; 2° d'encourager tous les dévouements , et toutes les institutions par des subsides, par des bourses et même par des recompenses données au concours, sans distinction des établissements, dont le choix serait, comme de juste, laisse aux peres de famille , 3° enfin d'assurer les vues d'ensemble avec son contrôle par des programmes mûrement etablis et rarement modifies, par des brevets decernés à tous les mérites, par des inspections regulieres et serieuses. De la, résulteront des avantages considérables le concours de toutes les capacités de la nation sera gagné, ce qui est immense ; l'enseignement, stimulé par les rivalités, sera moins cher et plus élevé ; tous les talents ne pourront manquer de s'épanouir à l'ombre bienfaisante de la liberté ; et dès lors, sans violence et comme par enchantement, s'élèvera le niveau scientifique du pays.

Est-ce à cet épanouissement si désirable de la science que tend notre gouvernement actuel ? Certes, on ne le dirait pas en le voyant éloigner si passionnément l'Église avec ses principes supérieurs, sa science séculaire et ses aptitudes incontestables ; briser sans raison les maîtres les plus dévoués, les plus capables et les moins rétribués, établir à grands frais un monopole tyrannique au profit d'une institution qui est sans émulations faute de rivalités et dont les préjugés ne se comptent plus ; rejeter de parti pris tout ce qui n'est pas rouge comme si toutes les couleurs n'appartenaient pas à la science, remanier sans cesse tous les programmes au risque de dérouter les maîtres comme les élèves ; se complaire, non dans le sérieux, mais dans les détails de nomenclatures, de chansons et de pantomimes inutiles et ridicules ; faire manœuvrer comme des militaires ces chers enfants, qui ne se développeront jamais si bien sous le ton sec de leurs pions gommés que sous l'affection maternelle de l'Église. A voir ses agissements

on dirait plutôt que, sous prétexte d'instruction,
l'État vise à briser la liberté religieuse, sauvegarde de toutes les autres ; à décatholiser la
France pour y planter l'immonde athéisme , à
manier beaucoup d'or en surélevant sans fin le
budget de l'instruction à planter dans chaque
village un homme a férule, un cornac grasse-
ment rétribué, pour mener au scrutin, comme
un troupeau d'esclaves sinon de chameaux, les
populations rurales ; mais surtout à suspendre
au-dessus des chrétiens une épée de Damocles
par cette ignoble loi de l'instruction, qui per-
mettra de les persécuter à souhait, opportuné-
ment, comme faisaient les tyrans de Rome

Toujours est-il que sa loi *scélérate* est un
monument stupéfiant de machiavélisme et de
tyrannie sectaires, qui tend à détruire la religion, à propager l'athéisme, à planter la révolution, à soutirer, quand même, beaucoup d'or ,
mais non point à développer l'instruction qu'elle
mutile au contraire et désorganise de toutes
façons. Quelques minutes pour le prouver som-
mairement.

Rien qu'à son titre *d'instruction laïque, obligatoire et gratuite,* titre qui renferme autant de
mensonges que de mots suivant l'usage des
Francs-maçons, on voit qu'elle a été conçue dans
les loges les Français ne sont pas capables de
tant de tartuferie. Vous croyez sans doute que,

par instruction laïque, on entend qu'elle sera
donnée par des civils plus ou moins religieux.
Eh bien ! vous êtes à cent lieues de la vérité ;
cela veut dire que l'instituteur ne doit pas être
chrétien, qu'il doit être, sinon sataniste, au
moins athée, qu'il ne doit suivre que des ma
nuels athées, qu'il ne peut donner que des leçons et des exemples athées. Vous êtes grande-
ment dans l'erreur encore si vous croyez que
l'instruction est obligatoire Elle ne l'est que
par accident, et pour vexer les enfants qui sui-
vraient les écoles libres, puisque seuls ils auront
des examens séveres à subir ; mais elle ne l'est
pas du tout pour les autres, qui sont forcement
l'immense majorité Ceux-ci ne sont tenus qu'a
suivre les cours de 6 à 13 ans (moins 4 ou 5 mois
par an de large pour les athées) et de fait, apres
avoir passé sept années sous des maîtres plus
occupés de la politique, de leur famille et de
leurs écus que de la science, ils soitiront de l'e-
cole fort ignorants, du moins pour la plupart
S'il a plu à nos législateurs cupides d'appeler
leur école gratuite, ce ne peut être que par une
duplicité consommée, ou par une ironie des plus
ameres. En effet, d'apres Jules Ferry, le chef du
Cabinet nécessaire « On a déjà dépensé 300
millions pour bâtir des écoles, » et il faut encore
y consacrer de 6 à 700 millions, soit 50 millions
par an d'une part, d'autre part on a grevé le

budget de l'instruction de plus de 50 millions pour élever les traitements des employés et payer leurs voyages aux conférences et ailleurs, et bientôt il faudra le grever de 100 autres millions pour exécuter le plan de l'industrieux Bert. Or, ce qui coûte déjà 100 millions de plus par année et bientôt 200 millions, sans être meilleur, est-il bien gratuit ? Est-ce gratuit, non pas pour les instituteurs et les gouvernants qui trouvent là une mine d'or féerique, mais est-ce gratuit pour les contribuables, est-ce gratuit pour les pauvres qui ne payaient rien jusqu'à ce jour ?

L'Eglise tient de sa nature et de Dieu le droit d'enseigner le chemin de la patrie céleste et on la met à la porte des écoles, et, si ses ministres stigmatisent les manuels impies ou les diatribes scolaires, on les prive de leur traitement, en attendant le moment opportun de les mettre en prison ! L'enfant a droit à Dieu son créateur et au ciel sa patrie éternelle : c'est là d'une part son droit principe et de l'autre, son plus grand héritage. Eh bien ! sans respect pour sa faiblesse, on lui cache Dieu, son soleil divin, on l'empêche de tendre vers son héritage infini ; on l'en détourne ! Héliogabale avait jadis décrété la prostitution physique de l'enfant, de nos tristes jours on va plus loin : on décrète sa prostitution morale et on l'exécute sous les regards navrés de ses parents ! Ceux-ci, qui ne tiennent leur enfant que de Dieu et de leur amour, ont le droit non seulement naturel mais encore explicitement divin — tes père et mère honoreras — de le posséder sans conteste, de le façonner à leur guise, de lui transmettre et leur héritage matériel et leur héritage moral, et leur héritage surnaturel, afin qu'il soit leur personnification sur cette terre apres eux et qu'il les rejoigne là-haut, pare des mêmes vertus Helas ! tous ces droits sacrés sont violes par la loi scelerate Car, ni plus ni moins que s'ils étaient des producteurs de basse-cour, l'enfant est enlevé à ses parents des six ans et placé sous la ferule d'un maître laique qui, bien que paye par eux et fort cher, refuse de lui enseigner ce qu'ils veulent « Notre Pere. Tes pere et mere honoreras, » et va jusqu'à lui apprendre ce qu'ils ne veulent pas « Le gouvernement est tout Le sang impur Ça ira , de sorte que quand l'enfant revient dans la famille, saturé de persifflages sur tout ce qu'on y respecte et gonflé du fanatisme de la liberté sans frein, il n'est plus a l'unisson, il est mûr pour toutes les desobeissances, tous les déshonneurs Si les malheureux parents réclament, l'instituteur, sûr de leur argent reçu du percepteur, les repousse avec un dédain laique et leur jette sur le dos l'administration tout entière En voulez-vous une preuve entre

mille ? Lisez la lettre suivante d'un inspecteur
de la Nièvre à certains pères récalcitrants .
Monsieur l'inspecteur d'Académie, d'accord avec
M. le Préfet m'informe et j'ai l'honneur de vous
donner avis, qu'en raison de l'acte de désobéissance commis par le jeune N votre fils, en refu-
sant formellement, d'après votre défense, de lire
dans un livre (manuel Compayré) que l'instituteur
avait le droit de mettre entre ses mains, cet enfant
demeure exclu de l'école jusqu'à ce qu'il se sou-
mette   Vous ètes informé de plus que l'absence
de votre enfant, qui est votre fait, continuera d'è-
tre régulièrement constatée chaque jour » Si cette
animadversion n'effraye pas trop les parents et
s'ils vont jusqu'à retenir leurs enfants, eh bien !
on les jette en prison. Est-il une tyrannie plus
monstrueuse ? Comment le père ne réclamerait-
il pas ? comment la mère n'affolerait-elle pas de
douleur ? Pauvre peuple, toujours .muselé par
ceux qui lui promettent la liberté !

Avec cette loi trois fois scélérate, les principes
de foi disparaîtront oubliés aussitôt qu'appris
sous les persifflages scolaires Dès lors le sens
religieux de l'homme, dont ces principes sont
l'aliment nécessaire, ne peut que s'affaiblir et
s'éteindre autant que possible

Nuage chargé de foudres et qui cache le soleil
divin, la neutralité prétendue, renferme dans ses
flancs hypocrites ni plus ni moins que l'athéis-

me pur Or l'atheisme ressemble fort au poison subtil fourni par Locuste à Néron pour tuer les hommes ; c'est le poison foudroyant invente par la Révolution, cette Locuste de Satan, pour tuer les âmes, sans qu'on s'en apercoive Déja nous sommes assaillis de toutes parts par les flots montant, montant toujours de ce poison mortifère · nous avons l'athéisme gouvermental et l'athéisme public puisqu'il est interdit à Dieu de se montrer ; nous avons encore l'athéisme des hospices, des cimetieres et des prétoires d ou la croix est bannie, nous avons meme l'atheisme de l'armée, puisque les aumôniers en sont chasses N'est-ce pas trop , beaucoup trop , pour tant d'âmes faibles ! Pourquoi donc organiser encore 40 000 sources nouvelles de ce poison subtil

Ah ! pourquoi ? C'est qu'on veut que nul ne puisse échapper ; on veut des maîtres sans Dieu, des serviteurs sans Dieu, des gouvernants et des gouvernes sans Dieu ; on veut une société athée, sans autre mobile que les passions animales, sans autre loi que la force matérielle, on veut la lutte perpétuelle du grand contre le petit et du petit contre le grand , on veut le grand jeu de Satan c'est-à-dire la revolution permanente

Tout est la pour nos legislateurs francs-macons, voilà le grand but qu'ils s'effoicent d'atteindre avec nos millions, avec nos milliards L'instruction n'est entre leurs mains qu'un instrument

dont ils se servent et qu'ils mutilent et désor-
ganisent au besoin, dût-elle en périr comme en
93 Elle y perd une des sciences, la plus élevée,
la plus noble, la plus nécessaire, l'âme de toutes :
la religion Les autres, du moins pour la plupart, cessent d'etre des sciences proprement
dites, « fondees, comme le dit justement saint
Thomas, sur la connaissances des causes »,
puisque Dieu, la cause premiere, leur fait défaut ce ne sont plus que d'arides nomenclatures

Dans les nouveaux programmes l'intelligence
est négligee plus qu'on ne saurait dire : « c'est
à peine si les candidats bacheliers sont capables
d'une version de troisieme », dit le rapport des
examens de 1883. » Par contre, la mémoire y est
surchargee de maniere à tout confondre ; le
questionnaire serait l'effroi d'un académicien.
Du reste ces programmes changent avec chaque
ministre de l'instruction chacun d'eux est assez
fat pour y mettre son cachet d'impéritie. Si dans
le fouillis inextricable de ces reformes, il s'en
trouve d'utiles, il en est bien davantage encore
qui sont nuisibles. Pour comble de malheurs,
dans les écoles primaires on se plaît à dissiper
le peu de sérieux des enfants par des pantomimes, des chansons grivoises et des comédies
dans tous les goûts laiques.

Avec cela l'instruction ne peut qu'aller à vau

l eau Nous sommes au septieme rang parmi les
nations sous ce rapport Si nous ne descendons
plus bas, nous le devrons aux chrétiens qui
font tous les sacrifices possibles pour donner a
leurs enfants, par des ecoles libres, des maîtres
aussi distingues par leur savoir que par leurs
vertus

S'il est une industrie qui merite les faveurs
gouvernementales, c'est assurément l'agriculture   elle est la nourrice de toutes les industries
au point que quand elle souffre toutes s'en res-
sentent , elle est de plus en France le gagne-
pain de la moitie de la nation, c'est-a-dire de
18 millions de citoyens des plus honnetes et des
plus paisibles Pour peu donc que le gouvernement veuille la prosperite du pays, pour peu
qu'il porte interet au peuple, il doit favoriser
l'agriculture d'une maniere toute speciale par
des primes, des écoles-modeles, des instruments
perfectionnés, des concours ouverts a tous, des
secours opportuns ., il doit protéger les matieres premieres et les produits, avec sollicitude ,
il doit enfin prendre toutes les mesures possibles
pour assurer l'aisance des cultivateurs. Ainsi
l entendaient nos rois, surtout Henri IV qui
voulait que « Chaque paysan pût mettre la poule
au pot tous les dimanches »

Hélas ! que nous sommes loin de la de nos
jours néfastes ! « L'agriculture , observait-on à

la Chambre le 13 décembre 1883, paie de 19 à 23 pour cent d'impôts, tandis que les valeurs monnétaires ne paient que de 10 à 12 » , ses droits protecteurs, par suite de l'ineptie des Chambres, ne montent qu'à 2 et 3 pour cent, pendant que certaines industries en ont de 20, 30 et même de 40 francs ; on la greve plus que tout autre par les prestations, les octrois, la consignation de ses chevaux et de ses voitures en cas de guerre ; on va même jusqu'à la forcer de payer l'impôt quand elle ne produit pas, bien qu'alors l'usine en soit exemptée bref, c'est la bete de somme qu'on surcharge quand même, sans aucun souci de ses forces Sa situation est des plus navrantes C'est au point que les cultivateurs abandonnent en masse la campagne, que beaucoup de fermiers sont forcés de vendre leur patrimoine, gage de leur honneur et de leur dignité, et que « Dans certaines contrées, des plus riches naguere, on compte par arrondissement jusqu'à 45 fermes qui ne trouvent pas preneur, même pour les impôts » (Saint-Vallier au Senat 29 fevrier 1884)

Est-il étonnant apres cela que toutes les industries soient dans la souffrance, quand la premiere est aux abois ? Est-il étonnant que des plaintes s'élevent de la campagne ameres, dechirantes, innombrables ? Non certes , mais ce qui surprend, c'est de voir le gouvernement, soidisant du peuple, continuer de favoriser l'élan vers les villes par l'instruction, les cabarets et l'attrait des plaisirs ; ce qui confond surtout, c'est de le voir s'acharner à battre monnaie sur le dos de la pauvre agriculture, comme sur une enclume condamnée. Quoi de plus froidement cynique en face de tant de misères, après tant de promesses aux cultivateurs, que cette réponse faite à leurs justes plaintes par un ministre à Chartres ! « Vous êtes trop nombreux, nous ne pouvons rien pour vous. » Mais en même temps quelle témérité ! car enfin si par là nos bons paysans allaient s'apercevoir qu'ils sont dupés et rançonnés de parti pris, c'en serait fait assurément de tous nos politiciens ces rongeurs de la pire espèce seraient balayés comme jamais par le vote unanime des campagnes indignées.

Le commerce est après l'agriculture la plus grande source de richesses pour la France. c'est dire que le gouvernement lui doit toute sa sollicitude. Le favoriser par des routes, des canaux, des ports, des primes, des brevets et la modicité des patentes n'est pas suffisant. Il doit encore avoir constamment l'œil sur la balance des importations et des exportations pour protéger par ses traités et ses lois, d'une manière efficace, les branches faibles et faciliter l'écoulement des branches fortes Il doit assurer la loyauté des transactions, empecher les fraudes, toujours nuisibles, et réprimer les pots de vin qui ne sont

que des vols plus ou moins déguisés Il doit
peser sur les faillites et ne pas permettre qu'elles
soient pour leurs auteurs un moyen de s'enrichir
aux depens de leurs créanciers dupés Il a pour
devoir enfin de comprimer et, au besoin, de
coffrer ces chevaliers d'industrie, titrés ou non,
qui fondent des sociétés commerciales, industrielles ou financieres, uniquement pour capter
des capitaux par des promesses illusoires, des
garanties mensongeres, des dividendes pris sur
la caisse et qui, quand les capitaux sont dévorés
ou soustraits, requierent, contre leurs promesses, les capitaux non versés, non pas pour relever la société perdue, mais pour solder leurs
sottises ou leur dilapidation et ne laisser que
des papiers sans valeur aux mains de leur so-
ciétaires ruinés

D'ou vient que tant de faillis se prélassent
dans le luxe pendant que leurs créanciers sont
dans la misere, que tant de sociétés véreuses
s'elevent sur le mensonge et disparaissent avec
la caisse, que les fondateur et les protecteurs
souvent titrés, de ces sociétés se retirent indem-
nes avec leur fortune quand les souscripteurs
sont écorchés, que l'agiotage prend des allures
faroucnes, qu'on n'entend parler que de fraudes,
d'escroquerie, de concussions, de pots de vin et
de vols ? Cela vient, n'en doutez pas, de ce que
le gouvernement ne fait pas tout son devoir.

S'il le faisait, le commerce serait immense en France, favorisé qu'il est par trois mers, des routes, des ports, des capitaux surabondants et des aptitudes incontestables S'il languissait hier, c'est que la fraude le minait, s'il s'arrete aujourd'hui, c'est que l'argent, dont il ne saurait se passer, prend peur, s'il menace de s'affaisser demain, c'est que les capitaux peuvent se cacher Et, que le gouvernement qui est cause de tout ce mal, ne se flatte pas d'attirer alors les capitaux, car, quand ceux-ci prennent peur, c'est surtout de celui qui, soit faiblesse ou complicité, tolere les voleurs. Il a pu s en apercevoir naguere à l'emprunt du fameux Tirard, il s'en apercevra mieux encore a l'avenir

Mais est-il bon que le gouvernement soit commerçant ? Non pas, du tout point ce serait enlever aux particuliers une foule de ressources légitimes, nuire a l'activite privee qui ne saurait lutter contre un tel concurrent et forcer la nation a payer bien cher, en cas d insucces probables, les fautes de ses administrateurs par trop désintéressés pour etre vigilants, ce serait surtout dans certaines branches a l usage de tous, exposer la liberte generale a des entraves d acier Voici venir, dans une gare de chemin de fer exploite par l'Etat un honnete homme, mais suspect a tort ou a raison Aussitot, soit zele soit ambition chez les employes, on le met a la

queue des voyageurs sous un prétexte quelconque, on ouvre ses colis qui doivent contenir de la
fraude et qui sont certainement mal condition-
nés, on retarde leur pesage ; on n'économise
ni les reproches, ni les injures, tant s'en faut Cependant l heure sonne et notre suspect ne part
pas a cause de ses bagages en désordre, quoiqu'il
ait son billet bel et bien payé Pour comble de
malheur s'il tente un proces, on lui oppose un
arreté de conflit, et s'il se fâche on le jette en prison Cette idee donc de faire du commerce ou
d exploiter les services publics est une juiverie
toute pure, doublée d'un affreux despotisme

Bien d autres interêts marquants pourraient
trouver place ici, mais ce serait trop long Disons
seulement que tout gouvernement veritablement
soucieux de ses devoirs doit régler avec sagesse
et fermete la police des mœurs, les libertés civiles, politiques et religieuses, sans oublier
celles de la presse et des reunions , maintenir
fortement l inviolabilite de la personne, du domicile et de la propriété, et veiller continuellement a la sûrete de tous ses sujets, quelque part
qu ils soient

Quelques mots cependant de la question ou-
vriere qui menace aujourd hui, par suite de bien
des fautes, de degenerer en crise sociale

Cette question qui vient du desaccord entre
ouvriers et patrons n'est pas nouvelle , elle a

commencé avec le travail et ne finira |qu'avec lui . c'est un nœud gordien qu'aucun Alexandre ne saurait délier. Le gouvernement lui-même n'y peut rien, du moins directement, son coups d'épée ne ferait que l'aigrir tout en lésant bien des intérets. Toutefois ce mal n'est pas sans remedes, s'il ne peut être gueri completement parce que l'union, qui est son véritable antidote, n'est guere possible , il a ses condiments géneraux, il a même ses condiments particuliers selon les caracteres qu'il révele dans le cours des siècles C'est à l'application de ces remedes que tout gouvernement sérieux doit se dévouer sans relâche, dans l'intérêt de tous.

Il doit fomenter l'union par ses paroles et sa presse, par ses lois et la justice, par tous les moyens possibles Il doit encore, pour mettre l'ouvrier a l'abri des caprices du patron, favoriser et conseiller, non pas les associations séparatives qui nuiraient à l'union, mais les associations mixtes qui, comme les confréries du moyen âge, ne font des ouvriers et des patrons qu'une seule et même famille D'autre part, parce que les ouvriers ont la malheureuse habitude de vivre au jour le jour et que, par suite, ils ont besoin de tout quand arrive le chômage ou la maladie, il faut que l'État soit toujours prêt a leur venir en aide par une charité aussi large que prompte et bienveillante De plus,

parce qu'il restera toujours, malgre ses efforts,
une foule de miseres honteuses ou cachees a
soulager et un besoin considerable de morali-
sation d apaisement, de consolation et de con-
fortation a satisfaire, il faut absolument, par
nécessité sociale sinon par conviction, qu'il
appelle l'Eglise à cette œuvre seule elle est capable de l'entreprendre avec succes et nulle
institution laique ne saurait la remplacer Avec
sa charite surnaturelle, prompte comme le cœur,
cachée comme la vertu, large comme l'univers,
celle-ci soulagera mille miseres inconnues, avec
son divin Christ et ses préceptes elle répandra
des consolations surabondantes, avec son ciel
infini, certain, elle relevera les courages les plus
abattus, par ses fetes et son dimanche qui est
la fete de tous, surtout du pauvre, elle cimentera
non seulement l'union des familles, mais encore
celle de tous les membres de la société civile
Enfin l'Etat doit encore, sous peine de voir tous
ses efforts infructueux, peser fortement sur les
causes de demoralisation et de désordre et surtout enrayer puissamment l'action délétere des
sociétes secretes Nul en effet ne saurait dire le
mal que ces sociétés font a l ouvrier dans nos
temps modernes Elles l attirent dans leurs antres
tenebreux par tous les moyens possibles Là,
quand il est enlacé par des serments terribles,
elles ne cessent de l'enflammer par des promes-

ses irrealisables, de l'abrutir par le vice et de l'aigrir par des calomnies atroces contre la société De temps en temps, abusant de sa vaillance, elles le lancent contre les pouvoirs publics S il echoue, on le jette en exil ou dans les fers, s il reussit, aussitôt que les hauts macons ont escalade le pouvoir, on le refoule dans la misere et le travail pour s'engraisser de ses sueurs Quoi qu'il arrive, « *c'est toujours*, comme le disait naguere un des plus intelligents ouvriers de Paris, *c'est toujours la peau de l'ouvrier qui danse* » Est-ce la, je vous le demande, tenir compte des interets matériels de l ouvrier, des besoins de son cœur aussi généreux que ses bras sont vaillants, des aspirations de son âme qui vaut celle du riche et pour laquelle le divin Ouvrier a donné tout son sang ? Quand on pense que cette exploitation perfide, machiavelique, dure depuis un siecle, il est difficile, tout en pleignant l aveuglement des victimes, de ne pas englober dans ses maledictions et les societes secretes, cause de tant de maux, et les gouvernements inconscients ou complices qui les tolerent

Quant à la crise actuelle, elle est due, dit-on, à l'exces de la production de la trop de marchandises, chômages et grieves Il y a du vrai, mais à mon avis la cause est plus haut Cette crise vient surtout de ce que, l'amour du ciel baissant avec l'impiete, celui de la terre croît

d'autant et devient insatiable ; elle vient encore
de ce que dans cette soif ardente des biens matériels on déserte la campagne pour se jeter
dans les villes qui promettent plus de bénéfices
avec plus de plaisirs Ainsi donc appetits insatiables, désertion des campagnes, exces de
production voila ses causes Des lors ses remedes sont la christianisation afin de rendre à
l amour du ciel son legitime empire, l'amelio[...]
tion du sort des campagnes, afin d'y retenir ses
habitants, et enfin l'emploi de tous les moyens
possibles pour effectuer l'écoulement du trop
plein

Est-ce'là ce qu'on fait sous la Republique qui a
tout promis aux ouvriers et qui leur doit tant ?
Hélas ! non, bien au contraire. On ne cesse de
fomenter la division par la presse, des promesses illusoires et des calomnies sanglantes ; on
ne facilite que les associations séparatives ou
demoralisatrices, les autres sont bardees de difficultes ou brisées comme en 93, la charite
chrétienne est bannie, on ne veut que l'assistance laique si lente, si partiale et si parcimo-
nieuse, avec son personnel sans cœur ni dé-
voûment, plein de dédain pour les souffrances,
avide d'or et des plaisirs , loin de faire appel a
l'Eglise, on la conspue, on la calomnie, on la
comprime, on la chasse ; au lieu d'entraver les
societés secretes, causes de tant de maux, on

leur donne libre carrière, on les prône même. Ainsi donc, malgré son acuite poignante la crise actuelle n'est point combattue par les remedes indiques.

« Le gouvernement l'étudie » dit Ferry à la Chambre (31 janvier 1884) Belle avance! Malheureusement il ne s'en tient pas là, car, sans doute pour mieux observer ses phases comme Bert les contorsions des chiens, il ne cesse de fomenter ses causes en laicisant avec frenésie, en favorisant les villes au détriment des campagnes et en multipliant le malaise qui arrete l'écoulement des produits.

En face de ces agissements, peut-être plus ineptes que coupables, il ne manque pas d'esprits sagaces, trop soupçonneux sans doute, qui pensent que l'État veut par la mécontenter de plus en plus les ouvriers et les tenir en laisse, comme une meute affamée, afin de les lancer, en temps opportun, a l'instar des francs-maçons, soit contre les grands propriétaires qu'il ne peut abattre a son gre, soit contre l'opposition que sa malfaisance grandit a vue d'œil, pour les desavouer ensuite, comme toujours, et les refouler dans le travail et la misere plus bas que jamais Croyons qu'il n en est rien, que c'est pure ineptie de sa part. Esperons d'ailleurs que ces braves ouvriers, las enfin de voir toujours leur peau danser, sans profit, avec perte, finiront par apercevoir ces roueries criminelles, horribles dont ils sont les victimes depuis un siecle. Alors ils se tourneront avec indignation contre leurs charlatans aussi cruels que cyniques, pour les conspuer a jamais, alors aussi, je n'en doute pas, ils chercheront un abri plus sûr sous un gouvernement plus capable, plus honnete et plus dévoué, alors enfin, je l'espere du moins, ils reviendront à leur mere spirituelle, à l'Eglise qui les aime tant, pour recevoir ses consolations incomparables, pour former sous son egide des associations puissantes contre les difficultes de la vie, pour fortifier leurs âmes depuis si longtemps defaillantes et reprendre, dans l'aisance, la lumiere et la liberté, leur vaillante marche vers la patrie éternelle.

Ne terminons pas ce chapitre, déja bien long cependant, sans signaler les principaux ecueils contre lesquels se mutilent ou se brisent les gouvernements.

De ce nombre est sans contredit l'opposition a l'Eglise. Bien que celle-ci soit une source considerable de bonheur pour les peuples et le plus solide appui des Etats, les pouvoirs tyranniques lui font souvent la guerre, surtout de nos jours affoles, parce qu'elle leur enleve la direction des âmes qui est de son ressort, qu'elle refuse constamment d'entrer dans leurs vues oppressives et qu'elle ne cesse de fletrir tous les vices, ceux des gouvernants comme ceux de leurs sujets C'est d'autant plus étrange que ces pouvoirs eux-mêmes ont besoin d'elle pour conserver intacts les principes eternels de justice sur lesquels ils doivent se modeler pour avoir de la consistance et que le monde, livre à ses caprices, ne peut que perdre Mais que ces pouvoirs y prennent garde, l'Église est plus forte qu'eux. Elle s'appuie tout à la fois sur la conscience qui a besoin de religion comme la vue de lumiere, sur l'humanité tout entiere qui ne renoncera jamais au ciel, son esperance invincible, et sur son divin fondateur de qui relevent tous les empires, tous les mondes Si quelquefois, par suite de sa nature essentiellement pacifique, elle plie tout d'abord devant la force brutale, ce n'est jamais que pour un temps, tôt ou tard elle se redresse avec une force surhumaine et l'histoire atteste qu'elle a rarement le dessous final Pour quelques tyrans qui réussissent à l'eloigner momentanement, il en est une foule d'autres qui succombent à cette œuvre infernale En France notamment, elle est toujours depuis quatorze siecles ce veritable rocher de Sisyphe qui retombe, en les ecrasant, sur des pygmees qui tentent de le soulever

Quant au laicisme moderne qui prétend rejeter toute religion et bannir Dieu de ce monde, c'est un reve satanique, plus impossible encore que monstrueux. L'humanité sans Dieu ! ce serait une immense agglomération de monstres se dévorant dans la fange. Pour elle la religion, qui proclame Dieu, et regle ses rapports avec lui n'est point du tout un hors d'œuvre ; c'est au contraire un élément intégrant qui lui est nécessaire comme l'air, comme la lumière. Supprimez ceux-ci, l'humanité souffrira horriblement si toutefois elle n'en meurt pas, de même si vous supprimez la religion Il lui faut donc, sous peine de maux inouis sinon de mort, se défendre autant qu'elle pourra de cet abominable laicisme Sans cela, les infâmes laiques, qui ont résolu sa perte, accumuleront ruines sur ruines et l'accableront de maux Toutefois, quelques efforts qu'ils fassent, ces suppôts de Satan n'atteindront point leur but infernal, et cela parce que Dieu garde ses œuvres C'est pourquoi, quand sera pleine la mesure de leurs abominations il les brisera comme des vases fragiles, « *Tanquam vas figuli confringes eos*» (ps. 2). Grâce à lui, l'humanité, n'a jamais été sans religion et ne le sera jamais,

La liberté aussi est un des éléments intégrants de l humanité . vouloir la détruire donc, c'est tenter l'impossible Il est vrai que dans l'antiquité la tyrannie put l'affaiblir sensiblement et meme la supprimer pour une partie notable du genre humain , mais nous n'en sommes plus là de nos jours. Relevée par le Christ et soutenue par l'égalité et la fraternité qu'il a placées à ses côtés, la liberté peut maintenant resister à tous les assauts et, au besoin, briser tous les réseaux qu'on lui jette dessus, quelque habiles et forts qu'ils soient

Est-ce à dire qu'il faut laisser libre carrière à toutes les libertes ? Non pas, ce serait ouvrir tout au grand les portes de l'anarchie, par la raison que s'il est des libertés inoffensives, il en est d'autres qui sont tres dangereuses Qu'aux premieres on laisse le champ libre, rien de mieux, cela doit etre, pour que tout le monde jouisse de leurs bienfaits Quant aux secondes, si l'on veut véritablement le bien public, il faut nécessairement leur poser, par des lois sages, les limites que requiert l'ordre, et les maintenir avec fermeté dans ces limites, en réprimant, sans faiblesse comme sans passion, tout délit de quelque côté qu'il vienne Mais pour ainsi faire, il faut un gouvernement composé d hommes de valeur. Celui-là seul est capable de résister aux passions avec une placidité inébranlable Or, en résistant ainsi, il gagne la confiance des bons et cette confiance lui donne des forces telles que la victoire lui est facile Tout autre gouvernement, au contraire, ne peut qu'hésiter d'abord et céder ensuite. Par là, il perd la confiance générale, il diminue ses forces d'autant et de plus, il encourage les passions qui s'ameutent et l'emportent comme un fétu. Telle est l'expérience de tous les siecles

Les finances sont toujours une corde tres sensible pour les peuples ; cela doit etre c'est le fruit de leurs sueurs De la ce proverbe qui ne manque pas de vérité « Donnez-moi de bonnes finances et je vous donnerai de bonne politique. »

Cependant l'administration d'un grand peuple, bien que moins dispendieuse que celle d'un petit, proportion gardée, l'est encore beaucoup, quoiqu'on fasse. Le monarque ou le president doit recevoir des appointements généreux. l'honneur l'exige, les ministres, qui travaillent jour et nuit et sont exposes a la critique acerbe du premier venu, méritent aussi des honoraires ronds, il faut encore, par convenance et justice, que les employes soient honorablement retribués, selon l'importance de leur charge ; ajoutez a cela les frais de diverses administrations, du culte et des services publics, les subsides necessaires pour les arts, l'assistance, les monuments. . que sais-je ? et vous arriverez necessairement à un gros chiffre au chapitre des dépenses. Or, pour faire face a toutes ces dépenses, ou l'Etat puisera-t-il? Necessairement dans les impôts. Ceux-ci sont donc indispensables. Les peuples le savent bien, et c'est pourquoi ils ne les refusent jamais, pour

peu que ces impôts soient proportionnés aux
besoins, repartis avec équité de maniere à peser
plutôt sur le luxe, et gérés avec une probite
sans tache

Tout gouvernement serieux doit donc viser a
l'économie. S'il peut être large quand il s'agit
de la défense, du culte, de l'instruction et de tous
les intérets majeurs, il doit se montrer parcimo-
nieux quand il s'agit des intérêts secondaires,
tels que les théâtres, les musees, les courses
ministérielles, etc , il doit surtout éviter la
prodigalité, le gaspillage et la cupidité Quels
monstres que ces êtres qui s'engraissent des
sueurs du pauvre peuple ! C'est en s'inspirant
de ces principes élémentaires, que Charles X put
en quelques années, avec un budget de moins
d'un milliard, éteindre la dette de la France,
tout en soldant les dépenses courantes C'est en
les suivant. ces principes, que tous les gouvernements dévoués réussissent à rendre les impôts
tolerables, sinon legers, tout en faisant honorablement face à toutes les nécessités publiques

Tel n'est pas le fait des gouvernements de
mercenaires, de maquignons et surtout d'athées.
Pour eux, gouverner c'est exploiter la race humaine aussi ne visent-ils qu'à s'enrichir *per
fas et nefas*. De là, ces impôts milliformes sur tout
et sur tous, ces soubresauts de bourse qui

enrichissent les amis avec l'épargne de l'ouvrier, ces guerres incessantes où les pots de vin et la perte des millions sont si faciles, ces emplois nouveaux, ces augmentations de traitement, ces sinécures innombrables, ces bouleversements de rue, ces pots de vin sempiternels, et mille autres agissements véreux qu'Émile Zola nomme si justement la danse des écus Sans doute, pour masquer ce vampirage âpre, on entasse prétextes sur prétextes ; on va meme, quand la révolte gronde, jusqu'à dégréver l'ouvrier plus ardent, pour charger davantage le laboureur qui est plus patient Mais, quoi qu'on fasse, cela n'a qu'un temps tôt ou tard, le peuple écrasé d'impôts, finit par percer a jour toutes ces ruses, et alors, il assaille ces monstres cupides, sans cœur ni raison, il leur fait rendre gorge et les brise avec colere.

Arrivons à la guerre que saint Augustin appelle « le jeu des démons, (*Ludus demonum*) qui par elle jouent les peuples et les rois. Assurément c'est un des plus terribles fléaux de l'humanité par le sang qu'elle répand a flots, par les millions qu'elle absorbe et par les ruines qu'elle accumule Les gouvernements donc, pour peu qu'ils aiment leurs peuples, doivent l'éviter avec le plus grand soin, et ne jamais l'entreprendre que quand ils y sont forcés par une cause juste et grave qui, bien comprise de tous, enflamme les courages et, le Dieu de toute justice aidant, détermine la victoire. Tel était le cas de Louis XIV en 1712, quand il écrivit à Villars, chargé de repousser l'ennemi du sol de France « Je vous remets les forces et le salut de l'Etat. Si malheur arrive, j'irai tout ramasser ce que j'aurai de troupes, faire un dernier effort avec vous, périr ensemble ou sauver l'État » Il n'en eut pas besoin. la victoire vint couronner une cause si juste et de si magnanimes efforts

Ainsi n'agissent pas les gouvernements de mercenaires, d'intrigants et d'athées qui sont sans cœur. Que leur importent à eux, tous les maux de la guerre auxquels ils savent se soustraire, si celle-ci leur procure les moyens de détourner les regards du peuple de leur politique criminelle, de relever leur autorité chancelante, de satisfaire leur orgueil ou de grossir leurs trésors. Ils lancent donc volontiers leurs nations qui en portent tout le poids selon ces paroles du poète : « *Quid quid delirant duces plectentur Achivi* » S'ils remportent la victoire, ils en recueillent gloire, puissance et richesse, sinon, ils ont du moins capté de quoi se payer à Gardenplace, à Saint-Sébastien ou ailleurs de délicieuses oasis où ils peuvent se vautrer dans le vice en attendant le moment propice pour recommencer leur flibusterie de lese-nation.

Mais autres sont les desseins de Dieu qui se

sert de ces forbans pour châtier les nations coupables, soit par la victoire soit par la défaite, et qui, quand sa justice est satisfaite, va les prendre au faîte des honneurs comme au fond de leur *retiro* pour les briser à jamais Heureux les peuples qui n'ont pas mérité le même sort par leur complicité ! Puissent les autres, quand il en est temps encore, profiter de ces grandes leçons pour sortir des voies de perdition ou ces orgueilleux maudits les lancent

Passons aux sociétes secretes dont les gouvernements civils avaient peu à craindre autrefois, mais qui constituent de nos jours un de leurs plus grands dangers.

Que la Franc-maconnerie, qui relie toutes ces societes dans un même faisceau, remonte par les Templiers, les Macons ambulants du moyen-âge, auxquels elle emprunte son nom, les Ismaeliens, les Gnostiques, la Cabale juive, la magie noire et les ouvriers de Babel jusqu'à Cain, et de là à Satan, le premier révolté contre Dieu et l'ordre établi par sa sagesse infinie, c'est possible d'aucuns l'affirment et d'autres le nient Toujours est-il que Satan est son chef reconnu, son chef vénéré « Satan est notre chef » dit hautement l'Athéo de Livourne , « Viens Satan, que je t'embrasse » s'ecriait naguere Proudhon dans un acces de delire audacieux Il y a plus, Satan est son Dieu et elle est son Eglise « Là, lisons-

nous dans le Juif de Vérone, la, derriere la lan-
gara, était l'autel de Satan, qui s'elevait en rival
auprès du temple du Tout-Puissant , la le démon
était adore comme divinité suprême. (T 1er) » Par
la Franc-maçonnerie donc Satan, ce grand singe
de Dieu, s'est donné une religion a l'envers, à laquelle rien ne manque, ni les temples, ni les rites,
ni les imitateurs, ni meme les mysteres que
le monde chrétien, appelé profane, ne saurait
connaître.

Déjà puissante en 1535, comme le prouve sa
charte de Cologne, la Maçonnerie a rallié depuis
non seulement toutes les sectes antiques avec
leurs ferments de révoltes, mais encore toutes
les modernes le Jansenisme, le Protestantisme,
le Libéralisme, le Socialisme, le Fenianisme, le
Nihilisme et l'Internationale. Elle étend actuellement, sous des noms divers, les mille anneaux
de son réseau sur toutes les parties du monde.

Ses membres numérotes s'elevent pour le
le moins à vingt millions, ce qui lui fait avec
les dix millions de l'Internationale, sa fille peu
soumise, plus de *trente millions* d'esclaves et de
dupes. d'esclaves puisque, si elle satisfait leur
vanité par des grades vains qui montent jusqu'à
90 dans le rite *Misraim*, elle les enlace à chacun
d'eux par des serments de plus en plus terribles ;
de dupes aussi, sans excepter les Brunwich, les
Philippe, les Napoléon, puisque tout en promet-

tant toujours ses secrets et son autorité, elle ne les livre jamais et les garde intacts pour sa haute arriere-loge composée de neuf membres, dont cinq au moins doivent être juifs et qui seuls menent, comme un seul homme, son immense armée de Maçons et de sous-Maçons, avec un despotisme d'autant plus absolu qu'ils restent toujours dans l ombre de l'incognito

Comment n'avoir pas pitie de l'humaine nature, quand on pense que, par suite de ses faiblesses, ce jong infernal est porté volontairement depuis des siecles par des millions d'hommes dont plusieurs appartiennent aux classes éclairées de la societe !

Triple est le but de ce serpent caméléon dont la tete n'apparaît jamais, cachee qu'elle est, sur les hauteurs tenebreuses de la grande Loge Ce que la Franc-maçonnerie veut tout d'abord c'est la destruction du Catholicisme et ensuite celle de toute religion. Dela ses faveurs a tous les heretiques, aux philosophes du xviiie siecle, aux pseudoliberaux du xixe, à tous les ennemis de l'Église, de là encore l'anéantissement du pouvoir temporel du Pape par deux Etats catholiques, comme pour rendre des points a Machiavel, le rapt des biens ecclesiastiques un peu partout, la parcimonie inique des budgets du culte catholique en attendant leur suppression, de là aussi et l'ostracisme antisocial qui pèse sur les chrétiens, et la sévérité qu'on déploie contre toute manifestion religieuse, et mille autre vexations révoltantes

La Maçonnerie poursuit en second lieu l'anéantissement de toute autorité civile Pour le prouver je pourrais me borner à citer ce passage d une lettre du 5 janvier 1846 de Picolo-Tigre à Nubius « La chute des trônes ne fait plus de doute pour moi qui viens d'etudier en France en Suisse, en Allemagne et jusqu'en Russie, le travail de nos sociétes, » je veux y ajouter ces paroles prononcées en plein Parlement par le premier ministre de l'Angleterre et qu'on pourrait adresser à tous les gouvernements « Nous avons aujourd'hui à compter non pas seulement avec des empereurs, avec des princes et avec des ministres, mais encore avec les *sociétés secretes* dont il faut tenir compte et qui peuvent au dernier moment *renverser* tous nos arrangements » ! Je puis le prouver d'ailleurs par les statuts de de ces societes Il est des loges ou, des les premiers grades, les elus sont forces de signer de leur sang un billet par lequel ils s'engagent, sous des imprecations terribles, à cette œuvre de demolition. En 1865 tombait malade a *Brocklin,* en Amérique, un de ces maçons grades Avant de mourir, sur les instances de sa pieuse fille, il fit appeler un missionnaire auquel il remit tous ses hochets de sectaire Or, parmi ces hochets, se trouvait un de ces abominables billets dont nous avons parlé. Voici ce qu'en dit le vénérable missionnaire » Quand j ouvris ce papier je ne pouvais en croire mes yeux c'était le serment d'une guerre sans fin, sans merci contre l'Eglise, la papauté et les *rois*, avec les plus execrables maledictions, s'il violait sa parole. Ce papier je l ai remis entre les mains de l'Archevêque afin qu'il pût apprecier aussi bien que moi la malice infernale de la Franc-maçonnerie (Sem. d'Auch.) D'apres le F Laffon de Ladebat, le chevalier Kadosch est oblige, pour recevoir son grade, de couper avec son *bijou* trois tetes de mannequins couronnees l une d'une tiare, l'autre de laurier embleme de l'armée — et la troisième d'une couronne, en disant à chaque fois *Nekam*, c'est-à-dire vengeance.

Ce n'est pas tout, pour ne laisser aucun doute planer sur cette vérité je veux la prouver par les faits indéniables et d'une évidence fulgurante C'est sous les coups de la Maçonnerie que sont tombés Ferdinand II, Joseph II, Leopold II, Gustave III de Suede, Louis XVI et dernierement l'empereur de Russie. Les maquignons de couronnes subissent le même sort des qu'ils ne lui sont plus dociles ; preuves Napoléon 1er, Louis Philippe, Napoléon III, Victor Emmanuel en attendant Humbert et Alphonse XII. Bien que la republique soit sa moritorne de choix parce qu'elle lui permet mieux de corrompre les nations et d'assouvir sa soif de l'or et des honneurs, elle n'épargne pas ses présidents quand ils veulent lui barrer le chemin. En moins d'un quart de siecle elle en a assassiné six, savoir. celui des États-Unis en 1865, celui du Pérou en 72, celui de Bolive en 73 ceux de l'Équateur et du Paraguay en 75 et en 77 et tout dernierement Garfield des États-Unis. Ce n'est pas fini · l'on peut mettre à suivre comme dans Rocambole. Depuis son organisation universelle sanctionnée en 1782 au couvent de Wilhemsbad, on trouve sa main dans tous les bouleversements sociaux. Ce qui le prouve sans conteste possible, c'est que ce sont toujours des Maçons qui recueillent alors les pouvoirs tombés C'étaient en 89 Talleyrand, Mirabeau, Siéyes, Brissot, Robespierre, Marat, Danton, Barnave, Saint-Just, Carrier, Foucher, Santerre etc , tous maçons , en 1830, Lafitte, Dupont, Gérard, Maison, Dupin, Barrot, La Fayette, et Louis Philippe tous maçons encore ; en 1848, Dupont, Lamartine, Cremieux, Ledru-Rollin, Louis Blanc, Marrast, Marie, Cavaignac, Garnier-Pages et Caussidière, tous maçons également ; en 1871 ce furent, comme on le sait, les Francs-maçons Arago, Crémieux, Favre, Ferry, Gambetta, Garnier-Pagès , Glais-Bisoin , Picard , Pelletan, Rochefort et Jules Simon, 606

10.

Depuis lois nous n'avons cessé d'etre sous leur coupe pour arriver au pouvoir il faut être franc-maçon Nous en avons partout le président de la République est franc-maçon , le président du conseil ministériel est franc-maçon , le président de la cour de cassation est franc-maçon , sont maçons la plupart des ambassadeurs, des sous-secrétaires d'État, et des administrateuis les Francs-maçons dominent au Sénat, a la Chambre et dans presque toutes nos administrations provinciales Aussi que de démolitions hélas ! Rien n'echappe a leur fureur vandaliste, ni la legislation, ni la magistrature, ni l'armée, ni la religion, ni l'instruction, ni les finances, ni l'agriculture, ni le commerce, ni la famille, ni la propriete, ni la liberté, ni rien La justice, qui dort pour les uns, est furibonde pour les autres , la licence et l insubordination sont a l'oidre du jour , on n'entend parler que de concussions, de pots de vin, de fraudes, de banqueroutes , les crimes montent, montent toujours , l'anaichie fait entendie partout ses mugissements affames et notre sublime religion qui avait fait notre France si belle, est menacee par un culte materialiste, ordurier dont le triomphe nous jetterait dans la sauvagerie crapuleuse

Le troisieme but de la Iranc-maçonnerie semble etre, sans doute pour encouiager le parti dominant, d'etablir sur les ruines du monde la domination des Juifs avec Jérusalem pour capitale, mais en realité c'est de constituer la Révolution en permanence avec le Satanisme pour religion d'État. Tel est le grandissime secret de la secte maçonnique et aussi son but supreme que Satan se flatte de faire prevaloir.

Bien avances sont le premier et le second de ces projets, au point que la realisation de la premiere phase du troisieme semble possible à l'heure qu'il est. À l'heure qu'il est en effet « les Juifs, dit le dictionnaire encyclopedique (p 544), sont devenus une puissance devant laquelle s'inclinent les plus grands hommes d'État » Ils donnent le ton dans la presse, dans la diplomatie, dans la politique, dans la science et dans les arts ; ils sont passes maîtres dans les finances ou ils dominent partout et, ce qui est plus grave, c'est que plus encore par la Franc-maçonnerie que par leurs talents indeniables, ils ont escalade les pouvoirs publics chez presque toutes les nations du globe. Chez nous en particulier, biens qu'ils soient peu nombreux, tres grande est leur part dans l'administration. Nous avons eu pour ministres les Juifs Cremieux, Simon et Gambetta, nous avons à la Chambre les juifs Naquet et Lisbonne et dans des prefectures les juifs Hendle, Cohn et Schmerle. Nous en avons bien ailleurs qui ne sont pas ou peu nus.

Les Juifs sont donc à même, par leur influence gouvernementale et leurs leviers puissants qui sont la presse, les finances, le mensonge, la corruption et la violence, de jeter les peuples le uns contre les autres et de constituer sur leurs ruines le royaume de Jérusalem, objet de leur ambition bien des fois seculaire, pour étendre de la leur âpre domination sur le monde entier

Mais s'ils reussissent, ce qu'à Dieu ne plaise, ce ne sera pas pour longtemps, parce que Satan ne peut manquer, avec l'Internationale et l'Athéisme qui grandissent à vue d'œil, de faire prévaloir son but suprème à lui, qui est la Révolution en permanence, c'est-a-dire la lutte acharnée, sans treve ni merci, des pauvres contre les riches jusqu'a la destruction totale de l'humanité, si c'etait possible

Naguere un membre autorisé de la Franc-maçonnerie disait a ses coryphées, en parlant de la religion « Voila l'ennemi ». Bientôt un autre, du moins c'est a craindre, viendra leur dire avec une autorite tout aussi grande, non plus en parlant de la religion, mais des autorités civiles « Voila l'ennemi » Que se passera-t-il alors ? Dieu seul le sait

Quoi qu'il en soit, nous devons le dire, les Francs-maçons poursuivent la réalisation de leur plan satanique avec un acharnement incroyable Pour reussir ils emploient tous les moyens possibles , mais surtout le mensonge , la corruption et la violence.

Le mensonge, ils le poussent dans leurs actes jusqu'à flatter les rois à l'instar de Voltaire, à fréquenter les églises et à recevoir les sacrements. Dans leurs paroles presque tout est opposé à la Vérité . l'instruction trois fois plus chere qu'autrefois s'appelle gratuite ; l'asservissement à leur tyrannie se nomme la liberté , la république qui pressure âprement les peuples, c'est le gouvernement à bon marché ; le poignard farouche, c'est le bijou ; la science si haute et la morale si sublime de l'Église, ce sont de l'obscurantisme et de l'abrutissement. Bref, avec eux pour avoir la Verité il faut prendre le contraire de ce qu'ils disent Il n'y a pas jusqu'à leur nom qui ne soit un mensonge flagrant. Puisqu'ils travaillent incessamment à détruire les œuvres de Dieu et des hommes, ne devraient-ils pas s'appeler, non pas francs-maçons, mais faux-maçons ? C'est évident.

La corruption leur est aussi des plus chères . de là leur appui voué d'avance à toutes les hérésies et à toutes les erreurs , de là aussi ces principes subversifs du fait accompli, de la non-intervention, de la libre-pensée et de la morale indépendante ; de là encore leurs faveurs à tout ce qui peut surexciter les passions, comme les assommoirs, les bals masqués, la pornographie

etc , etc C'est avec cette arme ignoble, reçue
de Satan qu'ils esperent abattre enfin l'Eglise
contre laquelle toutes les autres , même leur
bijou, ne peuvent rien Pauvres insensés '

La violence est loin d'ètre négligée . Dès leur
entrée dans la secte les postulants en sont pré-
venus par ces paroles du Vénérable « Si vous
nous trahissez, aucun lieu de la terre ne vous
offrirait un abri contre ces armes » Les bijoux
d'gaînes des assistants (Rit de l'apprenti) Plus
ils montent en grades plus ils s'engagent dans
la voie du sang l'Élu ne reçoit le mot de passe
Nekam, qui veut dire vengeance, qu'apres avoir
coupé la tete d'un mannequin plein de sang ;
le Chevalier Cadosch est obligé d'en couper trois
surmontees l'une d'une tiare, l'autre de lauriers
et la troisieme d'une couronne Qu'un homme
quelconque leur déplaise, a ces maçons, aussitôt il est condamné à mort par le tribunal d'une
arriere-loge et ceux sur lesquels tombe le sort
d executer la sentence,y sont obligés sous peine
« d'etre poignardés sans rémission » dit l article
30 de la jeune Italie Et, ce ne sont pas seulement les princes et les rois qu'ils égorgent ainsi,
ce sont aussi les peuples car, ne l'oublions pas,
ce sont eux, les F Maçons, qui ont perpétre les
boucheries de septembre 92, les massacres de
1830 et de 1848, ainsi que celui de 1871, double
des feux du petrole Quelles horreurs ' Et cepen-

dant ce n'est rien auprès de ce qu'ils nous préparent Si vous en doutez, lisez la circulaire
suivante, adressée le 13 juillet 1871 à tous les
comités de la secte par le comité central de l'Internationale, siégeant à Londres, c'est une lueur
sinistre de l'enfer, qui dissipera tous vos doutes.
« Nous ordonnons, dit cette circulaire,
à tous nos membres, de tous les pays, d'at-
tiser le foyer de haine et de vengeance que
nous avons allumé contre la religion, l'autorité, les riches et les bourgeois . Bientôt
nous aurons recours aux explosions violentes
et terribles qui se chargent d'exécuter le systeme social existant, en abattant au besoin par
la hache et le fusil *tout* ce qui est aujourd'hui
debout dans *l'ordre civil et religieux* » (Monde
28 juillet 1871) Ainsi donc, c'est cyniquement
avoué, les F Maçons veulent dans peu faire éta-
ble rase de toute autorité tant civile que religieuse ou particulière et cela, s'il le faut, par le
fer et le feu.

En présence de ces projets indéniables et du
suprême avertissement que vient de donner, du
haut du phare indéfectible qui éclaire ce monde,
l'auguste Veilleur du Vatican, que vont faire les
autorités civiles ? Je l'ignore, mais il est certain
qu'elles ont le devoir strict d'assurer la tran-
quillité publique et, par là-même, le devoir impérieux de surveiller de près les F. Maçons et de

réprimer avec fermeté toutes leurs tentatives de desordre Il y a plus, si ces autorites sont véritablement devouées à leurs peuples, elles doivent s'efforcer de saper l'influence des sectaires en leur appliquant rigoureusement l'ostracisme qu'ils pratiquent si durement depuis des années à l'égard des meilleurs citoyens ; c'est là tout à la fois un devoir de justice et de prudence, puisque ces cameleons pervers sont les ennemis implacables de tout l'ordre social. Qu'on y fasse attention, il y va pour les peuples de leur bourse et de leurs libertés tant civiles que religieuses, pour les gouvernements de leur stabilite et meme de leur existence, pour tous de l'ordre et de la paix.

Arrivons enfin à la Révolution qui est le but suprême des sectes maçonniques et qui prend de plus en plus pied dans le monde. Nous ne donnons pas ce nom aux divers changements de régime ou de dynastie, non plus qu'aux convulsions populaires plus ou moins violentes mais passageres, à notre avis ce ne sont là que des évolutions. Autre est la Révolution proprement dite.

C'est un gouvernement à l'envers, inventé par Satan pour détruire toute société et constituer la guerre civile en permanence jusqu'à l'extinction de l'humanité, si c'était possible.

Pour elle il n'y a pas de Dieu : c'est le mal

qu'il faut extirper de ce monde ainsi que ses œuvres

Pour elle encore l homme, animal d'abord, se prit à parler, se civilisa par le langage et parvint à fonder la société Quand et comment ! On ne saurait le dire et pour cause, mais la société, bien que ce soit indéniable, n'est pas un fait divin, c'est au contraire un fait purement humain et ne relevant que de l'homme Comme pour se maintenir il lui faut absolument une regle superieure a laquelle tout doit être soumis, la Révolution a mis cette regle supérieure dans la voix du plus grand nombre c'est d'autant plus satanique que de tout temps le nombre des sots l'emporte de beaucoup sur celui des sages, selon cette parole de l'Écriture « *infinitus est stultorum numerus* » La volonté de la majorité donc, voilà la loi supérieure ou plutôt la divinité infaillible, bien qu'essentiellement capricieuse et changeante, devant laquelle tout doit s'incliner ? Par un machiavélisme, tout satanique encore, une fois la mojorite constituée, le peuple dit souverain devient son esclave, seul l Etat, qui est le produit de cette majorite, est tout et peut tout Il est le *Deus ex machinâ* irresponsable et tout puissant dont se sert la Révolution pour arriver à ses fins

Ses adeptes, qui se divisent a l'indéfini, peuvent se ramener à trois classes principales, savoir les libéraux, les radicaux et les socialistes

Les premiers sont les plus dangereux par leur air honnête. Ils sont les moins logiques puisque, tout en admettant les deux grands principes révolutionnaires, l'Etat sans Dieu et le suffrage universel, non comme instrument mais comme divinité, ils se flattent d'en éviter les conséquences désastreuses ce sont parfois des idéologues en l'air, le plus souvent des pantins d'introduction et des pilotes.

Plus logiques sans l'être jusqu'au bout, les radicaux poussent fort loin l'œuvre révolutionnaire. Il font une guerre implacable par la ruse et, s'il le faut, par le sang à Dieu et à l'Église, son organe indéfectible, et même à toute conviction religieuse, car la Révolution n'est pas tranquille tant que l'idée de Dieu subsiste, par la raison que cette idée peut s'étendre et tout compromettre. Il démolissent toutes les forces vives de la société l'administration, la justice et l'armée par des épurations ou autres manœuvres ; la famille par le mariage civil, l'instruction soustraite aux parents, le divorce et l'union libre les associations par la séparation des patrons d'avec les ouvriers pour les exciter les uns contre les autres. Ils ne conservent que la propriété à laquelle ils se cramponnent de toutes leurs forces contre toute logique et par pure cupidité Tartufes fieffés, athees féroces, tyrans sans entrailles.

Quant aux socialistes, ce sont de vrais révolu-
lutionnaires eux c'est-à-dire des hommes de sang
Ils poussent la logique jusqu'au bout et c'est pourquoi ils réclament impérieusement la propriété
le peuple souverain l'exige, c'est son paradis.
Si on la leur refuse, eh bien ! ils se ruent sur la
société démolie par les radicaux, pour l'arracher
les armes à la main. Alors commence la guerre
civile qui est le grand jeu de Satan la mitraille
foudroie les foules, la hache tranche la chair et
les os, le sang coule par torrents, les edifices
sautent sous la dynamite, et le pétrole consume
leurs débris en rougissant le ciel .. telle est la
Révolution.

Tout est pret chez nous pour ce diame horrible et les haches, et les mitrailleuses, et la dynamite, et le petrole, et tout D'un instant à l'autre
il peut éclater dans notre pauvre patrie, et de la
s'étendre a l'Europe qui se désagrége de plus en
plus sous l'atheisme Quelle terrible punition
enfantée par nos erreurs mêmes

Mais, dira-t-on, les conservateurs nous gar-
deront de ce cataclysme effroyable. Allons donc !
il ne s'appuient pas assez sur Dieu sans lequel
ils ne peuvent rien . *Nisi Dominus . in vanum
laboraverunt, frustra vigilat*, sans Dieu on travaille en vain, on veille en vain tout est vain

Sommes-nous donc sans ressource absolument ?
Non pas nous n'en avons qu'une · c'est de revenir

à Dieu, l'auteur et le conservateur de tout ; c'est
de reconnaître que l'autorité, une fois régulièrement établie, a le droit et le devoir de gouverner,
non pas au gré des passions, mais conformément
aux principes éternels de justice, c'est de rappeler l'Église afin d'inculquer le dévouement, pour
le peuple et le respect pour l'autorité, c'est de
reconnaître l'institution divine de la famille et de
la propriété, c'est en un mot de revenir au droit
chrétien qui est le seul vrai. Sans cela notre
pauvre France et l'Europe peuvent d'un instant à
l'autre tomber sous le coup d'un châtiment épouvantable qu'elles n'ont que trop mérité la
Révolution.

Terminons ce chapitre par le grand casse-cou
des gouvernements : la politique entendue dans
le sens de direction.

Nous n'en pouvons douter, c'est Dieu qui est et
sera toujours le grandissime directeur des peuples
aussi bien que des individus. « C'est de moi, nous
dit-il par le Prophète, que viennent le conseil et
l'équité, la puissance et la force. Les rois règnent
par moi, et c'est par moi que les législateurs
décrètent la justice. Les princes commandent
par moi, et c'est par moi que ceux qui sont puissants rendent la justice. Avec moi sont la
richesse, la gloire, la magnificence et la justice
(Prov. VIII). Mais Jésus-Christ en rachetant les
hommes a mérité cette direction et c'est pourquoi

Dieu l'a remise entre ses mains toutes-puissantes.
L'Apôtre nous l'affirme en ces termes « Je te
donne les nations en héritage et ce que je te
donne nul ne pourra te le ravir » Maintenant donc,
c'est Jésus-Christ qui est le directeur tout-puissant des peuples et, comme l'observe judicieu-
sement Tertullien, c'est en lui qu'est la solution
de toutes les difficultés gouvernementales « *So-
lutio omnium difficultatum Christus* « Et qu'importent les négations des incrédules ? Ce qu'importe au soleil les sarcasmes des aveugles. Jésus-
Christ n'en reste et n'en restera pas moins le
directeur tout-puissant de l'humanité, c'est-à-
dire le politique suprême

Il sait de là que les divers gouverneurs humains, qu'ils soient présidents, empereurs ou
monarques, ne sont que ses lieutenants. « *Omnis
potestas a Deo.*» C'est pourquoi, quand ils donnent
une direction opposee à la sienne, ils ne manquent jamais de se faire briser, je ne dis pas de
suite, parce que Dieu n'a pas les impatiences
humaines, mais je dis tôt ou tard, selon que le
veut sa juste justice là est l'explication de tant
de catastrophes gouvernementales. Quand ils
veulent gouverner sans lui, il se retire et alors ils
côtoient des abîmes, ils marchent sur des volcans
et se débattent dans l'impuissance preuves, les
difficultés sans nombre et les tourmentes conti-
tinuelles de nos jours affoles. Ce n'est que quand

ils respectent ses droits et ceux de son Église, quand ils aiment et pratiquent la justice, quand ils cherchent ses voies pour les suivre ; en un mot ce n'est que quand ils ont, autant qu'il est possible à l'humaine faiblesse, une politique conforme a la sienne, c'est-à-dire basée sur les principes chretiens, u'ils réussissent à saffermir et a prospérer Telles furent certaines monarchies du moyen-âge Cela se comprend tout seul puisque Dieu est le directeur supreme et qu'avec lui sont « la richesse, la gloire, la magnificence et la justice » en un mot tous les trésors A ce point de vue qui est le vrai, l'Eglise a raison d'admettre tous les gouvernements, car le meilleur est celui qui est le plus conforme aux principes divins, quels que soient par ailleurs son nom et sa forme

Il suit de la que la politique chretienne, qui cherche les voies divines et les suit attentivement, est la seul sûre et que, hors d'elle, il ne peut y avoir qu'egarement et par suite mecompte, désastre et ruine Nos peres le savaient bien et voilà pourquoi ils entendaient donner au clergé une voix marquante dans leur direction sociale Satan et les mechants n'en doutent pas non plus et c'est pourquoi, quand ils veulent egarer un peuple et le perdre, ils crient à tous les vents qu'il faut eloigner le clerge et gouverner a l'encontre de Dieu Quelle scélératesse ! Est-ce que les loups, s'ils parlaient, auraient l'impudence de tenir un pareil langage aux troupeaux qu'ils veulent dévorer ? Je ne sais, mais j'en doute.

Quoi qu'il en soit, la France a eu l'ineptie de donner dans ces bourdes grossières. Elle a cessé d'écouter ses pasteurs, si dévoués cependant et si capables, qui lui conseillaient avec ensemble, sans parti pris contre telle ou telle couleur, de ne porter au gouvernail par ses votes que des hommes de principes sûrs. Elle a stupidement préféré suivre les conseils perfides des sectaires, qui la poussent contre le Christ hors duquel il n'y a point de salut, « *Non est in alio aliquo salus* », (S. Paul) afin de l'égarer et de la dépouiller. Aussi quels mécomptes et quelles epreuves depuis des années ! Quelles convulsions aujourd'hu dans le bourbier de toutes les infamies ! Et demain quelles catastrophes et peut-être quelle ignoble fin dans la boue et le sang ? D'ou viennent ces maux et ces dangers ? Evidemment de ce que la politique, que nous subissons depuis pres d'un siècle, est non seulement en dehors de la religion mais encore tout à l'encontre de la direction suprème de Jésus-Christ. Quel est le remède efficace et certain contre tant de souffrances ? C'est une politique plus conforme aux principes chrétiens, c'est-à-dire un retour d'autant plus prompt dans les voies providentielles que notre malheureuse France est plus malade.

Qu'elle y revienne donc, cette chere patrie, à

cette politique sage et sûre, féconde et bénie des
jours glorieux, en ne mettant desormais à sa
tete que des hommes acquis a Jésus-Christ et
capables de la diriger dans ses voies, et que
Dieu, qui a fait les nations guérissables, nous
prodigue lumière et courage pour cette resur-
rection sociale!

CHAPITRE XI.

RÉPUBLIQUE ET MONARCHIE

Tous les gouvernements civils peuvent se ramener à deux, qui en sont les pôles la république et la monarchie. Parce que seuls ils se disputent aujourd'hui le monde et la France, nous ne nous occuperons que de ces deux-là. Ainsi sera simplifie ce chapitre qui ne manque pas de difficultés par ailleurs.

Nous y verrons que l'humanite reste monarchique quand même, a l'instar de sa source qui est la famille C'est le cas de dire avec le poete.

Chassez le naturel, il revient au galop.

Dans la famille en effet, c'est la monarchie qui domine. Nous l'y trouvons toujours et partout à son origine, nous l'y trouvons tres souvent encore quand le pere disparaît, car presque toujours alors ses membres en larmes choisissent l'un d'eux pour le remplacer au gouvernail Si quelquefois, faute de vertus, ils établissert la république, ce n'est que pour y attendre le moment de rentrer en monarchie par le mariage. Il en est de même chez les nations. Presque

11

toujours nous trouvons la monarchie à leur principe, ce n'est que tard, quand les passions sont
trop vives, que la république réussit quelquefois
à s'établir, et ce n'est jamais guère pour longtemps, car on s'en lasse bien vite et c'est pourquoi bien tôt elle fait place, soit au despotisme
qu'elle a rendu possible, soit à la monarchie
qu'on a hâte de rappeler afin de rentrer dans la
grande vie Ainsi se fait que la monarchie est
partout dans le champ de l'histoire tandis que la
république, quoiqu on fasse, y est rare

A cause de cette rareté et aussi parce que nous
sommes actuellement sous sa domination, fai-
sons-lui les honneurs et commençons notre
etude par elle

1 — Qu est-ce? C'est le gouvernement de tout
par tous, le peuple est souverain, ses élus sont
le gouvernement, et leur majorité fait les lois
telle est du moins la définition qu'en donnent
ses adeptes les plus autorisés

Grâce à cette définition bien trop fardée, la
république séduit à première vue, mais quand
on regarde au fond, c'est autre chose on pense
malgre tout à ces belles personnes qui sont
pleines de defauts Reprenons donc cette définition, non pas avec l'esprit pétillant qui s'arrête
aux apparences, mais avec le bon sens qui veut
voir le fond.

« Le gouvernement de tout par tous » est un aphorisme plein de flatteries, qui n'a que ceci de vrai . chacun contribue de sa voix à constituer le gouvernement et tout citoyen peut être élu. Est-ce sage ? Non certes, et cela parce que d'un côté, la plupart des citoyens ignorent les qualités qu'il faut aux gouvernants, et que de l'autre ils sont absolument incapables de gouverner. Évidemment la partie est trop belle pour les aveugles, c'est à peine si les borgnes pourraient y parvenir C'est pis encore si l'on prend l'aphorisme ci-dessus à la lettre, car alors tous les citoyens sont à la fois les gouverneurs de tout, de la guerre et du commerce, des finances et de l'agriculture, comme de ma propriété, de ma famille, de mon travail et de ma personne. Quel communisme enragé et que de tyrans dans le tas ! Merci cent mille et une fois de ces millions de maîtres.

« Le peuple est souverain. » C'est splendide ! mais est-ce vrai ? Allons donc ! qui ne voit que c'est un mensonge monstrueux, impossible ? En réalité le peuple n'est souverain que pour présenter humblement, pres de l'urne, à un pacha gourmé, son billet de vote, et encore faut-il qu'il prenne mille précautions pour cacher ce qu'il y a dans son billet, car mal pourrait lui advenir si on venait à le savoir Voilà toute la grrrande souveraineté qu'a le peuple et qu'il est obligé de payer

par des impôts trois fois plus élevés qu'autrefois.
Par ailleurs il n'a rien de rien, sinon qu'au lieu
d'un souverain qu'il ne pouvait endurer, il en a
7 ou 8 cents qu'il s'est donnés et qu'il doit entre-
tenir royalement, bien entendu.

« Ses élus sont le gouvernement » Au contraire du précédent, ce membre de phrase peche
par réticence, et cela pour voiler une vérité qui
détruit la souveraineté du peuple proclamée plus
haut. Pour exprimer la vérité vraie, il devrait
être conçu en ces termes ses élus sont des souverains absolus Ce n'est pas du tout le peuple
qui possède la souveraineté, quoi qu'on en dise,
mais ce sont bel et bien ses sénateurs et ses députés Ce sont ceux-ci en effet qui font et défont
le président de la république, les ministres et
tous les administrateurs, ce sont eux qui se prélassent gratuitement dans nos premières de chemin de fer, ce sont eux qui fabriquent les lois
à leur guise en un mot ce sont eux et pas
d'autres qui accomplissent tous les actes de la
souveraineté la plus absolue; et cela sans autre
contrôle que celui de leurs électeurs, qui sont
incapables de ce contrôle et qui, le fussent-ils,
ont et seront toujours bernés, comme tous les
hommes simples du reste, par des explications
et des promesses dorées mais vaines.

« La majorité fait la loi. » Voilà ce qui paraît
assez plausible, et cependant c'est ce qui est peut-

être le plus pernicieux Dès lors que ce corps de
satrapes a tous les pouvoirs, comme le remarque
Montesquieu, « il peut ravager l'Etat par des
lois générales . et détruire chaque citoyen par
des lois particulieres « De plus, étant donnée la
nature essentiellement mobile des majorités, ces
législateurs improvisés ne peuvent que détruire
ce que les précedents ont fait, rendre illegal ce
qui était légal hier et peut le redevenir demain,
et, comme il est plus facile d'abattre que d'edi-
fier, entasser ruines sur ruines et constituer
un véritable chaos Enfin les majorités, quelles
qu'elles soient, peuvent creer la force, mais elles
ne font le droit que quand elles sont d'accord
avec les principes éternels de justice des voleurs, fussent-ils cent mille, n'auront jamais le
droit de dépouiller un particulier

Ajoutez à cela l'agitation perpétuelle des élections qui en froissant ne peuvent que diviser et
affaiblir, les mutations perpétuelles des presidents et des ministres, qui arretent les affaires,
changent souvent la direction generale et qui,
avec les épurations, ne peuvent manquer de
porter le trouble partout, la prétendue souveraineté du peuple au nom de laquelle on peut se
livrer à tous les exces puisque, selon Jurieu,
« le peuple n'a pas besoin d'avoir raison pour
valider ses actes, » et vous aurez une idee assez
juste de la république.

Observons cependant que, malgré ces éléments de désordre, la république peut quelquefois tourner à bien par suite de la grande autorité donnée a ses satrapes Tout en effet dépend des élections si la nation n'élève au pouvoir, malgré les clameurs malsaines, que des hommes capables et vertueux, évidemment la république sera bonne comme celle de l'Equateur ; mais, si tout au contraire les choix ne se portent que sur des hommes incapables, sans vertu, vicieux même, elle sera necessairement detestable Le malheur est que, vu l'apathie et l'éternelle simplicite des bons d'une part et de l'autre l'ardeur et la duplicité des méchants, ce sont presque toujours ceux-ci qui l'emportent Voilà pourquoi tous les ambitieux, tous les incapables et tous les vauriens sont pour la républlque par elle ils esperent dominer et cela n'arrive que trop souvent.

Ainsi donc, en soi la république est un gouvernement fort imparfait qui permet presque toujours aux méchants d'établir leur tyrannie et de perpetrer tous les crimes au nom du peuple. Cependant il n'est pas impossible qu'elle devienne un bon gouvernement, mais pour cela il lui faut, comme dit Montesquieu, « un ressort de plus qui est la vertu. » Or, cette vertu nécessaire, qui d'apres lui consiste « dans le renoncement à soi-même, l'amour des lois et de la patrie, » est bien rare en tout temps, mais surtout de nos jours égoistes · c'est pourquoi nous en concluons logiquement que la republique ne peut ètre bonne que tres rarement et que dans l'Europe, actuellement du moins par suite du manque de vertu, elle ne peut que tourner à mal.

2 — Telle est la théorie, mais voyons la pratique c'est aux fruits que se juge l'arbre. Quelques mots donc des diverses républiques du monde, prises au point de vue de leurs résultats qui seuls doivent nous préoccuper, afin d'asseoir notre jugement sur les leçons de l'histoire, cette grande maîtresse de la sagesse humaine.

Sparte est la premiere de ces republiques. Or voici ce qu'en dit M de Poli « Durant plus de huit siècles, à l'abri de ses sages institutions, Sparte avait prospéré sous la tutelle glorieuse de ses rois ; moins d'un siecle apres leur déchéance, la ville de Léonidas humiliait son front sous le glaive insolent de Nummius, et ses concitoyens dégénérés se consolaient des hontes de la patrie dans la paix de la servitude (Les rép II.) »

Athenes, la ville de Minerve, vit mourir la monarchie avec Codrus Apres six siecles, non sans gloire, d'aristocratie, elle passa successivement sous le despotisme des Pisistrates, sous celui plus dur encore de la multitude, puis sous

le code rigide de Dracon réclamé par tous, pour
subir ensuite la domination de Sparte, de Philippe, d'Alexandre, de Démetrius, d'Antigone et
des Romains qui l'anéantirent. « Hélas ! s'écriait
Polybe, si les mechants ne périssent pas, la Grece
perira » Ce fut en effet la Grèce qui périt.

Carthage, qui sort des temps fabuleux sous
l'égide de la royauté, tomba en république après
Didon, sa glorieuse reine. Elle continua de grandir sous ce régime jusqu'aux guerres puniques
malgre ses dissensions, absorbant tour à tour
Cyrene, la Corse, la Sardaigne et bien d'autres
États du littoral Les grands hommes ne lui man-
querent pas elle peut citer avec orgueil Hannon,
Amilcar, Asdrubal, Annibal Ses dissensions
finirent par la perdre pendant que son héros
marchait de victoires en victoires, la démocratie,
preoccupee d'escalader le pouvoir en son absence, lui refusait les subsides nécessaires Jalousé
par cette foule ignominieuse, Annibal devait
succomber , il tomba, et avec lui la patrie

Rome aussi naquit et grandit sous la monarchie qui la guida, non sans succes, pendant
244 ans Alors, par une comedie qui se joue en
tous temps et tourne toujours à la tragedie, les
patriciens chasserent le roi, sous prétexte d'é-
manciper le peuple, mais en réalite pour s'emparer du pouvoir, comme les bourgeois de 89
Le peuple dont on s'était servi n'y gagna qu'un

retrait de certaines libertés Cependant les con-
suls purent achever le colosse antique en mo-
delant leur politique sur celle de la royauté déchue, mais ce ne fut pas sans peine, car « le dé-
chirement entre les classes devint alors un formidable duel avec des alternatives saccadées de
dictature et de liberté (de Poli , 6) » Pendant
longtemps le patriotisme, que n'avaient pas
encore miné le sophisme et l'égoisme, con-
tint un peu ces dissensions, mais, quand arri-
vèrent de l'Asie vaincue la richesse et la mol-
lesse, la décomposition fut instatanée, foudro-
yante Rome, la grande victorieuse, devint la
proie des Marius, des Sylla, des Catilina des
Pompée et des César ; bientôt elle fut mûre pour
le despotisme, ce mensonge de la république
aussi bien que de la royauté, et des monstres,
comme Tibère et Néron, la tinrent sous leurs pieds
dans la boue et le sang jusqu'au moment ou les
barbares, sur un signal d'en haut, vinrent dépecer son cadavre deshonore, putride

Depuis le neuvieme siècle bien des republiques ont été constituées, soi-disant pour epa-
nouir la liberté mais en realité pour assouvir
des ambitions désordonnées que les peuples ont
payées bien cher Presque toutes ces republiques
en effet ont vécu dans un dedale inextricable de
cupidités insatiables, de haines furibondes, de
révolutions sans terme, dans la boue et le sang,

La vue se trouble, dit M de Poli (84) en parlant de celles de l'Italie, lorsqu'on découvre cette infinie variété de constitutions, ce tourbillon de familles, de classes, d'États, se poussant dans une perpétuelle ronde macabre, se contrariant, se spoliant, se renversant, se succédant, accélérant fatalement sur le sol de la république l'écroulement de la loi, l'avilissement des caractères, la décadence de la sociéte, l'effervescence de la tyrannie, la décheance de la patrie » Partout ailleurs ou à peu pres, on trouve la même agitation stérile , les memes rivalités furibondes , les mêmes revolutions sanglantes, les mêmes ardeurs pour le mal et la meme tyrannie de la foule aux instincts sanguinaires et sauvages.

Aussi pour se soustraire à ce régime intolérable plusieurs de ces peuples rappelerent la royauté. Ferrare se donna au prince d'Est et Bologne à la Papauté , Rimini conféra la royaute aux Malatesta , Bergame, Crémone, Pavie Reggio et Milan se réfugierent sous l'égide d'un prince, Modene se donna au seigneur de Ferrare ; Luques s'erigea en principauté, Ravenne s'infeoda aux comtes della Polenta , Vérône ne respira que quand ses seigneurs furent héréditaires, Parme se réfugia sous la domination du duc de Milan , Mantoue remit sa liberté entre les mains du prince de Gonzague et Florence se donna aux Médicis.

D'autres républiques s'acharnèrent à boire
jusqu'à la lie le calice amer de la liberté sans
frein mal leur en prit. Pise, apies s'être offerte
à la France, a l'Espagne et a César Borgia,
tomba sous les coups implacables de Florence,
sa rivale. Sienne, épuisée par ses divisions intes-
tines, fut aussi dévorée par Florence Genes, la
superbe, apres avoir essayé de tous les régimes
sans jamais trouver le repos, fut la proie de la
République Française qui appelait tous les peuples à la liberté. . de la mort Venise que Machiavel admirait, sans doute à cause de son
inquisition politique, de ses délations cotées et
de sa boîte aux dénonciations, Venise eut, il
est vrai, de grands succes sur la mer qu'elle do-
mina pendant quelque temps , mais, malgré
son systeme de votation à 40 degrés, veritable
chinoiserie pour duper le peuple, elle paya largement son tribut aux seditions contre ses do-
ges, auxquels elle infligea souvent une fin tragique par la noyade, la prison, le fer et le feu
Sa fin à elle fut toute carnavalesque car, quand
trois mille soldats français parurent le 16 mai
1797 devant son palais St-Marc, le Sénat effraye
se hâta d'abdiquer et le peuple ravi cria folle-
ment de toutes ses forces « vive la liberté ! »
C'etait la liberté de la mort Venise fut donnee
à l'Allemagne La Republique Hollandaise, née
tard, se rattrapa largement par ses guerres

étrangeres et ses convulsions intérieures elle était morte d'épuisement quand Napoléon l'enterra en 1806 Celle de l'Angleterre, qui devait etre immortelle comme toutes les autres du reste, se gorgea de sang et de spoliations par des ruses et des violences inouies, elle périt déshonoree, exécrée même, quoique à peine âgée de dix ans et fut remplacée par la royauté traditionnelle.

Maintenant de toutes ces républiques, qui promett toujours l'âge d'or et ne donnent jamais que l'âge de fer, il ne reste en Europe que celles d'Andorre, de St-Marin et de la Suisse, auxquelles nous devons ajouter la nouvelle République Française, nee naguere du libéralisme séduit par la Révolution

Les deux premieres doivent leur survivance d'abord au Christianisme qui leur procure la vertu, le ressort nécessaire à toute république, et aussi à leur petitesse qui les rend inoffensives Quand elles s'agittent trop dans leur *delirium tremens*, on les bloque et l'on a le spectacle peu dangereux d'une tempête dans un verre d'eau ce sont des îlotes ivres, dont les extravagances degoûtent le monde de la liberté sans frein

Celle de la Suisse est loin de prospérer On voudrait cependant pouvoir l'admirer a cause de ses hautes montagnes, de ses lacs dores et du

courage de ses enfants , mais que c'est difficile !
Elle change à chaque instant ses statuts et ses
lois ; elle vient d'etablir une religion de foire qui
annonce la démence , elle incline vers la persécution des catholiques, pieuse que sa liberté est
mensongere sinon tyrannique , déjà meme les
passions déchaînees prennent le dessus L'anarchie, qui mène a la mort, ne saurait etre loin.

En France nous sommes à la troisieme république par absence de mémoire et malgre ce
proverbe oriental : « Si vous me trompez, vous
avez tout le tort la premiere fois, mais la seconde
j'ai la moitié du tort, et la troisieme il est tout
pour moi »

La premiere republique possede un dossier
formidable. Sont à sa charge l'assassinat du
roi et de la reine, la spolation et souvent le
meurtre des nobles, et des suspects, les boucheries horribles de septembre, le massacre des
Carmes , les fusillades en masse de Lyon ,
les noyades et les mariages civils de Nantes, le carnage sauvage d'Arras et de tant
d'autres villes, le sac des églises et leur profa-
nation par d impudiques déesses, la loi terrible
des suspects condamnant à mort tous ceux qui
étaient soupçonnes de réaction, l'affreuse guillotine en permanence comme monument national, l'inquisition armée fouillant les de-
meures et les cœurs , l'épouvantable Terreur

qui fit couler le sang Français par torrent.. . . . toutes les abominations. La seule loi existante alors c'était celle des tigres « La liberté, disait Danthon à Camille des Moulins, c'est nous dessus et vous dessous, c'est, ajoutait Cussot du haut de la Montagne, « la mort pour tous nos ennemis. » Bref elle périt, cette grandissime ogresse, sous la griffe d'un de ses lionceaux, apres avoir coûté à la France, dit M. Pestel « neuf millions d'hommes et soixante et un millards » (Assemb nat 1851).

La seconde republique montra ses dents cruelles des son cinquieme mois. Force nous fut de les lui limer sous peine d'etre dévorés Malgré cette opération faite de main de maître, la France, qui n'avait pas encore oublié 93, prit peur et ratifia le régime du sabre

Reste donc la République Française actuelle que nous devons aux F. Maçons et dont je ne puis parler qu'avec reserve vu que, comme toutes les autres, elle absoibe toute la liberte pour ses pachas et n'en laisse que de rares miettes a ses subordonnés

Venant apres le regne terre à terre de Louis Philippe et la politique cauteleuse de Napoléon III dont l'empire factice venait de s'ecrouler dans la honte, cette république avait une carriere splendide et d'autant plus facile que les souvenis de 93 allaient s'effaçant Belles, trop belles furent

ses promesses elle voulait être une république
athénienne, gracieuse, aimable et ouvrir à la
France une ere de prospérite et de grandeurs inconnues en un mot l'âge d'or, eternel bien entendu puisque c'est son dada Devant ces
promesses chimériques maints esprits sérieux
s'assombrirent avec raison, mais le peuple y fut
pris tout entier

Aujourd'hui hélas ! que nous sommes loin de
ces promesses fallacieuses ! Evidemment cette
république ne vaut pas mieux que ses devan-
cieres si elle est plus lente elle est plus perni-
cieuse et plus endiablée Géree presque exclusivement par les F. Macons et des lors sous
la coupe des Juifs qui dominent dans leur suprème loge et qui veulent abattre toutes les
puissances de ce monde pour etablir sur ces
ruines leur âpre domination, elle fait tout son
possible pour anéantir notre belle France Par
ses lois, ses décrets et ses agissements caute-
leux, elle ne cesse de saper l'administration, la
justice, l'armée, la religion, l'agriculture, le
commerce, l'instruction, la proprieté, la famille
toutes nos forces vives Elle nous epuise par son
ignoble rapacité Ce n'est pas assez d'accaparer
toutes les places qu'elle augmente sans cesse, il
lui faut encore pour assouvir sa soif de l'or des
sinécures sans nombre et des guerres sans dé-
semparer, des travaux à outrance et des pots de

vin, des caisses d'ecoles et des caisses de re-
traites, des soubressauts de bourses et des banques véreuses, des apothéoses et des banquets.
Le budget, qui n'atteignit jamais un millard
sous les rois, va croissant de près de 200 millions
par année et monte pour 1885 à plus de *quatre
millards* Malgré ce chiffre monstrueux, les coffres sont toujours vides, il faut recourir à l'emprunt, la dette publique qui est déjà de 36 millards soit mille francs par tete, monte, monte
encore, monte toujours la ruine s'ouvre inevitable, beante Mais, ce qui caractérise cette république et la rend souverainement odieuse,
c'est qu'elle nous divise à l'infini par ses haines,
ses epurations, ses injustices et ses partialités
revoltantes, c'est surtout qu'elle fait tout son
possible pour nous deshonorer et nous avilir en
nous inoculant la derniere maladie des peuples
qui s'en vont la debauche et les plaisirs Ce n'est
pas seulement dans l'imbecilité qu'elle tombe
comme le lui avait predit son auteur, *Tom-Pouce*,
c'est encore dans la bouc et dans le sang.

Sous son action corrosive notre pauvre France
deconcertée, inquiete, s'épuise en projets aban-
donnes aussitôt que pris et baisse à vue d'œil.
releguee au trois ou quatrieme rang parmi les
puissances qui reglent sans nous ou contre nous
les affaires du monde Nous n'avons plus d'alliés
nulle part aujourd'hui et demain nous pouvons

avoir des ennemis partout Ce que nous inspirons
à nos voisins par nos bravades et nos théories
républicaines, ce n'est plus de la crainte, c'est de
la pitié, sinon du degoût Évidemment cet état
de choses ne saurait aller loin si nos ennemis
n'en profitent pour nous accabler et nous démem-
brer comme la Pologne nous ne pouvons manquer
de tomber à bref delai dans le triple abîme de la
ruine, de l'anarchie et de la fange ou la république
nous mene en express et ou nous pouvons
périr.

Mais, dit-a-t-on, la république deviendra sage
et reprendra les grandes traditions de la France.
Certes, je le désire autant que qui que ce soit,
mais je ne saurais croire à cette metamorphose
inouie dans l'histoire Pour cela faire il n'y a pas
à compter sur la république, d'abord parce que
sous son empire le pouvoir tombe toujours aux
mains des plus charlatans, des plus violents,
ensuite parce qu'elle est sous le coup des francs-
maçons qui la poussent et la pousseront toujours
vers l'anarchie Si donc elle semble se calmer aujourd'hui, ce n'est que par astuce, à cause des
élections prochaines, pour les conseils municipaux et pour la Chambre, une fois l'opération
faite à son gré, elle reprendra tous ses plans
détestables avec une nouvelle ardeur Il ne peut
donc y avoir de chance que du côté du peuple
qui peut tout améliorer malgré le gouvernement.

en fermant l'oreille aux mille voix de la presse
maçonnique ainsi qu'a celles des préfets, des
maires, des percepteurs, des instituteurs, des
cantonniers et de tous les cornacs républicains,
qui l'égarent, pour choisir dans le pays, et non
à Genes ou ailleurs, des hommes capables, dévoués
et vertueux, et les porter au pouvoir avec ensemble Mais cela est des plus difficile tant à cause
des calomnies et des mechancetés de tout calibre
lancées au moment des elections contre les meilleurs candidats, qu'a cause des promesses et
des menaces gouvernementales. Ces agissements criminels ne manquent jamais de jeter le
trouble dans les esprit serieux ordinairement
timides qui, au lieu de serrer leurs rangs, se dé-
bandent et se refugient pour la plus part dans
l'abstention , tandis que les esprits légers, vrais
moutons de panuige, grisés par les promesses
dorées des candidats officiels, montent à l'assaut des urnes avec tout les vauriens et donnent
le pouvoir aux avides qui ne l'ont sollicité que
pour les tondre C'est ainsi que nous voyons
depuis 12 ans des hommes, sans valeur ni vertu
arriver au Sénat et a la Chambre , les carrieres
du journalisme, de la médecine et du barreau
qui renferment le plus de charlatans, remporter le plus de victoires, et meme, chose étrange,
les F maçons qui sont les plus grands ennemis
des catholiques, obtenir, comme à St-Malo, le

pouvoir de populations profondément chrétiennes

Je l'avoue volontiers, le peuple français est
plus capable qu'aucun autre de briser cette savante et puissante muselière du suffrage universel par laquelle la république a coutume
de surmener les nations S'il est facile à séduire
parce qu'il a beaucoup d'esprit et plus de cœur
encore, il est par là même aussi facile à désabuser Et du jour où il serait convaincu, qu'on ne
poursuit certains hommes par les calomnies et
les vexations que parce que ces hommes ont de
la valeur et qu'ils veulent sauver la France du
désordre pour la rétablir dans toute sa grandeur,
il serait très capable de démasquer toutes les
ruses par son esprit sagace, de briser tous les
obstacles par son courage indomptable, pour
porter au pouvoir ces citoyens d'élite Mais le
fera-t-il? Le fera-t-il pour éloigner les mauvais républicains et choisir les bons Non, il
n'entend rien et ne veut rien entendre à ces
demi-mesures les élections municipales
viennent de le prouver Si donc il se lève à
bout de patience, et ce moment ne paraît pas
éloigné, ce sera pour rejeter tous les républicains, englobés à tort ou à raison dans le
même mépris ou la même haine. et donner le
pouvoir à leurs ennemis Jusque-là nous devons
nous attendre à voir la République nous pousser

activement vers le triple abîme de la ruine, de
l'anarchie et de la fange ou nous pouvons sombrer à jamais.

Ainsi donc, d'après l'histoire, la république
n'apparaît que tard chez les nations, quand elles
sont mûres pour l'anarchie par le déchaînement
des passions. Elle y semble anormale comme
gouvernement, tant elle est rare Pour séduire le
pouvoir elle se pare de charmes trompeurs et
s'epuise en promesses flatteuses , mais des qu'il
est épouse, elle se montre marâtre au possible
alors, comme les belles parvenues , elle a
d'abord ses petits nerfs qui sont les délations,
les épurations, les crochetages, les expropria-
tions, etc , et puis ses grands nerfs qui font sauter les édifices et les têtes Enfin. loin de faire
le bonheur des peuples, elle fait au contraire
leur malheur en preparant les voies à l'anarchie
aussi bien qu'au despotisme et en les condui-
sant par l imbécilité ou le sang, souvent par les
deux, à leur ruine totale, s'ils ne se hâtent de la
rejeter C'est pourquoi Guizot nous dit que la
république « est la dégradation de l'homme et
la destruction de la société » (Démoc. en France).
On ne peut nier que celle de 93 ne fut qu'une
machine de gouvernement aux mains de la canaille , il est même excessivement difficile, pour
ne pas dire impossible, qu'elle soit autre chose en France, vu son inféodation à la Maçonne-

rie et notre crédulité. C'est pourquoi nous terminons par ces paroles d'un vieil auteur plein
de bon sens. « L'Estat populaire, ou le peuple
a toute puissance, sonne voirement bien aux
oreilles et semble de prime face honneste et
agréable, comme départant esgalement à chacun
les biens, charges et honneurs : toutefois en
effet ce n'est qu'une tyrannie de plusieurs personnes et qui n'a rien de bon et d'honneste, sinon que le nom.

III. Heureusement pour les peuples, autre
est la monarchie que nous allons étudier désormais.

Laissant de côté la monarchie absolue, qui
pouvait avoir sa raison d'être dans les temps
barbares, mais dont personne ne veut plus à
cause de ses écarts , la monarchie élective que
nous trouvons presque toujours à l'origine des
peuples, mais qui se change en république ou
devient héréditaire avec le temps ; les différen-
tes monarchies constitutionnelles qui, en cé-
dant une partie intégrante du pouvoir, reçoivent dans l'aine, comme Garfield des États-Unis,
du plomb républicain dont elles finissent par
périr, nous ne nous occuperons que de la monarchie héréditaire et tempérée par le concours
de corps constitués, parce que c'est la seule qui,
tout en faisant place aux droits légitimes des

peuples, s'harmonise bien avec nos libertés modernes.

Cette monarchie héréditaire et tempérée est une institution par laquelle le pouvoir, conféré à une famille, est l'apanage exclusif du chef de cette famille, chef qu'on appelle le roi et qui gouverne selon les lois du pays, avec le concours de corps constitués pour l'aider et même le contrôler, sans toutefois entamer son autorité suprême. Bien entendu, les cas ou le roi serait incapable par jeunesse, maladie ou toute autre cause, sont prévus par des lois organiques qui donnent, pendant cette incapacité, le pouvoir à des personnes déterminées et responsables à l'issue de leur gestion

Comme on le voit, rien n'est plus naturel que ce régime . il rappelle le gouvernement de Dieu, celui de la famille et celui de l'Eglise Aussi saint Thomas établit-il quelque part que « c'est le gouvernement le plus parfait. » Montesqieu est du même avis puisqu'il nous dit en parlant de la monarchie tempérée du moyen âge « Je ne crois pas qu'il y ait eu sur la terre un gouvernement si bien tempéré » (Livre II, 8).

Quoi qu'il en soit, la royaute n'a pas les trois grands inconvénients de la république, les élections y sont plus rares et moins ardentes par la raison qu'il ne s'agit plus d'escalader le pou-

voir ; les changements de rois et de ministres y
sont moins fréquents, ce qui n'est pas peu de
chose, vu que les bons administrateurs ne s'im-
provisent pas dans un jour, enfin le peuple y
jouit largement de tous ses droits, mais il n'est
pas gouvernant et gouverné tout à la fois, ce
qui est absurde et permet aux méchants de perpétrer tous les crimes en son nom.

Elle a même sur sa rivale des avantages considérables. Ainsi la guerre n'etant plus une ressource pour se maintenir au pouvoir qui est
assuré au roi, y est, tout compte fait, plus rare
et moins désastreuse par suite de l'unité de commandement et des alliances scellées du sang
royal Les impôts peuvent y être moins élevés
par la raison que le roi n'a point sa fortune à
faire et que d'ailleurs ses acquisitions deviennent des biens de la couronne, dont il n'a que
l'usage, tandis qu'en républ'que il faut engraisser, toujours engraisser de nouveaux presidents,
de nouveaux ministres et de nouveaux employes,
tous tres avides et souvent insatiables Les
grands projets y sont suivis avec plus de persistance parce que, si les ministres changent, le
roi reste pour en poursuivre l'exécution, et ce
n'est pas peu de chose que cette persistance
puisque c'est à elle, du moins en grande partie,
que la Russie et la Prusse doivent leur prédo-
minance actuelle C'est sous la monarchie que

l'union, qui fait la force des peuples, est plus facile à réaliser. alors les bases du gouvernement ne sont point discutées, alors encore le monarque plane au-dessus des partis et peut au besoin les comprimer · voilà pourquoi dans les dangers les Romains se hâtaient de nommer un dictateur. Il n'y faut point compter en république sur cette union si précieuse, s'il peut y en avoir pour détruire il n'y en a jamais pour bâtir, car alors chacun apporte son plan et le soutient mordicus de là des divisions à l'infini et par suite une impuissance absolue. C'est sous la monarchie que la responsabilité, bien que moins apparente, est plus réelle, car en fin de compte c'est toujours le roi qui porte un peu les conséquences des fautes commises ; tandis qu'elle est vaine absolument en république où, comme en ballon, le président, tout en soignant sa pelote, lâche tantôt un ministre, tantôt un autre et s'en va quand il n'a plus de lest pour faire place à un autre qui en fait tout autant. La liberté dont on parle tant mais qu'on n'estime pas assez, tant 'elle influe sur le bien-être et la dignité de l'homme, c'est encore la royauté qui la donne le plus largement parce que ses bases étant stables elle a moins à craindre de ses excès, pendant que la république, dans la crainte d'etre démolie, la confisque à son profit et la supprime pour ses ennemis vrais ou supposés, et, comme chaque

ministre l'entend à sa manière, il s'ensuit
des épurations sans fin auxquelles ne peuvent
échapper que les épines dorsales très flexibles,
pour ne pas dire serviles au suprême degré. C'est
du reste ce que constate Montesquieu quand il
dit dans l'Esprit des lois « La démocratie et
l'aristrocatie ne sont point des États libres, la
liberté politique ne se *trouve* que dans les gouvernements modérés » c'est-à-dire dans les monarchies tempérées. Enfin le bien-être temporel,
qui est le but spécial des gouvernements civils
et par suite le véritable *critérium* de leur valeur,
c'est aussi la royauté qui le procure davantage,
et cela non seulemert parce que, comme le remarque Montesquieu (Ch. ix) « La douceur règne
dans les gouvernements modérés », mais encore
et surtout parce que, ne fût-ce que pour l'honneur
et l'intérêt de sa dynastie, le roi est forcé de travailler sans cesse à la prospérité de son royaume, c'est-à-dire au bien-être et au contentement
de son peuple.

IV. Telle est en soi la monarchie; telle elle est
aussi dans ses œuvres, part faite toutefois aux
imperfections de toute institution humaine. Elle
est véritablement le grand phare des peuples et
ceux qui le perdent de vue, dans la tempête de
leurs passions, ne tardent guere à disparaître
s'ils ne le retrouvent à temps. Quel beau travail

à faire que celui de cette monarchie avec ses hautes vues, ses ressorts savants et ses succès innombrables dans la direction des peuples ! Je ne puis l'entreprendre même en resumé, comme je l'ai fait pour la republique, parce que ce serait l'histoire du monde, du moins dans ses grandes lignes, et par consequent bien au-dessus de mes forces une pleiade de génies y suffirait à peine Qu'il me suffise de dire qu'elle domine constamment et souvent de bien haut sur la republique Nous la voyons dominer en effet pendant toute l'antiquité, à part 146 ans sous les Romains, lorsque le vieux monde entrait en decomposition Elle domine sans conteste pendant tout le moyen-âge « Il est admirable, nous dit Montesquieu en parlant de la royauté temperée de ce temps, que la corruption d un peuple conquerant ait formé la meilleure espece de gouvernement que les hommes aient pu imaginer (L. 11, c 8) C'est encore elle qui, malgré mille et mille efforts tentés pour l'abattre , domine aujourd'hui , puisque dans tout l'univers nous ne trouvons que deux grandes républiques celle des Etats-Unis qui s epuise en tiraillements et ne verra pas son siecle, et la nôtre que nous avons la douleur de voir descendre, pour n'être pas conservatrice, dans l'imbecillité et dans le sang, comme le lui avait prédit son auteur C'est à la

monarchie encore qu'appartiennent tous les
grands siecles de l'histoire celui de Pericles,
celui d'Auguste et celui de Louis XIV Enfin,
c'est à elle que revient l'honneur d'avoir formé
toutes les grandes nations de l'Europe, savoir
la Russie, l'Autriche, la Prusse, l'Italie, la
France, l'Espagne et l'Angleterre

« Soit pour le passé, dira-t-on avec Mylabel,
un obscur républicain du 4 septembre embou-
chant la trompette de ses chefs, mais c'est fini
l'heure de la liberte sonne et desormais les peuples ne voudront plus d'autres gouvernements
que la république. » Nous avons besoin à peine de
le dire, ce sont la des illusions d'une imagina-
tion folle qui ne tient compte ni du bon sens, ni
des dures leçons de l'histoire, ni de l'intéret des
peuples En effet, si l'heure des libertes sonne,
la république ne peut qu'y perdre puisqu'elle ne
patronne que la liberte du mal, qu'elle confisque
toutes les autres et qu'elle est toujours ou partout plus ou moins despotique D'autre part,
l'histoire atteste que tous les peuples qui se laissent fasciner par ses flatteries felines en sont pu-
nis bien séverement et que, pour ne pas perir, ils
sont forcés de revenir a la monarchie Ainsi il
en fut de l'ancien monde et des peuples du
moyen-âge, ainsi il en sera de nous avant peu
C'est pourquoi nous en concluons que plus les
peuples consulteront leurs interêts et devien-

dront pratiques, plus ils s'éloigneront de la république pour s'attacher à la monarchie qui leur offre avec la liberté du bien et la douceur beaucoup plus de garanties pour la paix, l'ordre, le bien-être et tous les progrès Non, quoi qu'en ait dit Napoléon Ier, l'Europe ne sera jamais ni cosaque ni républicaine : elle ne sera pas cosaque parce qu'elle veut la liberté, elle ne sera pas républicaine non plus parce que ce serait sa déchéance, son enfouissement dans la boue.

V. Nous pourrions clore ici ce chapitre, mais il est une royauté qui brilla d'un éclat transcendant et qu'il nous importe beaucoup de connaître à fond · c'est la nôtre. Il faut l'avouer, elle avait sous la main une nation riche d'esprit, de cœur, de courage, d'activité, de tous les dons ; mais il faut l'avouer aussi elle fut à la hauteur de sa grande tâche puisqu'elle sut nous élever au premier rang et nous y maintenir pendant des siècles.

Simple était la constitution de cette monarchie qui est la nôtre. Par elle la royauté était assurée à la famille dite de France, pour mieux marquer l'union de cette famille avec nous ; elle était héréditaire par les hommes et pour les chrétiens seulement et de plus appuyée des États généraux, parce que nos pères, dans leur noble indépendance, ne voulaient pas être dominés par des femmes, encore moins par des sectaires, juifs ou autres, et qu'ils entendaient avoir leur part légitime dans le gouvernement.

A cette constitution simple, mais si fière et si digne, il ne manquait qu'une condition pour être parfaite c'était, comme nous le verrons plus tard, l'exclusion de la couronne pour tout membre de la famille royale qui tenterait de la capter.

Sublime est l'honneur de conduire les peuples vers leurs destinées, mais que la tâche en est difficile ! Heureusement la monarchie française apprit dès son berceau, à Tolbiac, qu'il faut le secours de Dieu pour réussir Elle compta donc sur ce secours nécessaire et l'histoire dit bien haut que Dieu prit soin d'elle et qu'il lui jeta au besoin, tantôt de grands rois, tantôt des ministres d'élite, tantôt même, sans doute pour être mieux vu, des bergères illustres qui la sauvèrent ainsi que la France Il ne lui fit défaut que quand, malgré ses bienfaits, elle le laissa persifler par Voltaire et autres francs-maçons, et encore, malgré la continuation de son ingratitude, eut-il la bonté de lui donner des rejetons dignes et capables de tout restaurer, après les expiations nécessaires dont nous avons hâte de voir la fin

Dans le principe, sous Hugues Capet, la France ne se composait que de l'Ile-de-France,

13

de l'Orléanais et de la Picardie C'est la monarchie qui, tantôt par les armes, tantôt par des
traités, le plus souvent par ses héritages, a réuni
successivement à ce petit patrimoine, lui appartenant, toutes les belles provinces — moins
toutefois l'Angoumois — que nous possédions
naguère, et formé ce vaste et beau royaume qui
s'étend de l'Océan au Rhin et de la Manche
jusqu'au centre de l'Afrique par l'Algérie, conquise en 1830 Qu'il est beau de voir nos rois,
au lieu de faire à nos dépens des acquisitions
personnelles à St-Sébastien ou ailleurs, confondre généreusement leurs intérêts avec les nôtres,
et joindre leurs riches patrimoines à nos provinces pour en composer un tout indissoluble,
leur appartenant comme à nous ' Est-ce que
cette confection de la France ne proclame pas,
plus haut qu'on ne saurait le dire, l'union intime des rois avec la nation ? Et, si maintenant
ceux-là réclamaient leurs riches apports, à quoi
se réduirait ce royaume, le plus beau après le
ciel.

VI. Quand on parcourt nos glorieuses annales, il est difficile de ne pas subir le charme des
brillantes qualités de nos rois. A chaque instant
on voit briller en eux la loyauté, la bravoure, le
culte de la justice, le souci de la liberté pour
tous, la prédilection pour tous les talents, la

soif ardente de la gloire nationale, l'amour passionné de la France et des Français, le respect profond des droits de Dieu et de son Église ..
Arrêtons-nous un instant sur ces qualités qui sont un des ornements de notre monarchie et qui, en brillant de haut, exercèrent sur la nation tout entière une influence si considérable.

La loyauté, qui engendre l'honneur et la confiance, n'était pas précisément à l'ordre du jour dans les premiers siècles de notre histoire Cependant Clovis en donna dès cette époque un exemple fort remarquable. Sur le champ de bataille, à Tolbiac, blessé au visage et voyant ses troupes plier, il s'était écrié les regards au ciel « Dieu de Clotilde, fais-moi vaincre et je jure de t'adorer, » et à ces paroles la Victoire était accourue bienveillante. Clovis voulut accomplir son serment, c'est pourquoi « il se fit instruire et la même année, le jour de Noel, il reçut le baptême avec trois mille de ses guerriers. » (Vincent, ch 4.) De cette loyauté nous trouvons un autre trait plus admirable encore, dans la vie de Jean le Bon Ce roi prisonnier des Anglais avait recouvré la liberté en donnant pour otages deux de ses enfants et quelques seigneurs Un de ses fils, impatient de sa geôle, réussit à s'échapper. A cette nouvelle, Jean le Bon reprit le chemin de l'exil en disant que « Si la bonne foi était bannie de la terre, elle devrait se retrouver dans le cœur des rois » (Vincent, ch II) Nos rois pour la plupart imitèrent ces exemples glorieux, et il en fut de même de nos peres C'est pourquoi quand ceux-ci affirmaient en disant « parole de roi » on pouvait compter sur eux De nos jours, il est vrai, cette loyauté qui fait l'honnêteté des États comme des particuliers, n'est plus guère de mode, toutefois elle n'est pas morte, car, selon le désir de Jean le Bon, elle reste au cœur de notre royauté Naguere, en effet, en 1873, l'illustre rejeton de nos rois pouvait monter sur le trône de ses peres par des promesses évasives que n'aurait pas manqué de faire tout courtier de la couronne. Quelle tentation ! Cependant il refusa ces promesses honteuses et comme pour Francois Ier « Tout était perdu, hors l'honneur »

Pour nos rois la guerre ne fut jamais une manœuvre de lanterne magique ou d'escroquerie Naturellement avares du sang de leurs sujets, qu'ils aimaient comme leurs enfants, ils l'évitaient avec le plus grand soin. C'est ainsi que nous voyons Louis XIV, un des plus guerriers cependant, offrir en 1710 toutes ses richesses privées pour prix de la paix , Louis XV, après Fontenay, sacrifier à cette paix tant désirée, toutes ses conquêtes, et Louis XVIII refuser de s'allier avec l'Autriche et l'Angleterre contre la Prusse et la Russie, afin d'éviter une guerre

meurtriere. Mais quand ils étaient forcés de la
faire, soit pour l'honneur de la France, l'inté-
grité de son territoire ou toute autre cause juste
et grave, loin de fuir alors son théâtre dangereux, de fumer des cigares exquis ou d'escomp-
ter de gros bénéfices sur des semelles de carton,
comme certains gouverneurs de sinistre memoire, ils payerent rudement de leur personne,
quelquefois meme, ils furent jusqu'à proposer à
leur ennemi le duel en champ clos afin d'eviter
l'effusion du sang c'est notamment ce que fit
en 797, Louis et non Leon le Gros Quels héros
que Clovis, Charles Martel, Charlemagne, François Ier, Henri IV, Louis XIV et tant d'autres !

Bien que la justice et la liberté fussent peu
connues des anciens Gaulois, nos rois les plan-
terent hardiment , apres la conquete , sur le sol
le la patrie et firent tous leurs efforts pour les y
faire fleurir Charlemagne entendait que les
plaintes des pauvres arrivassent jusqu'à lui.
Comme ce grand monarque, Louis le Débon-
naire, Charles V, Charles VIII qui « ecoutait tout
le monde et par special les pauvres » dit Com-
mines, Louis IX et Henri IV voulurent avoir
leurs jours particuliers pour rendre la justice à
tout venant En tous temps des commissaires
royaux parcouraient les provinces pour contrôler et, au besoin , pour reformer les actes de la
maréchaussée, justice d'alors. « Nous voulons,

dit Charles le Chauve, que tous nos sujets tiennent pour certain que nul, de quelque rang qu'il soit, ne peut être privé de son bien légitime, soit par notre autorité arbitraire, soit par l'injuste cupidité d'autrui » Quelle leçon à nos chefs du jour « Philippe-Auguste, selon Joinville, aimait la justice comme sa propre mère » Philippe IV interdit aux tribunaux d'exécuter les ordres qui seraient contraires aux lois Comme on le voit, nous avons marché depuis ce temps-là car nos bons rois étaient loin d'avoir les tendresses de notre République pour les lois existantes, les decrets et le tribunal des conflits, qui sont du reste d'invention moderne, n'en déplaise à la liberté

S'ils parlaient moins de cette liberté chérie que notre République ils la donnaient bien plus largement qu'elle « Tant que Robert a commandé, dit une chronique, nous avons vécu en liberté, Louis XI émancipa les communes, et Louis recommanda à son fils de « maintenir les libertés et les franchises du peuple », Louis X défendit d'élire pour maires les officiers de la couronne, Louis XII ne voulait pas qu'on génât en quoique ce soit les habitants des communes dans l'élection de leurs échevins, Henri II, au lieu d'éliminer les maires élus contre sa politique, ou de les briser comme on le fait aujourd'hui, ordonna à ses officiers de les installer

tous, sans aucune tracasserie , enfin Louis XVI
fut proclamé par la Constituante, tant il se montra libéral, « le Restaurateur de la liberté française » , ce qui ne l'empêcha pas d'etre immolé
peu de temps apres comme tyran ? Remarquons
que Louvois fut maintenu dans sa charge à
cause de ses talents pendant 30 années par
Louis XIV S'il avait vecu sous notre Republique, il n'en avait pas pour 30 mois avant d'etre
épure comme tant d'autres, en vertu de je ne
sais quelle liberté avilissante, et la France per-
dait une puissance Disons-le encore, sous nos
rois, les communes avaient les droits de posséder et d'affermer , de se fortifier et de lever des
impôts, d'élire leurs conseillers municipaux et
leurs maires et de se réunir quand bon leur
semblait. Que sont devenus la plupart de ces
droits precieux et que valent ceux qui nous restent avec le contrôle jaloux dout la Republique
les enlace ' Alors enfin tous les Français avaient
le droit de concourir à la confection des *cahiers*
des doléances et des remontrances, c'est-à-dire
d'exposer leurs plaintes et leurs vues sur toutes
les affaires du pays, ainsi que celui de nommer
des deputés qui ne relevaient que d'eux et qui
avaient pour mandat de faire prévaloir leurs
plaintes et leurs vues et de voter les impôts
ainsi donc, sous nos rois , les Etats généraux
remplissaient, mais avec plus de garantie et de

liberté, les mêmes fonctions que nos Chambres
actuelles

Quant aux talents encouragés, récompensés,
ennoblis même par les rois de France, le nombre en est considérable Duguesclin fut enterré
dans leur caveau par ordre de Charles V recon-
naissant, Fabert était né dans l'atelier d'un
typographe, l'amiral Paul devait le jour à une
blanchisseuse, Catinat était fils d'un petit bourgeois, comme Thiers du reste, le brave Chevert,
lieutenant-général, avait pour père un bedeau
de village, Colbert venait d'une famille rotu-
rière, Duquesne était de plus protestant et cela
n'empêcha pas Louis XIV de le faire amiral et
conseiller d'Etat, places qu'on refuse aujour-
d'hui a tout catholique Ajoutons que maintes
fois, sur le champ de bataille, de simples soldats
reçurent des titres de noblesse, et des généraux
furent créés princes en récompense de leur bravoure Le général Oudinot en sut quelque chose
en 1849 puisque, immédiatement après sa brillante victoire, il reçut de l'illustre descendant
de nos rois une magnifique lettre intitulée :
« Mon Cousin »

Que dire de leur soif ardente de la gloire nationale ? sinon que c'était chez eux une passion
indomptable C'est cette passion qui les rendait
si bienveillants envers toutes les capacités, si
braves sur le champ de bataille, si jaloux d'écar-

ter toute cause véreuse de notre politique et si ardents à nous montrer le chemin de l'honneur. Quand il s'agissait de cette gloire, ils étaient implacables. Alger l'apprit à ses dépens en 1830. Notre ambassadeur y avait été souffleté. En République un Freycinet quelconque aurait dit, comme pour l'Égypte « Notre ambassadeur n'a été qu'insulté, vous pouvez dormir tranquilles. » Le vieux roi qui trônait aux Tuileries ne l'entendit pas de même À cette nouvelle, il se dresse dans toute sa taille, un nuage sur le front, l'indignation dans le regard ; incontinent il appelle Bourmon et Duperré, qui sont des officiers de cour mais non de parade, et leur commande de venger sans retard l'affront fait à la France. Bientôt ces officiers, qui ne connaissaient ni les tergiversations, ni les imprévoyances républicaines, partent armés de toutes pièces et quelques jours après, malgré une défense acharnée, Alger que nous avons eu tant de peine à défendre des Kroumirs, Alger la terrible, tombait en notre pouvoir.

Toutefois, il faut l'avouer, ces rois avaient au cœur une passion plus ardente encore et plus tenace, c'était l'amour de la France et des Français Cet amour ressort avec évidence de leur apport généreux pour la confection de la France, de leur soin à éviter la guerre, de leur émancipation spontanée des serfs et des communes et,

pour ainsi dire, de tous leurs actes qu'il embau-
mait de ses parfums N'était-ce pas par amour
que Louis VI provoqua notre ennemi en champ
clos, que tant de rois rendaient la justice à tout
venant, que Henri IV, qui ne voulait se bâtir des
citadelles « que par le cœur de ses sujets », entendait que « les plus pauvres puissent mettre
la poule au pot tous les dimanches, » que le
Comte de Chambord refusait de répandre le sang
pour arriver au trône ? D'ailleurs, est-ce que
leurs largesses pour les hôpitaux, pour les salles
d'asile, pour les églises, pour les écoles et pour
toute œuvre de bienfaisance , sans parler de
leurs aumônes royales de chaque jour, n'en sont
pas des preuves éclatantes comme le soleil ?
Ah ! il était bien mû par cet amour, François Ier,
quand il écrivait de sa prison de Madrid « Mes
amis et mes braves sujets, je vous recommande
mes petits enfants qui sont les vôtres et de la
chose publique Heureux si pour l heur — le bonheur — de son pays il devait rester en prison » Il
en était pénétré aussi Louis XIV, quand il disait « Ma tendresse pour mes peuples n'est pas
moins vive que celle que j'ai pour mes enfants »
Enfin, il était si puissant sur eux, cet amour,
qu'il fut souvent l'objet de leur dernière recom-
mandation jusque dans les affres de la mort Ecou
tez St Louis à cette heure suprême   « Mon fils,
aime ton honneur, crains Dieu et *chéris la France.*

Mais l'amour appelle l'amour et c'est pourquoi les Français payaient leurs rois de retour et les aimaient avec passion Preuves, leur enthousiasme à la naissance des princes, leurs réceptions fastueuses dans les provinces aux cris mille et mille fois répétés de Vive le roi ! Vive la reine ! Vive le prince ! leur héroisme à défendre leur personne sur le champ de bataille, leurs inquiétudes quand ces rois étaient malades et, quand ils mouraient, leur douleur inexprimable. A la mort de Louis XII « ils pleurèrent toutes les larmes de leurs yeux , » à celle de Louis XVI « ils furent saisis d'une stupeur inouie » Preuve encore ce cri de tous dans la détresse « Ah ! si le roi savait » Allez donc leur faire dire si le président savait. Preuves enfin ces belles appellations dont ils les honorèrent spontanément le Fort, le Hardi, le Bon, le Sage, le Bel, le Lion, le Bien-aimé, le Père du peuple, le Père des lettres, le Victorieux, le Juste, le Grand, appellations qui sont autant de magnifiques apothéoses ou resplendit l'amour des Français pour leurs rois.

VIII. Mais, nous devons le dire encore, au-dessus de cet amour réciproque des rois et de leurs sujets, il y en avait un autre qui le cimentait et le fécondait, c'était l'amour de Dieu Nous l'avouons, nos rois ne se laisserent que trop

souvent emporter par leurs passions, mais du
moins jamais ils ne furent jusqu'à manquer de
respect à Dieu, ni a Jésus-Christ, le roi suprême
des nations S'ils ne furent pas toujours dociles
aux avertissements de la sainte Église, jamais
non plus ils ne méconnurent ses droits sacrés à
la liberté pour l'accomplissement de sa mission
divine , bien plus, non contents de lui avoir
taillé de leur brillante épec un patrimoine convenable au centre du monde, ils se montrerent
toujours ses defenseurs intrepides. Celui qui
tient dans ses mains toutes puissantes le sort
des rois et des nations ne pouvait manquer
d'être sensible à tant de devouement   c'est pourquoi il ne cessa de combler la France de ses
faveurs Il la façonna à la monarchie tempérée
afin qu'elle fût heureuse, libre et puissante , il
lui donna une belle langue, chaude comme les
rayons du soleil, afin qu'elle fût son apôtre incomparable ; il mit dans son cœur la justice, le
dévouement et le courage pour en faire son soldat indomptable et sa main droite dans le monde Dans ses épreuves, jamais il ne lui ménagea
ni ses secours ni, au besoin, ses miracles Tolbiac, Genevieve, Jeanne d'Arc en sont des preuves
irréfragables Oui, c'est par Jésus-Christ et par
Jesus-Christ seulement que la France put accomplir ces grandes œuvres qui font l'admiration du monde, que Guibert de Nogent appelle

justement « *Gesta Dei per Francos,* » et dont
nous pourrions, sans doute, reprendre le cours
en revenant a ce bon Maître

Ainsi bénie de Dieu et gardée par ses rois, la
France, minuscule d'abord, grandit promptement et ne tarda pas, non sans combat parce
que c'est la vie humaine, a s'ouvrir une voie
large au milieu des nations et a monter au premier rang qu'elle sut garder pendant des siecles.
Naguere encore elle tenait en ses nobles mains
le sceptre de la civilisation, de la richesse et de
la puissance C'etait chez elle que les illustra-
tions etrangeres venaient achever leur education , « Si elle avait gardé ses rois, disait le
comte de Metternich, elle serait assez riche pour
acheter le monde , » « Si j'etais roi de France,
ajoutait le Grand Frédéric, il ne se tirerait pas
un seul coup de canon en Europe sans ma permission »

Mais maintenant ? Ah ! maintenant, c'est le
quantum mutatus ab illo du poete dans toute son
étendue Maintenant notre puissance, notre richesse, notre civilsation, l'agriculture, le commerce, l'instruction, la justice, tout baisse, tout
s ecroule , maintenant, le vice domine, la décomposition s'accentue et l anarchie mugit des
ferocités sauvages Le pire de tout, c'est que
d'un côté, malgre cet etat lamentable, les divisions s'accroissent de jour en jour pour dechirer

la patrie aux abois, et que de l'autre beaucoup
de Français, au lieu de travailler pour réparer
le passé, se jettent sans souci dans les plaisirs,
cette dernière maladie des peuples qui s'en vont.
Si cependant notre chère France ne meurt pas
de cet état de choses, au grand déplaisir de ceux
qui attendent le moment de la partager, c'est
qu'elle a encore des enfants qui travaillent et
qui prient avec ardeur. Ceux-là retiennent la vie
dans son sein oppressé, ils sont après Dieu sa
dernière ressource.

CHAPITRE III

D'ou vient cette prostration de la France, que nous venons de constater, ou plutôt que s'est-il passe depuis un siecle ? C'est ce que je me propose de dire dans ce chapitre, sans vouloir blesser personne et cependant sans réticence, parce que c'est la vérité qui sauve en montrant le mal elle fait trouver son remède.

Les succes continuels de la France lui avaient suscité bien des jalousies, mais surtout celle de Satan. D'un côté, cet éternel ennemi du genre humain voyait avec rage qu'elle enrayait puissamment depuis des siecles son travail de perdition ; de l'autre, il savait que s'il pouvait la séduire, il aurait dans sa force magique d'expansion un immense levier pour retablir son empire corrupteur sur le monde. C'était plus qu'il ne lui en fallait pour tenter par tous les efforts possibles d'asservir ce bouclier de la civilisation chrétienne . il lança donc contre elle ses bataillons les plus fiers . les F. Maçons. Alors Voltaire, Rousseau et bien d'autres s'abattirent

sur la France comme des loups avides et, tout
en flattant la royaute pour ètre plus libres, ils
se mirent à persiffler Dieu, la religion et tout ce
qu'il y a de plus sacré La royauté, prise à leurs
flatteries, ne sauvegarda point son peuple , elle
donna même dans leurs maximes subversives et
à sa suite les grands . c'etait une faute des plus
graves et qui devait coûter bien cher. Sous de
tels exemples la nation ne pouvait que succomber
a son tour   elle donna donc dans la Maçonnerie,
et des lors ses passions, dénuees de leur frein
nécessaire qui est la religion, commencerent à
bouillonner comme les flots de la mer avant la
tempête. Le plus difficile était fait pour les F Maçons. Restait cependant la monarchie séculaire,
avec ses racines profondes mais privée desormais de la force d'en haut, qu il fallait demolir
a tout prix afin de saisir le pouvoir Dans ce but,
apres s'être installés dans les places importantes
et avoir pris pour chef *nominal* le premier prince du sang, capte par mille promesses, mais
voué d'avance à la honte et a la mort, comme
la plupart des princes qui se laissent fasciner,
les F Macons se mirent a lancer des critiques
acerbes sur tous les abus vrais ou apparents
et d'immenses cris de reforme

Louis XVI, qui avait spontanement aboli la
corvée, plein de bonne volonté pour réprimer
les abus et opérer les reformes désirables, céda

facilement devant ces clameurs la confection
des cahiers des plaintes et doleances fut ordonnee
et les États generaux convoqués pour le 1ᵉʳ mai.

Parce que tous les cahiers, sans aucune excep-
tion, maintenaient la monarchie hereditaire et
chétienne, les deputes n'avaient pas du tout le
droit d'y toucher, et leur mission se bornait a
detruire certains abus et a faire certaines amé-
liorations dans les services publics, d'accord
avec le roi S'ils s'etaient tenus aux termes de
leur mandat, comme ils le devaient, il n'y aurait
pas eu de révolution et nous faisions un pas de
plus vers le bonheur et le progres Mais autres
étaient les projets de ces députés, la plupart
F Macons pour eux le roi, condamné par leur
pandemonium tenu a Francfort en 1786, devait
etre immolé et la royaute remplacée par la republique, qui leur permet davantage de satisfaire
leur ambition, de se gaver d'or et de perpétrer
tous les crimes sous le couvert du peuple

Aussi des les premieres seances, les sectaires
éleverent-ils des pretentions insoutenables et
qui ne ressortaient pas de leur mandat, puis,
poursuivant toujours leur but, le 17 juin ils se
déclarerent assemblée nationale constituante,
et le 20 ils s'engageaient par serment, dans le
jeu de Paume, a ne pas se separer avant d'avoir
donné une constitution a la France Ainsi com-
mençait ce drame sanglant, abominable, sauvage

paɩ moment, que nous connaɩssons et qu'on est en traɩn de reproduɩre aujourd'huɩ avec le plus d'astuce et de malɩgnɩté que jamaɩs.

Les F Maçons, dont les prɩncɩpaux s'appelaɩent Philɩppe d Orléans , Talleyrand – Perɩgord , de Broglɩe, Mɩrabeau, Sɩéyès, Brɩssot, Dupuy, Robespɩerɩc, Marat, Danton, Pethɩon, Barnave, Fouquɩer-Tɩnvɩlle, St-Just, Hebert, Desmoulɩns, Collot d'Herboɩs, Gouthon , Carrɩer, Napoléon, Lafɔyette, Grégoɩre, Bɩllaud-Varenne, Foucher, Santerre (Sɩx-âge de l'Egl sect 3), les sectaɩres, dɩs-ɩe, commencerent par assouvɩr leur haɩne contre Dɩeu et l'Eglɩse. Les pretres furent pros-crɩts, pourchassés et massacrés comme des fau-ɩes , Dɩeu, blasphemé partout, fut ɩeté à la porte de ses temples et remplace par d'ɩmmondes créa-turcs ; les eglɩses profanées furent démolɩes ou vendues, soɩ-dɩsant pour soulager les pauvɩes, maɩs en réalɩte pour garnɩr certaɩnes bourses

Vɩnt ensuɩte le tour des premɩcrs coupablcs la royaute et les grands, puɩs celuɩ de la natɩon, coupable aussɩ C etaɩt de la ɩustɩce dɩvɩne selon ces paroles du Saɩnt-Esprɩt . « Per quæ quɩs peccat, per hœc et punɩtur, on est punɩ par ou l'on peche »

Malgre toutes les concessɩons possɩbles quɩ luɩ ɩalurent le tɩtrc de Restaurateur des lɩbertés lɩancaɩses, Louɩs XVI fut vɩolemmeut arraché de ɩon trône, enferme dans une tour sévere avec

sa famille, accusé de tous les crimes, abreuvé
de toutes les amertumes et, pour creuser un
abîme infranchissable entre la France et la
royauté, condamne à mort et guillotine sur une
des places de la capitale, ainsi que la reine, quelque mois plus tard. Ce n'étaient ni plus ni moins
que deux assassinats publics, puisque les juges
n'étaient pas compétents et qu'ils votaient d'ailleurs sous la menace du poignard Comment
n'etre pas envahi par l'horreur, quand on voit
d'un côté la résignation des augustes victimes,
et de l'autre la fureur étrange des juges, qui
n'étaient que des bourreaux, et parmi eux un
prince du sang, reniant tout à la fois son sang
et sa patrie, en votant « la mort ! »

Les grands, les riches et les puissants que
avaient les premiers donné dans la Maconnerie
étaient trop coupables pour etre épargnés par
la tourmente. Ils furent procrits comme nobles
ou suspects ; leurs biens furent vendus au profit
des délateurs et surtout des tyrans , leurs tetes
furent mises à prix bref, ils périrent presque
tous soit sur l'échafaud, soit dans les miseres
acerbes de l'exil.

Quant au peuple, il souffrit plus qu'on ne saurait dire de la suppression de la religion, des
hôpitaux et de ses corporations, il porta le grand
poids des levees en masse, de l'aggravation des
impôts, de la faillite gouvernementale, de la loi

des suspects et de la délation retribuée, il paya même un large tribut a la guillotine qui, installée dans tous les grands centres comme un instrument d'État, repandait à torrents le sang francais Lyon, Marseille, Bordeaux, Lille, Arras, furent plus que décimées, à Nantes ou Carrier voulut faire de l'egalité sanguinaire, cinq mille nobles, cinq mille pretres ou religieuses et cinq mille plebeiens furent immolés. L'horrible machine ne pouvait suffire a la rage republicaine du sang, on y joignit les boucheries, les noyades, les fusillades et la mitraille Quel fut le nombre des victimes? Nul ne le sait, nul ne le saura jamais, mais les calculs les plus modérés les font monter a plus d'*un million*

Parce que le demon est l'inspirateur de la haine, comme Dieu, celui de l'amour, dans l'enfer, dit-on, les damnés n'ayant plus de saints a tourmenter se déchirent entre eux Eh bien ! il en fut de meme alors sur la noble terre de France Quand le peuple, auquel on vociférait « la servitude ou la mort, » courba la tete, effrayé par le deluge de sang, qui montait toujours, les tyrans tournerent leurs fureurs contre euxmemes, et les plus forts immolerent impitoyablement les plus faibles c etait le tour du sang impur tant de fois appele, Les Girondins, les Dantonnistes, les Hebertistes et la plupart des Jacobins y passerent.

II Enfin, de rage lasse, plusieurs des survivants, autant par peur pour leur tête que pour rétablir la discipline maçonnique et semer sur l'univers leurs principes destructeurs, penserent à remettre le pouvoir entre les mains d'un de leurs cor. phees. Pour cela ils s'adresserent au frere de leur grand-maître, au general Bonaparte qui accepta, et leur complot reussit pleinement L'heure de la justice divine sonnait pour l'Europe

Après avoir, dans son interet, restauré la religion et retabli la discipline maçonnique en bon prince, Napoleon lança ses bataillons sur l'Europe Partout il sema le carnage et la mort De l'Est à l'Ouest, du Midi au Nord, tout plia, tout fut broye par son genie puissamment aide des sectaires qui l'attendaient partout Les rois furent jetés bas, les trônes brisés, les nationalites detruites et huit millions d'hommes immoles sur les champs de bataille par ce F Maçon qui tailla à son gré, dans la carte de l'Europe, des royaumes pour ses freres, pour ses généraux et même pour le Juif Manasse. dit Massena, tous F Maçons comme lui

A ce point culminant, semble-t-il, de la puissance humaine, le Géant moderne dans son ambition insatiable reva, comme un autre Alexandre, la conquête de l'univers, mais avant de l'entreprendre il voulut assouplir les F Maçons

et surtout asservir l'Eglise, dont il est écrit
« Super quem ceciderit contcret eum » C'était là
que l'attendait la justice divine qui, sans doute,
avait assez fait par lui Les F Maçons se cabre-
rent, la force d'en haut fut retirée et ce génie
desormais impuissant, fut brise et jeté comme
une verge inutile, dans je ne sais quel coin du
monde, a méditer sur la fragilité de la puissance
humaine, en attendant l'heure infiniment redoutable des comptes stricts.

III Apres cette tempete terrible, suscitée par
Satan et ses fils les F Maçons, tout se rétablit
comme par enchantement en Europe et les nuages disparurent de l'horizon politique Ce calme
bienfaisant avait sans doute pour but de permettre aux peuples et surtout aux gouvernements
de reconnaître les causes des tourmentes civiles,
et de prendre les mesures nécessaires afin d'en
empêcher le retour

Il n'en fut rien La monarchie française en
particulier, la plus éprouvée cependant, ne le
comprit pas, puisque Louis XVIII couvrit les
F Maçons de sa protection et accepta une charte
imprégnée de leurs principes déléteres. C'était
laisser un pied du trône dans la révolution et
mettre ses ennemis jurés a meme de l'y jeter de
nouveau Aussi ces derniers profiterent-ils de
cette bienveillance aveugle pour reformer leurs
cadres et renouer les fils de leurs trames révo-

lutionnaires Bientôt, malgre des prodiges d'économie, qui lui permirent d'éteindre 92 millions
de rente avec un budget de moins d'un milliard,
malgré la plus grande activité pour développer
nos voies de communication, relever l'agriculture et le commerce qui sont les deux mamelles
de la France, malgré même la conquête de l'Algérie qui nous dotait d'une riche colonie à nos
portes, la monarchie se vit enlacée de toutes
parts Et tout à coup, sur un mot d'ordre maçonnique, à propos d'ordonnances royales, sortirent
des bas fonds de la société, pour la renverser,
ces ouvriers aux joues caves, aux regards avides
et aux bras vaillants, dont usent et abusent les
hautes loges pour exécuter leurs plans de destruction

IV Pendant que le sang coule à torrents, les
chefs de l'insurrection, tous F Maçons, toujours
plus avides du pouvoir que des champs de batailles, se hâtent d'escalader l'Hôtel de ville et
de se bombarder ministres. A Charles X qui,
pour arreter l'effusion du sang, révoquait ses
ordonnances et mettait sa démission en faveur
du comte de Bordeaux, devenu plus tard comte
de Chambord de par l'amour des Français, ces
sinistres menteurs répondirent « C'est trop
tard, » comme si, dans l'impossibilité de rétablir
leur chère république à cause de l'horreur encore

vivace de 93, ils n'avaient pas d'avance vendu la
couronne, sous de bonnes conditions pour eux,
a leur grand chef *nominal*, Louis-Philippe d'Or-
leans, au nom et par l'oi duquel ils avaient souleve les ouvriers, non sans promesses magnifiques, mais vaines comme toujours

Il est infiniment douloureux d'avoir a enre-
gistrer, a la charge des princes du sang, de tels
crimes de lese-nation et de lese-majesté tout a
la fois et d'autant plus enormes que ces princes
doivent tout ce qu'ils sont à la patrie et au roi
ce serait a douter que le sang français coule pur
dans leurs veines, si l'on ne savait que la Maçonnerie tue tout patriotisme

Quoi qu'il en soit, nous etions de nouveau
sous les talons des F Maçons, qui nous avaient
tirés du riche plateau de la monarchie traditionnelle pour nous jeter sur la pente de la revolution, et n'attendaient que le moment favorable
pour nous precipiter au fond de l'abîme. Rapide
etait cette pente, car, quand le droit principe
d'une nation est viole, il ne saurait y avoir de
securité pour les autres

Sous ce roi citoyen la France ne put de-
meurer a la tete des nations ou ses rois légitimes l'avaient placee de nouveau, elle descen-
dit a un role complet d'effacement A l'exterieur,
tout en Europe se regla sans elle et souvent
contre elle Son roi citoyen comptait si peu qu'un

ministre anglais se vantait, dit-on, de le faire
passer par le trou d'une aiguille , toujours est-il
que, par peur de l'Angleterre, « il n'osa faire
épouser Isabelle, reine d'Espagne, à l'un de ses
fils » (Vinc ch 31) Si nous jouîmes à l'intérieur
d'une certaine prospérité, nous le dûmes beaucoup plus à nos ressources et a notre activite
privée qu'à ce fantôme de roi qui, place entre
deux feux, les légitimistes et les révolutionnaires, avait assez de se maintenir sur le trône
Et d'ailleurs que lui importaient les intérêts de
la patrie, puisque les sectaires n'en ont pas !
N'avait-il pas assez de ses affaires privées à
gérer ? Compter ses millions donc, arrondir ses
propriétés à Londres et ailleurs, doter ses enfants, comprimer l'Eglise pour complaire à ses
copins et se maintenir au milieu des passions déchaînees tels etaient ses soucis egoistes Ce
qui le perdit, ce fut de vouloir planter sa dynastie , malgré ses promesses de sectaire. Les
Francs-maçons n'entendaient pas se laisser
jouer ; c'est pourquoi ils résolurent de s'en défaire . Dix-huit fois ils attenterent à sa vie et,
ne pouvant réussir de ce tôte, ils eurent recours à
leur moyen suprême la revolte , et le roi qu'ils
avaient fait par les barricades fut chassé par
les barricades c'était justice

Pendant l'horrible bagarre, les chefs Francs-
maçons, prenant mille précautions pour leurs

tetes précieuses [1] se portèrent au palais Bourbon
pour dissoudre la Chambre et, bien entendu,
pour se partager les ministères du gouvernement provisoire, qu'ils changèrent bientôt en
république, leur maritorne de choix et pour
causes

V A leur appel et malgré leur chantage ef-
fréné, la France terrifiée par les barricades
nomma une Chambre relativement modérée
Deçus dans leur attente et voyant le pouvoir
leur échapper, les Francs-maçons eurent de nouveau recours a l'insurrection pour le ressaisir
Terrible fut la lutte, mais ils furent vaincus.
Alors pour se venger ils portèrent a la présidence, contre leur vainqueur, un de leur plus
fideles coryphees, Louis Napoléon qui profita
tres habilement des terreurs récentes pour leur
échapper et ceindre la couronne sous le nom de
Napoléon III

C'etait encore une conséquence de 1830 puis
que Louis-Philippe avait volé la couronne de
son cousin, le neveu de Napoleon Ier pouvait
bien la voler a son tour On le sait, la France,
demoralisée par ces exemples d'en haut et
d'ailleurs trompée par l'hypocrisie du *carbonaro*,
ferma les yeux et sanctionna tout de son vote.
De Charrybde elle tombait dans Scylla

Comme Louis-Philippe en effet, Napoleon fit

danser nos écus par des bouleversements dans nombre de villes et par des impôts toujours croissants, comme lui encore il fit de belles acquisitions à Londres et ailleurs, comme lui aussi il fomenta les passions pour se rendre necessaire à l'ordre et planter sa dynastie Mais plus méchants que le roi-citoyen, le carbonaro fit plus de mal à l'Eglise en tentant de l'asservir à l'intérieur et en contribuant plus que personne à la faire dépouiller en Italie de son patrimoine séculaire Ce fut lui qui après avoir eloigné ses defenseurs, lança aux ravisseurs ces paroles perfides « Faites et faites vite » Plus contempteur aussi de la vie des hommes et plus rusé, Napoleon escompta largement à son profit notre amour de la gloire en nous lançant dans des guerres terribles Toutefois, grâce à nos victoires ainsi qu'à l'ordre qu'il maintint d'une main de fer, nous reconquîmes un certain prestige au dehors, et au dedans nous atteignîmes une belle prosperité, tant nos ressources sont grandes À cette vue d'aucuns se prirent à rêver des splendeurs antiques Les aveugles ! ils ne voyaient pas que nous côtoyions des abîmes L'empereur, en effet, tout en nous eblouissant de sa gloire ephémère, acquise par notre valeur et non par son épée vierge, nous aliénait d'un côte toutes les puissances par sa morgue et sa politique cauteleuse, et de l'autre, poussé

par les Francs-maçons qui ne cessaient de le
harceler par des menaces, des rumeurs sinistres
et des bombes, il donnait successivement dans
l'unité italienne, dans l'unité allemande et dans
la guerre contre la Prusse, armée jusqu'aux
dents

C'était là sans doute que l'attendaient les sectaires avec des vœux d'autaut plus fondés pour
l'Allemagne qu'ils savaient employés ailleurs
nos millions destinés à l'armée Comment expliquer autrement leur extravagante explosion
de joie à la nouvelle de cette guerre, leurs cris
de trahison lancés partout, leur promptitude à
saisir le pouvoir dans la capitale et les provinces
tout aussitôt après Sedan, les surprises incessantes de nos pauvres soldats, les retards continuels de vivres et de munitions, le scindement
de l'armée de Paladine apres une victoire, la
decoration de Garibaldi qui faisait des vœux
pour la Prusse, les armes prodiguées au Midi et
refusées systématiquement à l'Ouest moins em-
maconne, le gaspillage du blé par le f Ferry au
commencement du siége, les tentatives de commune pendant ce siege, les armes arrachées à
l'armée et donnees a la garde nationale plus
garnie de maçons, l'insurrection terrible de mars
qui en fut la conséquence ? Sur tout cela, l'on
jetait bien, il est vrai, un voile tissé prudem ment
de proclamations patriotiques d'ardeurs belli-

queuses — loin des balles —, de levées en masse, d'exercices sans armes, de mouvements désordonnés de troupe et de mille riens, comme les trous de souris creusés dans l'Ouest pour arrêter l'ennemi, mais que pouvait ce voile, soulevé qu'il était par les ripailles dictatoriales, le pétillement du champagne et la fumée des *cigares exquis*? Comment se soustraire à cette pensée quand on sait que selon le f. Rebold et les efforts de la Franc-maçonnerie tendent constamment à étouffer parmi les hommes les préjugés de caste et de nationalité » c'est-à-dire le patriotisme ? Est-il possible de n'avoir pas plus que des doutes à ce sujet, quand on lit, dans la troisième partie des *Révélations d'un Rose croix*, ces paroles étranges qui expliquent nos victoires passées aussi bien que nos défaites récentes « En 1792 le pouvoir mystérieux, qui faisait manœuvrer les sectaires, avait son siége à Paris, tandis que depuis 1862 il avait élu domicile à Berlin »

Quoi qu'il en soit, malgré des efforts héroïques, l'effondrement fut complet, et le César qui, quand les murmures de la nation montaient jusqu'à son trône, haussait dédaigneusement les épaules en disant « Si les Français m'embêtent je les f en république », s'en allait en Angleterre par l'Allemagne suivi d'innombrables wagons bien remplis tandis que nous, selon sa menace, nous tombions en république, les mains vides

14.

VI Avec un peu de patriotisme, les Chambres devaient aussitôt apres Sedan se hâter de constituer soit un dictateur, a l'instar des Romains quand la patrie était en danger, soit au moins, pour ne blesser personne, un gouvernement provisoire et militaire avec mission de chasser l'ennemi.

Chasser l ennemi, tel était bien le plus presse pour tous les Francais dignes de ce nom, mais non pas pour les Francs-maçons Pour ceux-ci le plus pressé c'est toujours de s'emparer du pouvoir Aussi, des la premiere nouvelle de Sedan, les députés de Paris. tous hauts maçons, se hâterent-ils de courir a l'Hôtel-de-ville pour prononcer la déchéance de Napoléon, dissoudre les Chambres, proclamer la republique et surtout se bombarder ministres C'etait évidemment un crime de lese-nation, capable de paralyser la defense et d autant plus monstrueux que l'ennemi vainqueur accourait sur la capitale Mais que leur importait la patrie à ses sectaires qui ne voient dans elle qu'un « préjugé bon à détruire » ? Ils étaient nantis du pouvoir, ils allaient émarger au budget, y faire émarger leur copins et ripailler a leur aise voila qui vaut mieux que tout pour eux

Alors nous fûmes les temoins indignés d'un spectacle degoûtant au premier chef et inoui dans les annales humaines. On vit accourir de

toutes parts, meme de l'étranger, le patriotisme
aux levres, l'avidité dans le regard, le cynisme
au front, une foule innombrable de personnages,
la plupart inconnus, de toute classe, de toute
profession et de tout âge c'étaient les freres et
amis La plupart, comme des loups affamés,
tournaient autour du gouvernement à Paris
d'abord, puis à Tours et plus tard à Bordeaux,
d'autres, les moins ingambes sans doute, assie-
geaient les préfets dans chaque departement
Que demandaient ces hommes a mine plus que
suspecte malgré leur pretendu patriotisme ? A
s'enrôler sous l étendard de la patrie saccagee ?
à marcher contre l'ennemi ? a le broyer ou a
perir les armes a la main ? Ah bien oui !!! ce
qu ils demandaient, malgre la responsabilité si
grave du moment, c'étaient des places pour être
a l abri des balles, emarger au budget et se
balader, des places pour eux, des places pour
leurs fils ou neveux, des places pour leurs amis,
rien que des places Et dire que la République
les reçut à bras ouverts et s'efforça de les caser
autant qu elle put, les moins peureux dans
l armée et les autres dans les prefectures, dans
les finances, dans les postes, un peu partout,
sans s inquiéter de leur valeur ni de leur apti-
tude ! N'était-ce pas de la folie au moment ou
nous avions le plus besoin de prudence ?

Pour comble de malheur nous n avions a la tête

de ce monde interlope que deux restes de l'antiquité, un avocat de causes véreuses et un acteur
de comédies malsaines : Crémieux et Glais-Bisoin Plus tard il est vrai, sans doute pour com-
pléter le trio, on leur adjoignit, par voie lunaire,
non pas un général energique et capable, mais un
autre avocat, borgne et génois , qui, pour
dominer en maître dans ce conseil suprème, s'at-
tribua trois voix, l'une comme membre du gouvernement, l'autre comme délégue de ce même
gouvernement et la troisieme comme président.
Que pouvons-nous avec cela dans ce moment si
difficile, sinon succomber ? Les Francs-maçons
voulurent-ils nous l'annoncer ironiquement en
décorant leur héros sardanapalesque du titre
pompeux d'Organisateur de la Victoire ? C'est
ce qu'on est en droit de croire quand on connaît
leur habitude invariable de toujours dire le contraire de ce qu'ils préparent Mais ce qu'il y a
de certain c'est que, quand on jette les regards
sur le fouillis inextricable des actes incoherents,
souvent même puérils et contradictoires de ce
gouvernement impossible , on est envahi par
l'ahurissement , et, si l'on veut le caractériser
comme il le mérite, il faut nécessairement l'appeler, sinon le gouvernement de la trahison, du
moins celui de la désorganisation, du gaspillage et de la demence, car ce sont là ses trois côtés
saillants

Évidemment la défense du pays était l'œuvre
capitale du moment. Voyons donc comment
Gambetta l'a dirigée et, pour le faire avec justesse, suivons le document si grave que publiait
alors, dans la Gazette du Midi, un homme fort
Compétent M. Lanfray.

Ce républicain de vieille roche n'hésitait pas
à affirmer que nous étions livrés à des *mains
incapables* qu'il n'était plus *possible* de nier les
fautes commises ; qu'on ne pouvait plus donner
au dictateur de Tours et de Bordeaux le titre
d'*Organisateur* de la victoire sans une cruelle
ironie, que l'on s'était *grossierement trompé* en
confiant la direction de la guerre à un avocat ;
que l'on aurait pu réunir une armée formidable
sans lever *tant d'hommes* pour patauger dans la
boue, que Gambetta avait jeté partout le désordre et la *desorganisation ;* qu'il avait detruit la
confiance du soldat en destituant sans motif et
en réhabilitant sans raison, qu'il avait fait des
chefs d'armée avec des journalistes de *troisieme
ordre*, livré les emprunts à des *aventuriers*, confié
les plus hautes fonctions à des *bohémes* dont la
seule préoccupation était d'émarger au budget ;
qu'il n'a jamais dit la *verité* au pays sur sa propre
situation, que quand il etait forcé de s'expliquer
il le faisait en *dénaturant* les événements de la
façon la plus scandaleuse, qu'il n'avait cessé de
traiter la France comme si elle avait été *affamee*

de *mensonges*, que le régime que nous subissons
était un régime arbitraire d'*impéritie*, de *dissi-
mulation* et d'*impuissance* Puis il résume toute
sa pensée en appelant le pouvoir exercé par
l'homme de la guerre à outrance « *la dictature
de l'incapacité* »

C'était dur et cependant cela ne répond pas
complétement à l'attente de l'homme sérieux qui
voudrait voir le fond des choses, puisque la
libre-pensée du dictateur franc-maçon n'y est
point scrutée Néanmoins passons aux finances
et, pour nous faire une idée nette de leur gestion, prenons, dans le tas des iniquités relevées
par la Cour des Comptes, quelques faits relatifs
aux administrations de Paris, de Tours, de Bordeaux et des provinces

À Paris, d'après la Cour, l'exactitude des états
de présence sous les armes est restée « dénuée
de preuves », et l'on paya 45 000 francs par jour
sans songer aux déductions, bien qu'il y eût un
service central de fournitures pour l'armée, on
laissa, dans la plupart des arrondissements, les
particuliers acheter au *compte* de l'État qui paya
de ce chef, sur mémoires *quelconques*, libellés
par un employé *quelconque* aussi, la somme
énorme de 120 000 000 Quand on parcourt ces
mémoires étranges, on y trouve entre autres
2 981 abonnements à l'*Officiel* et souvent des armes et des habillements de luxe En un mot, le

désordre fut tel que 23 millions sont restés sans aucune justification, et que la Cour ne put s'empecher de gémir sur le choix des fournisseurs, l'exagération des prix et la qualité souvent detestable des marchandises

A Tours et à Bordeaux nous trouvons, avec les memes défauts, un gaspillage encore plus extravagant Là, non content de se faire remettre 18 000 francs de plus que ses appointements et 498 000 fr de fonds secrets, en tout 516 000 fr dont il ne rend aucun compte, le dictateur passe sans cesse des marches tres onéreux, hors de toutes les conditions voulues par la loi. Un jour ce sont des batteries de canon qu'on pouvait avoir a 36 000 francs et payees 95 000, un autre jour ce sont 4 000 000 de cartouches payees 148 francs le mille qu'on pouvait se procurer a 94 francs, une autre fois ce sont 4 500 selles achetées 150 francs l'une, lorsqu'on nous les offrait, tout aussi bonnes sinon meilleures, a 87 fr 50, soit 2 000 000 de trop sur 33 000 selles, une autre fois encore 5 000 000 de cartouches à 148 francs le mille, puis 2 millions a 152 francs, qu'on aurait pu se procurer a 90, soit au moins 400 mille francs de surencherie Pourquoi ces prix si elevés au-dessus du cours reel ? Les Anglais le savent bien eux, puisque M Aspinall declarait en 1872 devant leur Echiquier, que M Gray avait promis *deux cent mille francs de* pots de vin à *Hennacker*, sous-chef du cabinet de Tours ; mais nous qui payons, hélas ! nous n'en savons rien · le gouvernement à bon marché ne le veut pas.

De plus le ministre imbécile ou voleur de ces marches s'était entouré de fournisseurs *spéciaux*, qui le valaient bien. Passons Giacometti, déclaré par la Cour des Comptes débiteur envers le Trésor de 620 000 francs par le fait de ses fraudes, Barthélemy débiteur, pour la même cause, de 564 000 francs, et bien d'autres ejusdem farinæ, pour nous arrêter à Ferrand, l'*ami intime* du dictateur qui, soit amitié soit affaires secrètes, fut le voir jusqu'à Quimper en 1871 et en 1872 Illustre était déjà ce Ferrand · il avait fait banqueroute en Algérie et il venait de consommer sa ruine à Paris Avec de tels titres il fut parfaitement accueilli de Gambetta qui, le regardant « *comme un homme absolument sûr et très désintéressé* »,(Lettre à M. Fredilly, du 4 novembre 1870) lui confia confidentiellement, s'il vous plaît, la haute mission de ravitailler Paris et la France, avec promesse de payement à peu près sans contrôle. Sûr d'être soldé largement, ce filou galonné se mit à l'œuvre incontinent, et déploya si bien ses *talents spéciaux* par des majorations de prix, des retenues sur les marchés et des fraudes de toute nature sur la quantité et la qualité des marchandise, que la Cour a constate pour 900 000 francs de détournements, et que le tribunal l'a condamne a trois ans de prison et à des restitutions fort importantes, qui ne l'ont cependant pas empêché de verser 77 000 fr a la succession Langlois, d'acheter 450 000 francs le silence de Wilson et de jeter, *au nom de sa femme*, 400 000 francs dans l'acquisition et les réparations d'un château pres Quimper.

Le plus étrange dans ce gaspillage inoui, c'est qu'on trouve dans les memoires acquittés un stok considérable d'huîtres, de champagne, de sauterne, de madere, etc , il n'y manque que les cigares exquis Aux curieux qui demanderaient pour qui ces bonnes choses, je réponds que ce n'était pas pour les soldats puisqu'ils manquaient de tout, mais pour ceux qu'on engraissait, et je passe aux administrations départementales

Elles étaient faites à l'image de la principale c'est pourquoi nous y trouvons la meme incurie, la meme avidité, les memes agissements frauduleux, en un mot le meme gaspillage Pour vous en convaincre, lisez la carte suivante qu'il nous a fallu payer pour l antique Phocée Château-Lafitte, Château-Margaux, Château-Larose, champagne, médoc, vermoult, chartreuse, sirops, dragées, punchs, truffes, bombes glacées, cailles, grives, lievres, perdraux, cigares extra, ondres, étoffes pour robes, maîtres d'hôtel, cam-

15

busiers, marmitons, chefs de cuisine, sépulture
du fils d'Esquiros montant pour les gants a
275 francs et pour la cérémonie à 557 francs,
promenades en landeau de la préfete, transports
gratuits à Lyon de la citoyenne Grosbois, à
Tours de Mme Lefevre, à Saint-Marcelin de la
citoyenne Durand, à Cannes de Mme Orsani, à
Avignon de maints amis et de maintes amies,
bien entendu, etc. Là aussi nous trouvons des
semelles de carton et même de tan, des vareuses
de toiles d'emballage, des marchandises détestables payées le double à des fournisseurs toujours d'un talent *spécial* Là encore tous ces employés s'enrichissent la déposition suivante du
colonel Nicolas devant la commission d'enquête
ne laisse aucun doute à cet égard « Tous les
hommes dont je viens de parler, préfet, inten-
dant, délégués et bon nombre de fournisseurs,
ainsi que de nombreux parasites, dont les fonctions sont restées *ignorees* de tout le monde :
tout ce monde végétait dans une position de
fortune plus que médiocre Tous aujourd'hui ont
une fortune que l'on peut, sans crainte d'etre
démenti, qualifier de *scandaleuse*. » N'était-ce
pas là, je vous le demande, un gaspillage étrange, insensé ! Sans doute, il y eut par-ci par-là
des administrations honnêtes, mais ces exceptions aussi rares qu'honorables, sont loin de
contre-balancer la regle.

Cependant, malgré cette guerre contre nos écus, guerre à outrance celle-là et qui n'est pas terminée, la France, plus indignée encore de voir ses provinces envahies, ne marchanda au dictateur ni son obéissance, ni son or, ni son sang sublime fut son patriotisme. Les séminaristes, les Frères et les Sœurs de tout ordre envahissaient les ambulances, les prêtres et les religieux bravaient, comme aumôniers, les balles et les boulets sur tous les champs de bataille, de toutes parts les étudiants ecclésiastiques et laïcs accouraient spontanément aux armes, des hommes de toute condition et de tout âge abandonnaient, qui son château, qui sa chaumière, qui sa vieille mère, qui sa jeune famille pour la vie des camps, des foules innombrables, mal armées, mal vêtues et mal nourries, appelaient de tous leurs vœux l'ordre de marcher contre l'ennemi Mais hélas ! que pouvaient ces soldats de quelques jours, souvent mal dirigés, contre de vieilles troupes parfaitement disciplinées et savamment conduites ! Malgré des efforts héroïques nos armees furent broyées à l'Est, au Midi, à l'Ouest, au Nord, partout, et la capitale fut forcée de se rendre faute de vivres complete fut la débâcle !

Apres ces désastres universels, c'eût été folie de continuer la lutte. Cependant il se trouva des hommes assez stupides pour jeter à tous les vents ces paroles insensées, « Guerre à outrance jusqu'à la mort. » Quels étaient donc ces hommes que tant de défaites ne pouvaient émouvoir ? Hé ! c'etaient ces ripailleurs que nous avons vu envahir toutes les places et à leur tete le *fou fu-rieux* qui trônait à Bordeaux, loin de l ennemi. Et pourquoi, puisqu'ils ne se battaient point, clamaient-ils ainsi la guerre a outrance ? C'est qu'ils voulaient prolonger leur orgie cynique. Peut-etie aussi craignaient-ils que la France, dont ils apercevaient l indignation à travers la fumee du champagne, ne fût encore assez forte pour les rejeter avec dégoût

Heureusement, leuis vœux stupides ne furent point exaucés un armistice fut conclu La France, appelée a constituer un gouvernement, justement indignee du passe, instruite d'ailleurs par ses désastres récents, souleva avec énergie des montagnes d entraves jetées sur sa libeite, et nomma une Chambre, dont la majorité etait non seulement conservatrice, mais encore monarchiste

Libérer le teriitoire, iegler les comptes de la campagne et constituer la monarchie tel était le triple mandat que l'Assemblee Nationale avait reçu du suffrage universel Malheureusement des le principe elle posa deux obstacles a l'accomplissement de ce mandat en maintenant la Republique et en appelant Thiers à la présidence. Ce president etait un franc-maçon des plus

Égoïstes, qui aimait sa secte plus que la patrie, mais qui mettait sa petite personnalité bien au-dessus de l'une et de l'autre Aussi son premier soin fut-il d'appeler dans les ministeres, non pas des monarchistes comme le voulait le dernier vote universel, mais des Francs-maçons, républicains comme lui Jules Simon, Jules Favre, Jules Grévy , puis, rêvant le rôle de Wasingthon, il déploya toutes ses ruses pour diviser afin de régner, flattant tour à tour l'ambition des Orléanistes, des Napoleoniens et des Francs-maçons rose-tendre, sur lesquels il comptait s'appuyer

Alors les Maçons liberaux de la bourgeoisie, espece de Girondins dits conservateurs parce qu'ils possedent, mais capables de tous les errements et de tous les crimes, parce que pour eux les principes ne sont que des *balançoires* et que, comme disait hier Ferry « la gymnastique est la base de tout », entrerent en liesse d'un bout de la France à l'autre ils possédaient enfin le pouvoir tant désiré. Il n'en fut pas de même des Francs-maçons avancés et surtout des internationaux qui avaient encore pour chef le prussien Karll-Marcx Au contraire ceux-ci, déjà fort irrités de leur insucces aux élections, devinrent furieux en voyant arriver au gouvernail les bourgeois dont ils convoitaient la fortune, comme autrefois celle des nobles C'est pourquoi ils résolurent d'établir à main armée la Commune, leur gouvernement de choix à eux. L'occasion du reste était des plus favorables, puisque, grâce à l'idiot ou complice, Jules Favre, les soldats avaient rendu leurs armes et qu'eux, ils avaient conservé toutes les leurs.

Alors on vit ces tartuffes fieffés, qui font un crime impardonnable aux Jésuites d'avoir leur chef à Rome, ville neutre, se lever comme un seul homme sur un signe de leur chef de Berlin, Karll-Marlcx, et faire contre leur patrie désarmée, sous les yeux de l'ennemi vainqueur, une Fnsurrection formidable, sauvage. Dix mille francs-maçons de 62 loges de la capitale se joignirent, enseignes déployées, aux internationaux et, de concert avec eux, lancèrent par ballon à tous les Maçons de France un appel terminé par ces mots incendiaires « Vivent les communes de France fédérées avec celle de Paris » (Davesnes, t m. VIII) Épouvantable fut la lutte. nos soldats indignés déployèrent une intrépidité de héros ; les Francs maçons montrèrent une fureur qui tenait de la sauvagerie. Ils furent culbutés cependant, non sans peine, et chassés de barricade en barricade Et, quand tout espoir fut perdu, leurs chefs, toujours lâches et cruels, loin de se jeter dans la mêlée furibonde, donnèrent, par une rage inouie, l'ordre de mettre le feu aux quatre coins de la ville pétrolée et se hâtèrent de fuir au travers des lignes prussiennes, laissant comme toujours leurs pauvres dupes étendus morts sur le pavé sanglant ou dans les fers

Alors les flammes dévorantes du pétrole montrerent dans toute son horreur l'abîme révolutionnaire ou Satan, le jaloux furieux, veut précipiter les nations A ces lueurs sinistres, on dut comprendre combien sont coupables et les hommes et surtout les gouvernements qui se font ses complices Certes, il y avait dans ces flammes ardentes assez de lumiere pour faire voir a ceux-ci que l'un de leurs plus grands devoirs c'est d'eloigner le plus possible leur peuple de cet abîme dévorant Beaucoup cependant ne le comprirent pas, et de ce nombre fut notre Assemblée nationale

Elle etait alors occupec de la libération du sol, qui était urgente Elle s'en tira tant mal que bien et son vaniteux président, sans craindre le ridicule, essaya de prendre le titre de Libérateur du territoire

Venait ensuite la seconde partie de son mandat le règlement des comptes L'Assemblée ne pouvait guère qu'y toucher les ministres étaient ceux du 4 septembre ou leurs cosectaires, certains princes, qui espéraient un escamotage de la République en leur faveur comme en 1830, tenaient à se montrer bienveillants, même en-

vers les filous, au risque d'etre mauvais Français.
C'est pourquoi l'Assemblée se contenta d'effleu-
rer les comptes, elle fit quelques exemples parce
que c'était nécessaire, mais ce fut tout. La justice humaine, dit-on, ressemble aux toiles d'a-
raignee qui arrêtent les petites mouches et laissent passer les grosses, on dit même que sur
mer les grands pirates sont honorés. Helas! il
en fut de meme en France, autrefois la terre
classique de la justice.

Restait la troisième partie du mandat imposé
aux deputes la restauration de la monarchie
traditionnelle, puisque le suffrage universel s'é-
tait prononcé dans ce sens. C'était d'autant plus
urgent que la France était aux abois et que pour
sauver une nation il faut avant tout un bon
gouvernement, comme pour sauver un navire en
péril, un bon pilote. Cependant on remit le plus
possible cette affaire capitale, sous le prétexte
fallacieux d'y préparer la France, mais en réalité pour l'en dissuader et disloquer la majorité
monarchiste de la Chambre. Voici le fond des
intrigues qui amenerent une solution toute opposee aux vœux du dernier suffrage les Orléanistes revaient un escamotage comme en 1830,
Thiers les encourageait, tout en visant à la république dont il esperait la présidence ; tous
les Francs-maçons secondaient intrépidement le
petit bonhomme, mais plusieurs faisaient en

secret leurs réserves sur la présidence Par suite
de ces vues divergentes, le denouement voulu
par Thiers se faisait attendre. Dans son impa-
tience, le petit Machiavel tenta de l'obtenir de
haute lutte en proposant sa démission. Alors il
fut pris dans ses propres filets, car les Orléanistes et les Francs-maçons, craignant sans
doute ses ruses, s'entendirent pour le remplacer
par un loyal Soliveau, afin de poursuivre leurs
plans, sans souci ni des vœux ni des intérêts de
la France. C'est pourquoi quand la demande de
la monarchie fut posee par les légitimistes impatients, seuls restés fideles a leur mandat, tous
les intrigants ci-dessus s'entendirent, comme
larrons en foire, pour écarter le roi, sous le prétexte futile de conserver le drapeau maculé des
couleurs révolutionnaires Plus tard, voyant
l'impossibilité de réaliser leur escamotage, pen-
sant d'ailleurs que, si la France regimbait comme
d'habitude sous la république, ils pourraient la
capter avant qu'elle eût remonté jusqu'à son roi,
les Orléanistes se laissèrent fasciner par les promesses mensongeres des Francs-maçons et con-
sentirent en partie à voter pour la république,
qui fut maintenue, ou plutôt légitimée par une
voix plus ou moins authentique de majorite.

Dans ces circonstances graves, le devoir impérieux des princes du sang, dont le patriotisme
ne devrait jamais faillir, était sans contredit

d'user de toute leur influence pour rétablir la royauté traditionnelle Parmi eux il y en eut, et a leur tête le comte de Paris, qui comprirent leur devoir et l'accomplirent dans la mesure de leur influence Honneur a eux, et que Dieu leur rende ! Mais les autres? Ah ! les autres, comme leur pere en 1830 et leur aieul en 93, ils se firent les complices des liberaux, nos pires ennemi, et les leurs Ils avaient l'âge cependant, ces princes, de prévoir les suites terribles de leur trahison ! N'avions-nous pas déjà que trop souffert de la revolution par le fait de leurs ancêtres ? Fallait-il encore que par leur connivence nous fussions jetes dans cet abîme ou nous pouvons perir ? Sont-ils donc assez peu francais pour dire « périsse la patrie plutôt que notre ambition ? » Je ne sais, mais ce que je sais bien, c'est qu il est, grâce à Dieu, des Bourbons plus français qu'eux par le cœur, c'est que la France honnete ne ratifiera jamais une dynastie orleaniste qui serait son haut mal, c'est que, par suite, il n'est que temps pour ces princes, s ils veulent recouvrer leur prestige perdu, de revenir a une ligne de conduite plus correcte, plus conforme au droit, plus chretienne et plus française

VII — Pour se faire légitimer, la Republique avait fait de nombreuses promesses c étaient des places pour ses auteurs, pour tous la liberté, l'égalité, la fraternité, une foule de droits, la paix à l'intérieur comme à l'extérieur, le relevement de l'agriculture et du commerce, un gouvernement à bon marché, etc , etc Voyons d'abord comment elle remplit ses promesses ; nous passerons ensuite, pour l'apprécier à sa valeur, à la maniere dont elle nous régit c'est à l'œuvre qu'on juge l'ouvrier

Tout d'abord, nous sommes obligés d'avouer qu'elle n'a pas montré pour les libéraux qui l'ont légitimée tous les sentiments des enfants biennés Tous en effet, n'ont pas reçu les places promises Ceux-là sont ses premieres victimes et ce n'est pas dommage Ceux qui ont reçu leurs trente deniers le seront a leur tour, car on les chasse dejà comme de faux frères Les uns et les autres risquent bien de l'être davantage, plus tard, à cause de leur fortune que convoitent les *nouvelles couches* sociales, élevées sans Dieu à dessein Ils verront alors, mais trop tard, tous ces libéraux, que leurs balancoires sont pernicieuses au possible, et qu'il n'y a que les principes à pouvoir garanir l'ordre

Bien avant 1789, nous jouissions d une foule de libertés précieuses de la liberté civile et religieuse, de la liberté de choisir nos députés et nos maires, de la liberté d'association, des libertes relatives à la personne, a la propriete et au domicile Aujourd'hui, malgré mille et une promesses, toutes ces libertés sont mutilées ou détruites. On malmene de toutes manieres les chrétiens, les bonapartistes, les legitimistes et tous ceux qui ne vociferent pas le sang impur, en attendant le moment de les supprimer Quand nos élus ne plaisent pas, on invalide les uns et l'on révoque les autres, il est permis de s'associer avec Constans pour son commerce *odorifere*, mais non pas avec un religieux pour chanter les louanges de Dieu, ou gare aux *crocheteurs;* il est encore permis de faire l'aumône, mais il faut que ce soit par des laics, des laics athees, sans quoi, l'on est réactionnaire et traité comme tel, nous ne pouvons compter sur la liberte personnelle ni sur celle du domicile, puisqu'on saisit chez eux les personnes les plus inoffensives et qu'on les jette a la porte, c'est à peine s'il nous reste la liberté d'etre republicains, chacun a sa guise, puisqu'il faut suivre la couleur du jour changeant chaque matin, sous peine d'etre épure, conspué. A la place de ces libertés chéries, désormais perdues, quelles sont celles qu'on nous octroie? Je n'en connais qu'une qui soit entière, c'est celle d'etre pornographe, c'est-à-dire un os delaissé des Chiliens Est-ce assez dérisoir, apres avoir tant promis !

Bien avant 89, nous jouissions de l'égalité devant Dieu, notre créateur, de l'egalité devant la loi, notre regle et de l'égalité pour l'acces aux

emplois publics que nous soldons Hélas ! elles
ont vécu, ces égalités, et nous devons en faire
notre deuil Les rapports publics avec Dieu sont
supprimés et les autres, persifflés , ceux qui in-
voquent la loi sont bâillonnés par des arrêtés de
conflit et beaucoup de ses violateurs sont de-
corés , on enleve les places à toutes les couleurs
pour les donner à la rouge, autant que possible
aux Francs-maçons, qui sont de nouveaux nobles,
plus privilégiés que tous les autres Bientôt il n'y
aura plus en France que des consommateurs
et des consommés, des Francs-maçons et leurs
esclaves, des Peaux-Rouges et leurs victimes

Autrefois nous avions la fraternité humaine
pour fomenter l'union des citoyens et des peuples, et, pour relier la terre au ciel, la fraternité
divine si consolante pour les pauvres et si avan-
tageuse pour tous Eh bien ! ces fraternités ne
sont plus la première est tombée sous ce cri
sauvage · « Voilà l'ennemi », la seconde s'éteint
forcément, puisqu'on rejette l'Eglise qui l'engendre et la développe Nous n'avons plus que
la fraternité des fauves avec sa loi de jalousie
féroce · « Ote-toi de la que je m'y mette. »

Plus grande encore est la mystification au sujet des droits promis avec tant de fracas Les
anciens droits ne sont plus que des fantômes
sans consistance , des souvenirs ! Qu'est notre
droit principe à Dieu et à la religion avec notre

gouvernement athée, ses lois impies et sa police
jalouse? Qu'est le droit de propriété si nécessaire
à l'independance avec les décrets passés et futurs
du premier ministre venu ? Que sont les droits
de la famille avec le mariage civil, le divorce et
l'amour libre ? Que sont les droits du père sur
ses enfants et sur leur éducation avec la Republique qui les revendique comme *pupiles* (Ferry,
13 juillet 83), et qui leur impose sa loi scélérate?
Qu'est le suffrage universel lui-même avec l'armée des salariés et les invalidations cyniques?
Que sont du reste tous nos droits en présence
d'un gouvernement despotique et jaloux, qui
peut les anéantir tous quand il le voudra En
attendant si nous cherchons les droits tant promis, à part celui d'etre républicain qui est vieux
comme le monde, nous n'en trouvons qu'un
seul celui d'être pornographe et de porter son
embleme, le *cochon d'or*. Est-ce assez pour notre
chere France, autrefois si fiere? Et quels attraits
peut avoir pour nous ce droit ignoble, dédaigné
des barbares? Aucun Aussi, j'ai hâte de le dire,
s'il est quelques personnes assez dépravées pour
en profiter, l'immense majorité des Français
le repousse avec indignation Et cette indignation est d'autant plus grande qu'au lieu
des droits qu'on promettait sur tous les tons,
on nous charge d'obligations dont on ne disait
mot Bien qu'on le cache, c'est là cependant

qu'il y a progrès sur progrès, car l'on ne se contente pas d'aggraver les anciennes obligations,
notamment celle du service militaire étendu à
tous, et celle des impôts qui vont toujours en
croissant, on en crée à chaque instant de nouvelles. Telles sont et l'obligation de faire visi-
ter les morts, et celle de déclarer les chevaux,
les mulets, les voitures, et celle d'envoyer les
enfants à l'école de 6 à 13 ans, et celle de feter
les assassinats du 14 juillet, etc Que sera-ce
dans quelques années pour peu que la fabrique
continue ?

Tous les gouvernements qui veulent s'im-
planter en France ont soin de promettre la paix,
sachant que la nation, quelque guerriere qu'elle
soit, la désire ardemment; mais c'est autre chose
quand ils sont établis . ils accomplissent cette
promesse chacun à sa maniere Nous connais-
sons celle de Napoléon qui avait dit « l'empire
c'est la paix, » voyons celle de la République,
elle mérite une mention toute spéciale, comme
nous allons le voir

Nos plaies de 70-71 n'étaient pas encore fer-
mées que déjà la République essayait, par son
leader du jour, de nous jeter secretement avec la
Grece contre la Turquie ; nous n'échappâmes à
cette guerre que par suite d'indiscrétions qui
souleverent une répulsion générale Quelque
temps apres, des Kroumirs ayant tué un homme

et commis quelques deprédations sur nos fron-
tieres , la Republique saisit avidement cette
occasion, non pas pour declarer la guerre puisque nous n'en voulions point, mais, ce qui etait
plus sûr, pour la commencer tout en le niant
par ses ministres et 'préfets jusqu'au moment
critique de Rabelais. Est-ce rassurant pour l'a-
venir ? Qui nous assure que le *Moniteur* ne nous
annoncera pas demain que nous devons faire
face à une autre guerre bien plus formidable.
entreprise pour quelques méfaits ? Ce qui est
certain, c'est que cette guerre ne suffit pas aux
goûts plus cupides encore que guerriers de notre
gouvernement actuel Aussi, quand arriverent
les troubles de l'Égypte, en profita-t-elle avec
prestesse pour nous demander des fonds afin de
nous tenir prêts a tout évenement. C'en était
fait de la paix, si la France, apercevant le
piege. n'avait fait entendre d'immenses récla-
mations qui empecherent nos députés, prudents
pour leur mandat, de voter ces fonds La Répu
blique déçue dut se résigner, tout en jurant de
se rattraper a la premiere occasion. Elle n'attendit pas longtemps, car survinrent comme à
souhait les affaires du Tonkin et de Madagascar.
Alors elle devait, semble-t-il, demander une forte
expédition pour tout remettre à place en quelques mois , mais c'eût éte s'exposer a un refus,
prendre sur elle tout l'odieux et limiter trop le

temps des pots de vin C'est pourquoi elle résolut
de recourir a son arsenal de ruses pour commencer la guerre en secret · c'était beaucoup
plus sûr et plus commode Si la France se plaint,
Ferry est là pour dire « Nous ne sommes pas
en guerre *puisqu'elle n'est pas declaree;* » si l'on
a besoin d'argent, on surrexite notre amour
propre par un échec de quelques soldats devant
des forces superieures , quand le ministere est
menacé, quand les elections approchent, on
mande une victoire ou un traite de paix par te-
légraphe de cette maniere, la guerre se pro-
longe ainsi que les pots de vin Quelle colossale
mystification chez le peuple *spirituel*, dans le
siecle *des lumières* et de par *la République.* Toutes les nations en font leur risée et nos neveux
n y voudront pas croire tant c'est comique ,
tragique et monstrueux. Et, comme si ce n'e-
tait pas assez de ces guerres lointaines, on a
voulu la guerre intérieure. Gambetta l'a declarée,
celle-là, par ces paroles « Voila l'ennemi, » lancées contre les catholiques, et on l'a faite ardente,
implacable Pourquoi cela, puisque les catholiques sont toujours et partout les plus intrépides
defenseurs de leur patrie ? Parce que la République ne respire que la guerre , parce que, s'il
n'y a pas ici possibilite de pots de vin. il y a des
religieux à spolier, et puis l'Eglise, et puis des
propriétaires, parce qu'il v a de plus des im-

piétés et des sacrileges à commettre au risque
d'attirer sur nous les rigueurs de la justice divine Helas ! helas ! Dieu veuille épargner notre
pauvre France, plus exploitée que coupable !

La République avait surtout fait de magnifiques promesses aux ouvriers et aux laboureurs.
Etait-ce pour les capter ? c'est d'autant plus
probable que depuis qu'elle est au pinacle, elle
ne fait rien pour eux et qu'au contraire elle ne
tend, par ses doctrines comme par ses actes,
qu'à les ruiner et à les démoraliser

Aux premiers, il faut du travail pour gagner
leur existence, la vie à bon marché pour élever
leur famille, la liberte d'association pour défendre
avec efficacité tous leurs intérets, la bonne entente avec les patrons pour en obtenir du travail, et la religion pour les consoler, les fortifier
et les moraliser Eh bien ! à part le travail dont
on se préoccupe un peu, on ne leur donne rien
de ces grandes choses La vie devient de plus en
plus cherc par suite des patentes, des impôts et
des grevements de toutes natures, sur les den-
rées , la liberte d'association est restreinte , elle
etouffe sous des formalités jalouses, au lieu de
favoriser l'entente avec les patrons, on souffle la
haine par des syndicats speciaux, des theories
anti-sociales , et ceux-ci, mecontents, retirent
leurs capitaux du commerce , on eloigne de la
religion si bienfaisante, si nécessaire, et l'on

pousse vers le vice qui ruine bourse et santé. Quant à l'assistance publique, ses frais doublent, triplent même , mais ce n'est pas pour les malheureux, car il est tel numéro de l'hôpital qui ne voit pas de viande et qui en consomme trois kilos, tel autre qui pour 2 cuillerees de banyul en boit 2 litres, tel autre qui pour un bol de bouillon en ingurgite 6 litres et pour un peu de lait, 12 litres (chiffres officiels de 83) Pour qui donc ce surcroît de dépenses ? mais c'est pour les amis du *farniente* et de la bonne chere, les amis et les amies de la rue   les infirmiers laics. Comment avec cela les pauvres ouvriers ne se plaindraient-ils pas ? Ce qu'il y a de pis, c'est qu'on peut profiter de leur exaspération pour les lancer dans un bouleversement dont ils ne recueilleraient, comme toujours, qu'un surcroît de misères

Toutefois les plus maltraités de tous, ce sont les laboureurs Non seulement on ne fait rien, absolument rien pour eux , mais encore on les greve impitoyablement de plus en plus par les impôts directs et indirects, par des corvées pour eux, leurs chevaux, leurs mulets et leurs voiture, et, malgré l'avis de 400 comices, par le libre échange qui les livre sans défense à la concurrence étrangere, moins imposée Rien n'emeut le gouvernement, ni le désespoir des petits propriétaires qui vendent leur patrimoine, ni la

ruine des fermiers, ni l'aspect des cultures aban-
données, ni la désertion des campagnes Aux
plaintes ameres, innombrables, des pauvres laboureurs, il répond cyniquement par un ministre « Nous ne pouvons rien pour vous, vous êtes
trop nombreux, » et, tout en continuant de les
grever de plus en plus, il déploie mille ruses
pour les eloigner de la religion et les plonger
dans le vice, comme les ouvriers, afin qu'ils
soient plus tôt mûrs pour la honte et l'esclavage.
N'est-ce pas abominable ? Certes, je plains, plus
qu'on ne saurait croire, ces bons, trop bons laboureurs, et cependant, je ne puis m'empêcher
de dire qu'ils ne sont pas sans faute car s'ils
voulaient d'un côte relever le gant des politiciens en leur disant · « Vous êtes trop nombreux, nous ne voulons plus vous engraisser ; »
et de l'autre se concerter pour porter au pouvoir
des citoyens chrétiens et honnêtes comme eux,
ils formeraient, sans peine, parce qu'ils sont le
nombre, un gouvernement plus équitable, et dès
lors, économes et laborieux comme ils sont, ils
ne manqueraient pas d'acquerir une grande aisance

Mais ce qui a le plus fasciné les bons Francais, c'est sans contredit la promesse d'un gouvernement de tous, par tous et à bon marché,
s'il vous plaît Cette promesse, chantee sur tous
les tons et portee par tous les zephyrs, a-t-elle

éte tenue du moins ? Comme les autres absolument, puisque c'est l'habitude invariable des
Francs-maçons de faire le contraire de ce qu'ils
promettent En effet, pour obtenir une place
dans ce gouvernement, soi-disant par tous, il
faut absolument etre républicain voilà ce que
proclament le ministre Ferry, le prefet Catusse,
le maire Ferry, tous nos maîtres Souvent meme
cela n'est pas suffisant, il est plus sûr d'etre
Franc-maçon, c'est-à-dire, révolutionnaire, car,
sans cette flamme rouge, on n'obtient pas grand'-
chose et l'on risque d'etre epuré tôt ou tard.
Croyez-le bien, si l'on émonde si fréquemment
l'abre gouvernemental, c'est surtout pour abattre les branches encore saines et les remplacer
par d autres plus imprégnées de virus revolutionnaire On y tient tellement que, quand le
suffrage éleve un citoyen qui n'est pas tel, on le
brise aussitôt qu'on le peut soit par invalidation,
soit par révocation, soit par tout autre moyen.
Non, jamais l'on ne vit partialité plus révoltante,
plus impitoyable

Avec un tel monde on devrait, ce semble, avoir
du bon marche ou jamais Ah bien, oui ! moins
ça vaut plus c'est cher. Le traitement des employes monte sans cesse, monte toujours, il etait
déjà de 253 millions en 1871, aujourd'hui il est
de 373, c'est-à-dire de 120 millions de plus. Et
ce n'est pas le dernier mot, car c'est un gouffre

qui va s'élargissant à mesure qu'on y jette. Si l'on joint à ces 120 millions les surcroîts de dépenses pour l'assistance publique laicisée, pour les retraités avant l'âge et les rentiers du 2 décembre, pour les employés communaux et leurs gratifications, pour les apothéoses révolutionnaires, les voyages politiques et la fete du 14 juillet, on arrive amplement au chiffre énorme d'un milliard Un milliard par an quand c'est moins bon, disons le mot, qu'and c'est plus mauvais, est-ce bon marche ? Le croire serait une stupidite sans pareille, le dire est une duperie sans nom. Il est vrai qu'on promet toujours des dégrevements, mais ce n'est pas meme a la façon du barbier de Seville qui avait pour enseigne. « Aujourd'hui l'on rase pour de l'argent, demain, pour rien », car demain ce sera plus cher

Cependant il est une duperie plus colossale encore c'est la promesse des millions de fois repétee d'une republique aimable en tout et pour tous Voyons, est-ce aimable ces décrets pour crocheter aujourd'hui les religieux et demain les riches, ces épurations incessantes pour demolir l'administration, la magistrature et l'armee. ces invalidations perpetuelles pour inoculer le virus revolutionnaire au suffrage lui-meme ? Est-ce aimable encore ces arretes de conflit qui baillonnent la justice, ces guerres sans fin qui font couler l'or et le sang et provoquent l'anarchie, ce libre échange stupide qui ruine l'agriculture et le commerce, cet agiotage effrené qui dépouille sans misericorde les petits rentiers, cette chasse infâme au Christ et aux religieux dont nous avons un besoin absolu, ces écoles impies qui violent les droits sacrés des peres et meres, ce divorce légal qui livre la famille aux fureurs des passions, cette propagande révolutionnaire qui nous attire l'animadversion de tous les gouvernements ? Et ces obligations nouvelles, ce service militaire pour tous, ces clefs d'église et non de clubs données au maire, ces changements perpétuels, ces pots de vin et ces concussions partout, ces hurlements d une chambre ahurissante, et l'immunité de ses Cazot, ces assommoirs encourages et cette parnographie encombrante, ces vociferations de sang impur et cette cohue autour d'un char royale espagnol, ces crimes progressifs et ces greves avec dynamite, et ces mugissements de la révolution affamée... est-ce aimable tout cela ? Non certes, bien au contraire Ainsi donc ici, comme partout du reste, il y a fumisterie, fumisterie complete on ne se contente pas de manquer aux promesses, on va contre autant qu'on le peut

Mais, quel est le but de ce machiavelisme endiablé ? Le but, c'est de jeter, sinon dans l'anarchie, au moins dans l'esclavage, l'humanite toute entiere Par ces duperies on avait reussi dans les temps antiques, on espere bien réussir encore de nos jours A vrai dire c est tres possible, car, sans l'Eglise, cette pauvre humanite est toujours la même au fond, elle tend toujours les mains aux chaînes qu'on lui presente au nom du bonheur. Ce qui le prouve sans conteste, c'est le stok considerable de bourdes grossieres qu'avale sans sourciller, en plein 19e siecle, le peuple le plus spirituel du monde A elle seule donc, quels que soient ses prétendus progres, cette pauvre humanite dechue ne peut manquer de succomber à tant de ruses, et, si elle veut échapper a l esclavage des satellites de Satan, elle n a qu'un moyen, c'est de revenir à l'eglise qui l'a delivree et qui seule est toujours, grâce a Dieu, le boulevard invincible de la liberte par cela meme qu'elle est celui de la verite Véritas liberabit vos.

Maintenant voyons ce que fait la République, sur tout ce qu'elle fait pour le bonheur de la France Ici, je ne puis etre long parce que j'ai touché déjà la plupart de ses actes et que ce ne serait pas prudent avec le peu de liberté que nous avons Je serai donc court, persuade d'ailleurs que, puisqu'il s'agit de faits actuels, le lecteur peut de lui-meme suppleer au deficit

Appeler a la curée tous les F. maçons, jouir à outrance, démolir toutes les forces vives de la France, la ruiner a fond et l'abrutir entierement.

telle est l'œuvre, néfaste à jamais, de cette République maçonnico-juive

Pour elle tous les F maçons sont des hommes parfaits, des génies, et les autres citoyens ne sont que des vauriens, des nullités Aussi, pour écarter ces derniers des emplois publics et les remplacer par des F. maçons mâles et femelles, n'est-il rien qu'elle ne mette en œuvre Par la guerre perpétuelle on ouvre en leur faveur un vaste champ pour les ambitions incapables, pour les pots de vin et tous les commerces véreux , par la laïcisation des hôpitaux on met à garder les malades et leurs rations un tas de fruits secs des loges, qui ne respirent que la bonne chère et les plaisirs et qui fileront devant n'importe quelle épidémie ; par celle des écoles on donne à la jeunesse des instituteurs sectaires plus zélés pour la politique que pour la science, et des institutrices, souvent emmaçonnées aussi, qui sont plus éprises du monde que de l'instruction et dont « Trois mille demandent déjà leur inscription à la police des mœurs « (Sénat 17 juil 84) Les épurations, les invalidations et les révocations qui ne cessent de sevir, n'ont souvent d'autre but que de caser des freres et amis , il est meme certaines administrations ou le directeur, comme M. Smerl., ne prend ses recrues que dans les loges. C'est au point qu'actuellement il serait fort difficile de trouver dans l'administration un

agent qui n est pas F Maçon Tous, ou à peu
pres, depuis le président jusqu'au dernier mar-
miton de l'Etat, sont des sectaires

Les F Macons donc, telle est la nouvelle noblesse du jour au blason pornographique, devant
laquelle disparaissent toutes les autres. Jamais
caste ne fut si privilegiee aupres d'elle tous les
Francais, de quelque rang qu'ils soient, ne sont
que des *Vilains imposables et corveables*, qu'on
jette sur le pavé quand il plaît, et qu'on doit
surveillei jusque dans l'education de leur progé-
niture Et cependant jamais non plus caste ne
fut si nulle ni si tarée depuis 12 ans, malgré
ses appels a tous ses adeptes du monde, elle n'a
pas produit un seul homme de valeur, et il n'y
a pas de crime qu'elle n'ait commis, comme il
n'y a pas de honte qu'elle ait assumée dans ce
siecle, assez niais et assez corrompu pour la subir

Nul ne l'ignore le plus grand souci de notre
Republique c'est de satisfaire les trois grandes
passions de l humanite dechue la triple concu-
piscence des honneurs, de l'or et des plaisirs
sensuels La est toute son ardeur jouir, jouir
encore, jouir toujours , et cela n'est pas etonnant
puisque, aux yeux des athees, il n'y a point d'éternité et que gouverner, c'est exploiter les brutes
humaines Aussi voyez ces attentats contre nos
forces vives, ces ievocations incessantes, ces

divisions s'élargissant toujours, ces lois existantes, ces décrets despotiques, ces laïcisations
haineuses, ces apothéoses sans raison ni fin .
c'est pour dominer Voyez aussi cet empressement
febrile à voter, presque sans discussion, toute
creation de place, toute contribution nouvelle, tout
emprunt, tout supplement de crédit, toute aug-
mentation de budget   c'est pour exploiter.
Voyez enfin cette rigolade immonde du 14 juillet,
ces banquets sans desemparer, cette assiduité
de nos élus dans les buvettes des Chambres dont
nous portons les frais, ces instituteurs qui se
prélassent dans les cafés, ces institutrices fleuries
qui s'en vont, avec billet gratuit, aux bals ou pis
encore . c'est un aperçu de la jouissance

En somme la Republique s'occupe fort peu de
la France Il y a bien l'expédition des affaires
courantes, laquelle est inébuctable , mais le bonheur, mais le relevement moral et matériel, mais
le commerce et l'agriculture et toutes ces grandes choses qui constituent le bien-etre et la
puissance, on les laisse à l'écart

Sans doute, pour parvenir, les candidats ne
manquent jamais de faire en ce sens les plus
magnifiques promesses, mais une fois élus, c'est
autre chose Alors c'est a peine s'ils prelevent, sur
le temps parlementaire, quelques semaines quand
il faudrait des mois pour fixer notre monstrueux
budget, l'affaire importante cependant , le reste,

ls le passent en compétitions politiques pour s'arracher le pouvoir. . et les écus Quelques places suffisent, nous dit le jeune ministre breton fourvoyé, pour apaiser les plus matamores. Quelle réticence cynique !

Les ministres, que le flot victorieux du jour éleve au pinacle, sont à l'avenant ils ont assez de se maintenir par le chantage et la platitude Ils sont emportés, sans avoir rien fait de sérieux, des qu'ils veulent résister au flot démagogique, et remplacés par d'autres qui courbent l'échine sous le même joug despotique et subissent le meme sort Que pourraient d'ailleurs pour le bonheur de la France, ces fruits secs de la politique ? Les ouvriers de Babel avaient du moins un fondement solide le roc , nos republicains modernes n'ont même pas cet avantage puisqu'ils rejettent Dieu, qui est la pierre angulaire de tout ordre et de tout bonheur Aussi, sont-ils condamnés à bâtir sur le terrain essentiellement mobile des intérêts matériels et là même, parce qu'ils n'ont que des balançoires au lieu de de principes. ils sont saisis nécessairement par la confusion de Babel. Voilà pourquoi ils démolissent aujourd'hui ce que leurs prédécesseurs avaient construit hier, comme demain leurs successeurs démoliront ce qu'ils font aujourd'hui. Il n en peut etre autrement au reste, puisque, excepté pour détruire, ils ne sont d'accord sur rien et qu'ils changent à chaque, instant d'avis Ne savons-nous pas que Grévy qui ne voulait pas de la présidence autrefois, en fait aujourd'hui son idole ? N'avons-nous pas vu la Chambre se déjuger le 26 septembre 1881 en quelques heures ? Ne voyons-nous pas à chaque instant nos ministres changer d'avis avec les Chambres et se consoler de leurs taloches et de leurs gifles en emportant leurs portefeuilles, absolument comme des bouffons de théâtres forains.

Quant au président, il s'occupe bien d'économie privée, de queues de billards et de lapins il signe même les yeux fermés, les décrets de grâce ou de disgrâce qu'on lui présente ; mais il ne se mêle pas de diriger le grand vaisseau dont il est le pilote nul au milieu des brisans. Il n'a rien dit des affaires de l'Algérie de l'Egypte, du Tonkin, ni de Madagascar ; il ne dit rien non plus de celles de l'intérieur ou nous subissons tous les caprices de la coterie ministérielle dominante et changeant a chaque instant. C'est sage pour lui, car, s'il voulait diriger, il se fesait briser comme Thiers et Macmahon, tandis qu'en ne faisant rien il peut continuer en toute sécurité de soigner sa chere pelote, mais est-ce montrer de l'intérèt, du dévouement pour la patrie qui s'en va à la dérive !

Qui dirige donc dans cet étrange gouvernement acéphale et que, pour cela, Buffon dirait monstre ? Ce qui dirige ? hélas ! c'est la queue, toujours la queue. En 93, nous dit un historien, la republique n'était qu'une machine de gouvernement aux mains de la canaille, eh bien, il en est absolument de même actuellement. La République n'est plus qu'un immense bastringue, une bacchanale insensée, une danse macabre. Entre ses mains la constitution devient une vieille guitare, la loi une drôlesse, la justice une armée de valets, l'instruction une prostituée et la politique une bohème

Sous son empire corrosif la France ne peut que s'épuiser en efforts impuissants et perir, périr dans la fange Deja du premier rang parmi les nations nous sommes descendus au troisieme ou quatrieme et nous baissons toujours A l'heure actuelle tout se regle en Europe sans nous et contre nous Nos ennemis sont partout et nos alliés nulle part. Ce que nous inspirons à nos voisins, ce n'est plus même de la pieté, c'est du mépris, sinon du dégoût.

A l'intérieur, tout chancelle, tout s'écroule sous l'action dévastatrice de la queue republicaine l'administration et l'armée, la justice et la religion, l'agriculture, le commerce et l'industrie. La famille elle-même, ce royaume sacré, respecté, partout jusqu'à ce jour, est livrée à la fureur des passions Il n'y a plus de sécurité dans la rue l'immoralité, les assassinats, tous les crimes s'y étalent au grand jour. L'anarchie s'avance formidable. Ses escarmouches à la hache et au pétrole sement la terreur ; ses hurlements farouches font tout trembler Elle n'attend que le signal des loges pour se ruer sur la patrie mourante et la devorer

Nos immenses ressources financieres ne sauraient suffire a nos âpres exploiteurs qui dévoreraient l'univers Malgré des impôts monstrueux sur tout et sur tous, les coffres sont toujours vides, et il faut a chaque instant ouvrir la veine épuisante des emprunts. Par là même la dette publique, qui est déja de 35 milliards, monte, monte toujours la ruine s'ouvre devant nous inevitable, immense

Le pire c'est que cette republique, non contente de nous démolir et de nous ruiner, veut encore nous déshonorer, nous avilir De la ses haines furibondes contre tout ce qui peut nous élever Dieu, la religion, la vertu, le bien , de là aussi ses faveurs pour le mensonge et l'impiete, pour la vilainie et la crapule, pour tout ce qui dégrade et tue

L'anarchie donc, la ruine et la fange, il est, le triple abîme ou nous allons sombrer incessamment pour y attendre deshonores, putrides, que nos voisins nous dépècent ou que Dieu nous renouvelle, comme autrefois, par le sang plus neuf des hordes du Nord

Évidemment, cette situation ne peut durer : si la république ne périt pas, ce sera la France qui périra.

———

CHAPITRE IV

1. — La France, cette grande nation qui est la Fille aînée de l'Église, qui porta si longtemps le sceptre de la civilisation et qui naguère encore dominait l'Europe, est-elle donc condamnée à déperir sous la domination cupide des Francs-maçons valets des Juifs, jusqu'à ce qu'elle soit démembrée par ses voisins, ou renouvelée par ces peuples que Dieu semble tenir en réserve dans les steppes de la Haute-Asie? Je ne le pense pas. Elle traverse des tempêtes terribles qu'elle n'a que trop méritées, que les méchants prolongent par leurs vices et dont nous pouvons hâter la fin par nos vertus. L'heure n'est pas loin, du moins je le crois, ou cette chere France, vaincue enfin par ses déceptions cruelles et désabuses des malins, reviendra à son Dieu et à son roi et, par suite, reprendra sa marche bienfaisante et glorieuse au travers des siecles.

Telle est ma conviction inébranlable. Bien des raisons la fondent, un mot des principales

S'il y a beaucoup de Français à donner dans

les utopies modernes, causes de tout mal, il en
est davantage encore qui, s'attachent invinciblement à la vérité, travaillent et prient avec
une ardeur indomptable Ceux-ci sont la vraie
France, la France des principes Or les principes ne périssent pas, et si le mensonge ou la
force matérielle parviennent quelquefois à les
dominer, ce n'est jamais pour toujours ceux
donc qui travaillent et qui prient peuvent compter sur l'avenir D'ailleurs Dieu qui est juste et
bon leur doit la victoire, et, croyez-le bien c'est
à eux qu'il la donnera.

Tout l'échafaudage actuel est bâti sur des
mensonges par là même il est essentiellement
caduc. Les mensonges en effet sont dans l'ordre
moral ce que sont les nuages dans l'ordre physique. Ils peuvent bien de temps en temps voiler
les principes par leur accumulation et constituer
leurs théories malsaines, destructives, mais ce
n'est pas pour toujours Tôt au tard la vérité, qui
est le soleil inné des intelligences, les dissipe et
reprend sur le monde son empire aussi bienfaisant que légitime Tel, le roi des astres après un
orage

La France a toujours honore Marie d'un culte
tout special, et cette auguste Mere, lui prodiguant
en retour ses faveurs, n'a jamais manque de
venir à son secours au besoin c'est ce qui a fait
dire que « Le royaume de France est le royaume

de Marie, *regnum Galliæ, regnum Mariæ* » Or
est-il possible que ce secours, qui ne nous a jamais manqué, nous fasse défaut en ce moment où
nous l'implorons de toutes nos forces sur le bord
de l'abîme révolutionnaire ? Non, mille fois non
Nous pouvons même affirmer que nous l'avons
depuis longtemps, ce secours salutaire, et qu'il
va grandissant avec nos besoins, puisque la
sainte Vierge ne cesse de multiplier de plus en
plus ses miracles en notre faveur Nous sommes
donc fondés à croire que cette excellente mere
voudra mener son œuvre à bonne fin, qu'elle
nous arrachera de l'abîme où nous sombrons et
qu'elle nous ramenera dans les voies du bonheur

Dieu aussi veut nous sauver et la preuve c'est
qu'il continue de daigner nous punir, c'est qu'il
va même en ce moment, sans doute pour rendre
nos erreurs plus manifestes, jusqu à nous punir
par nos élus, puisque presque partout ceux-ci
s'érigent en tyrans et nous oppriment comme
jamais Il y a plus, il est evident même qu'il
veut nous sauver, comme tant de fois dans le
passe, par un grand roi, puisqu'il en a tenu si
longtemps, à notre disposition un qui, par sa
loyauté chevaleresque, ses qualités suréminen-
tes et ses hautes vertus, faisait l'admiration du
monde moderne, et qui ne demandait qu'un signe de notre part pour venir nous relever Parce que le roi n'est plus en évidence depuis la

mort de l'admirable Henri V, il ne faudrait pas en conclure que Dieu a changé de dessein ; c'est plutôt qu'il veut, tout en nous punissant de notre incroyable aveuglement, soustraire le roi aux traits empoisonnés de nos ennemis et nous ramener à lui par la force de la vérité.

II   Toutefois, Dieu ne nous sauvera pas malgré nous, et c'est pourquoi nous devons faire tout notre possible d'abord pour rejeter la République et l'esprit revolutionnaire qui nous tuent, et ensuite pour revenir à la monarchie qui sera notre salut

Nous devons tout d'abord nous défaire de la Republique parce que, fût-elle conservatrice, ce qui est impossible en France, elle est de beaucoup trop impuissante et trop légere pour nous ; nous le devons encore parce que au lieu de tous les bonheurs qu'elle nous promet elle ne nous apporte que le malheur sous son manteau sardanapalesque, nous le devons surtout et cela sous peine de mort prochaine, parce qu'elle est essentiellement révolutionnaire.

Un mot de ces raisons qui sont les principales parmi beaucoup d'autres

Que la Republique soit absolument incapable de nous gouverner, c'est là une verité surévidente dont 19 années d'expérience ne nous permettent plus de douter.

La première cause de cette impuissance radicale réside dans la base même de ce régime le suffrage universel Supposez, en effet, qu'une famille qui veut faire un long voyage, force chacun de ses enfants à fabriquer un membre de son char. Evidement ce char sera mal conditionné, les membres forts nuisant aux faibles, il se gondolera bientôt et n'ira pas loin sans s'affaisser Sera-ce etonnant ? Pas le moins du monde Quoi d'étonnant des lois, si notre gouvernement actuel, qui a eté fabriqué par chacun des citoyens français dont les neuf dixiemes sont inaptes, ne marche que difficilement et menace à chaque instant de tomber en ruine ?

La seconde cause de cette impuissance est le fait du gouvernement lui-même qui, soit crainte d'être dominé, soit despotisme naturel aux petits esprits, n'appuie que des candidats nuls et repousse tous ceux qui ont de la valeur Soyez en sûr, si la préfecture patronne quelqu'un, c'est que c'est un plat valet, et si elle fait feu des quatre pieds, c'est qu'il y a en face un homme de valeur a repousser Du reste, pour etre convaincu de cette manœuvre des plus nuisibles il suffit de parcourir la liste de nos ministres républicains Dans cette collection, bien trop longue pour ne renfermer que des genies, vous trouvez ici des avocats sans causes, des medecins sans vogue, des scribes de troisieme classe, là des fruits secs de toutes sortes, tirés un peu de partout, des pompes fécales comme de la morgue des chiens, ailleurs des utopistes en l'air, des girouettes sans rouille et des brouillons de tous les calibres connus et inconnus N'y cherchez pas des Cincinnatus, car si le suffrage universel en a soulevé, malgré les clameurs de la meute salariée, ils ne sont pas là   la République n'en veut point.

La troisieme cause de cette impuissance tient aux changements perpetuels des ministres. C'est à peine si on leur laisse quelques mois pour faire leur apprentissage, en soignant leur pelote, quand il leur faudrait des annees Aussitôt qu'ils veulent voler de leurs ailes, on se hâte de les congédier pour en prendre d'autres plus ou moins capables, là n'est pas la question, mais moins au courant et par suite plus dociles on vent des valets,

Pour ces causes donc et pour d'autres encore, il est impossible que la République soit autre chose qu'un gouvernement terre-à-terre, vivant au jour le jour d'expedients plus ou moins habiles, mais steriles Voilà pourquoi, nous qui voulons une vie large et nous croyons faits pour de grandes choses, nous devons la repudier, comme autrefois nos rois fainéants.

Nous le devons aussi, fût-elle capable et conservatrice, par cela seul qu'elle est légere. Ceci peut ressembler à un paradoxe, et cependant rien n'est plus vrai. Suivez-moi quelques instants et, je n'en doute pas, vous serez de mon avis.

Voici une jeune princesse, dernier rejeton d'une illustre famille et maîtresse de son sort. Elle a tous les dons de la nature et de la grâce intelligence d'élite, cœur d'or, beauté ravissante, richesse colossale, foi sublime. Rien ne lui manque sinon peut-être un peu de fixité dans les idees, car elle a le defaut de ses qualites incomparables : la légereté Mais, malgré ce défaut, si toutefois c'en est un, elle n'en est pas moins la personne la plus accomplie qu'on puisse voir.

Or, parmi la foule de ses prétendants, il en est deux qui fixent particulierement son attention L'un, bien que sa foi laisse à desirer, est véritablement séduisant par son esprit, sa beauté, son langage et même par sa gracieuse légereté, car lui aussi a ce defaut, si c'en est un c'est de famille du reste, et plusieurs de ses ancètres ont sombré dans des aventures fameuses. L'autre, d'une foi robuste, est pour le moins tout aussi séduisant que le précédent par ses qualités personnelles et ses immenses richesses, mais il n'est point leger, sans etre severe, il est tres sérieux Pour lui, de la liberte tant qu'on voudra, mais pas d'aventures il y veille avec une prudence consommée qu'il tient de ses aieux et qui depuis des siècles maintient sa famille aux faîte des grandeurs humaines.

Que notre jeune princesse soit perplexe en présence de tant de séductions de part et d'autre, cela va sans dire, ses goûts legers plaident pour le premier prétendant, et sa haute raison parle en faveur du second. Mais en est-il de même des hommes sérieux ? Non, certes. Pour eux il est évident que la jeune princesse doit repousser le prétendant léger sous peine de courir les aventures et d'y périr tôt ou tard, et accepter l'autre afin d'être préservée de toute imprudence et de passer en sécurité sa vie au faîtes des honneurs.

Or, tel est précisément le cas de notre chère France en présence de ses prétendants actuels : le gouvernement républicain et le gouvernement monarchique Nous ne pouvons nier en effet que, par suite de la vivacité de notre esprit et de la bonte de notre cœur, nous sommes sempiternellement legers, nous ne pouvons nier non plus que le gouvernement républicain, qui est léger de lui-même par l'effet des élections, ne le soit davantage chez nous par l'adjonction de notre legereté propre, enfin nous sommes obligés d'avouer que le gouvernement monarchique, qui est déja stable de lui-même par suite de l'hérédite, est plus prudent que la République, par la raison qu'il est le fait d'hommes mûris dans l'étude de l'art gouvernemental, et secondés par d'autres hommes choisis à leur talent et non à leur bavardage. Eh bien ! cela étant hors de doute, je n'hésite pas à dire que, quelles que soient les qualités de la République, par cela seul qu'elle est légère comme nous, plus que nous, nous devons la repousser sous peine de courir les aventures et d'y périr tôt ou tard Et j'ajoute, avec une conviction tout aussi pleine, que si nous voulons enfin — ce n'est pas trop tôt — cesser nos expériences fatalement ruineuses et nous préparer un long avenir, nous n'avons qu'un seul moyen, c'est de reprendre la monarchie

D'ailleurs la République nous force à la répudier par ses méfaits qui vont s'aggravant de jour en jour. Au lieu de tous les bonheurs qu'elle nous promettait, la fourbe, elle nous apporte tous les malheurs sous son manteau de bohême elle nous ruine, elle nous abrutit, elle nous tue.

Sous son empire néfaste nous avons la douleur de voir disparaître tour à tour la plupart de nos libertés civiles et religieuses · celles de l'enseignement et de l'association, celles du bien et d' la vertu, voire même celle du vote qu'on s'efforce d'étouffer. Ces libertés chéries sont remplacées par des obligations odieuses qui nous enlacent de toutes parts et paralysent tout nos mouvements Il ne reste plus debout que la liberté du mal, qui s'impose partout avec la dernière impudence

Tour à tour aussi nos droits les plus sacrés tombent soit sous des lois iniques, soit sous des décrets plus iniques encore, ou meurent sous l'empire tyrannique de nos administrateurs de hasard qui rivalisent d ardeur pour nous fouler au pied , chaque ville a ses tyrans et chaque village son tyranneau

Nos lois deviennent toutes existantes, c'est-à-dire urgentes ou non, selon le caprice de nos pachas gommes Exhumées sous ce titre perfide, celles de nos plus mauvais jours ne suffisent même pas et l'on en fabrique à chaque instant qui sont plus détestables encore. Telles sont celle de l'instruction qui a pour but d'ensevelir dans le tombeau de l'incrédulité l'âme et l'esprit de la jeunesse , celle du recrutement qui arrête l'essor des carrieres libérales et religieuses ; celle des enfouissements qui fait prévaloir les engagements d une orgie criminelle sur ceux de la conscience etc , etc

La justice baillonnée ne peut plus que rendre, non des arrêts mais des services , fatalement tous les proces sont transformes en proces de tendances et gagnes par les plus rouges, l'Etat ne perd jamais, eût-il cent fois tort

L'Eglise, si bienfaisante et si necessaire, est

assaillie de toute part , son culte sublime est
enraye partout

Dieu lui-même n'est pas à l'abri des audaces
republicaines sa bonté, sa sagesse et sa justice
parfaites gênent toujours les tyrans On l'ou-
trage de toutes manieres, on le chasse de partout, meme de la voie publique , on voudrait le
biffer a jamais. Hélas ! hélas ! n'est-ce pas provoquer sa justice , sa justice souverainement
redoutable ? Seigneur, ayez pitie de ces insen-
ses !

Faute de protection , l'agriculture languit
dans un état navrant On trouve çà et là des
termes sans culture faute de preneurs , beaucoup
de fermiers ruinés se retirent ; il est même de
petits propriétaires qui sont forcés pour vivre
de vendre leur héritage, fruit des sueurs de tant
de générations La campagne est sillonnée par
des pauvres qui font pitié, on l'abandonne, elle
devient un désert.

Sous l'action du libre échange voté par nos
Chambres aveugles ou malveillantes, le commerce et l'industrie souffrent aussi plus qu'on
ne saurait dire. La concurrence étrangere, qui
produit à meilleur marché, les tue. L'exporta-
tion diminue pendant que l'importation fait des
progres inouis nous devenons forcement tribu-
taires de nos voisins. On voit à chaque instant
des commerçants obérés tomber en faillite et

des fabricants, surchargés de marchandises, diminuer les salaires ou fermer leurs ateliers De la des plaintes ameres, des greves sans nombre et un surcroît considérable de miseres dans la classe laborieuse

Là ne s'arrete point la misere Par les banques véreuses, l'agiotage et les filouteries, auxquelles on laisse méchamment libre carriere, elle monte jusque dans les classes aisées , elle s'installe un peu partout par le luxe et les plaisirs.

Malgré la pénurie qui devient générale, loin de limiter ses dépenses, le gouvernement continue de les multiplier à outrance Son avidité est telle que l'Europe pourrait à peine la satisfaire. Toujours est-il que nos impôts, bien que doublés et plus élevés que nulle part au monde, sont impuissants, et qu'il faut à chaque instant recourir aux emprunts, de sorte que la dette publique monte toujours déjà c est un abîme, bientôt ce sera un gouffre

A l'exterieur ou nous ne trouvons que des ennemis qui nous meprisent et reglent, a Skierniewiée et ailleurs, toutes les affaires du monde, sans nous et contre nous, c'est la guerre perpetuelle A la guerre de Tunisie ont succede celles de la Chine et de Madagascar, qui s'éternisent sous le nom de *rétor sion* et de *repi ésailles*, et continuent de nous épuiser jusqu'à ce qu'un voisin juge à propos de nous donner le coup de grâce.

A l'intérieur, c'est la guerre encore guerre contre Dieu et l'Église, guerre contre les légitimistes, les bonapartistes et les conservateurs; guerre contre tous ceux qui ne vociferent pas le *sang impur*. Et bientôt ce sera la guerre civile avec toutes ses horreurs ; car nos haines, surexcitées par le mensonge, les délations et les vexations, se multiplient et s'échauffent de plus en plus elles grondent comme le volcan avant l'irruption.

C'est aussi la libre-pensee qui, patronnée par tout républicain de marque, tue la vertu et multiplie les fraudes, les vols, les concussions, les viols, les suicides, les meurtres, tous les crimes la noble France devient une forêt de Bondi.

C'est enfin, comme chez les Romains dégénérés qui ne demandaient que du pain et des jeux « *panem et circenses,* » le mal des peuples condamnés à périr · les plaisirs et la fange On n'entend parler que de banquets, de chasses, de matchs, de courses et de bals , le livre obscene, le journal ordurier, la caricature immonde et l'impudicité débraillée s'etalent partout, partout aussi s'élevent des theâtres immoraux, des assommoirs et des bouges Comme l'Ilote d'Athenes enivre, nous chancelons sous le narcotique de la liberté du mal

17.

Si tous ces maléfices indéniables ne suffisent pas pour nous faire rejeter la République, il en est un autre qui, à lui seul, nous y force impérieusement, et cela sous peine de mort prochaine, c'est qu'elle est essentiellement révolutionnaire.

Nous l'avons dit, c'est fatal en France. Aussitôt que la Republique apparaît, aussitôt la Révolution se met de la partie Aussitôt celle-ci lance ses sycophantes qu'elle nomme les défenseurs du peuple et qui, comme l'observe justement Demosthenes, « au lieu de mordre les loups, mangent les brebis qu'ils disent protéger » Elle a pour elle, à défaut du nombre, l'audace, la scélératesse et un but déterminé ; elle profite de la faiblesse des gouvernants, des oscillations du pouvoir et des changements perpétuels dûs aux elections ; elle bénéficie des divisions des républicains comme de celles des monarchistes et finit par dominer tous les partis Bien entendu, la partie saine de la nation se laisse endormir, par des promesses mirifiques si elles n'étaient coupables, et ne se réveille que quand la résistance n'est plus guère possible

Nous en sommes là maintenant Les libéraux sont depassés depuis longtemps et mis à l'écart jusqu'à ce qu'on puisse les depouiller. Les radicaux qui sont partout les maîtres, nous démolissent en jetant par lambeaux à la Révolution affamée toutes nos forces vives Dieu, la religion, la famille, l'instruction, l'armée, la magistrature. Deja il ne reste plus entre leurs mains imprudentes que la propriete laique, puisque la propriété religieuse est entammée par d'iniques spoliations Or, quoi qu'ils fassent, ils ne sauraient tenir longtemps dans ce dernier rempart de l'ordre social Ni la logique, ni les masses athées ne sont pour eux, elles sont du côté des vrais révolutionnaires. Est-ce que la propriété n'appartient pas au peuple, puisqu'il est le souverain, et puisqu'il n'y a plus d'éternite, est-ce qu'elle n'est pas son paradis ? Aussi des maintenant, forts de ce pseudodroit, appuyés sur des masses farouches et sûrs de la victoire, les socialistes réclament-ils avec audace cette propriété et s'appretent-ils, en cas de refus, à la ravir par le violence

Bientôt donc, demain peut-etre, s'ouvrira cette crise effroyable qui sera la derniere Quelles horreurs ! tout un peuple ivre de vin et de sang s'égorge, pauvres contre riches, fils contre peres, freres contre freres ! Les haches sanglantes s'élèvent et s'abaissent tranchant la chair et les os ! aux cris des blessés se mêle le tonnerre des mitrailleuses et du canon ! sous la dynamite sautent les villes et les villages ! ces débris sont dévorés par la flamme ardente du pétrole ! toutes les horreurs de la Commune, de Strasbourg à Bayonne et de Brest a Toulon ! Puis, quand cessent

le cris des mourants et le crépitement des flammes, on entend les clameurs de l'étranger qui,
l'œil avide, vient partager nos debrits sanglants,
et l'on voit briller dans le ciel rougeâtre ces mots
lugubres, écrits en caractères de feu par l'ange
de la justice infinie « Finis Galliæ C'en est fait,
hélas !!!' la plus belle et la plus puissante des nations du monde n'est plus, et désormais son nom
reste accolé pour toujours par l'implacable histoire
à ceux de Sodome l'immonde, et de Jérusalem, la
déicide, pour rappeler a tous les peuples combien
il est insensé de s'élever contre le Tout-Puissant.

Et qu'on ne dise pas que ce sont là des fantômes chimériques, car tout annonce comme prochaines les horreurs de cette crise supreme, et les
crimes qui se multiplient, et les grèves qui s'éten-
dent et la dynamite qui promene ses ravages et
les grondements sourds des masses atheisées
qui jette partout l'épouvante Oui, voilà pourquoi,
si nous voulons sauver la patrie pillée, meurtrie,
mourante, si nous voulons échapper à la plus
ignoble des morts ; en un mot si nous voulons
survivre à nos maux, nous devons, pendant qu'il
est temps encore, rejeter à jamais la République, qui est toujours révolutionnaire en France
et, par là même, essentiellement mortelle.

Mais, qu'on le remarque bien, si nous voulons
vivre, ce n'est pas seulement la République que

nous devons nous hâter de rejeter, c'est encore,
c'est surtout l'esprit révolutionnaire, car là est
notre grand mal, le mal dont nous souffrons le
plus depuis un siecle et qui finira par nous tuer.
Si tous les régimes que nous avons subis depuis
1789, nous ont été nuisibles, c'est qu'ils en étaient
imbus, et c'est parce quelle en est plus imbue
encore et qu'elle ne fait qu'un avec la Révolution
que la République nous conduit en train express
aux abîmes Qui ne voit pas ce mal, cause principale de nos malheurs, ne connaît rien à notre
 position et ne saurait nous guérir.

III Quel est le remede en effet à ce mal capital,
invétéré ? Évidemment ce ne peut être qu'un
gouvernement entierement antirevolutionnaire,
c'est-à-dire antirévolutionnaire et par lui-même
et par son adhésion aux principes eternels de vérité, de justice et de charité qui sont confies à
la garde de l'Eglise et qui seuls peuvent le rendre
imperméable à la Revolution Tout autre, quel
qu'il soit et quoi qu'il fasse, ne saurait nous
guérir de ce mal infernal et bientôt nous ferions
une rechute plus terrible que les précédentes et
qui serait la derniere
Donc, si nous avons l'énergie de nous défaire de la République, comme c'est notre devoir
impérieux et pressant, il nous faudra de suite
un gouvernement antirevolutionnaire pour nous

guérir de notre maladie mortelle. Que ce gouvernement soit sage, fort et dévoué, c'est très désirable ; mais il faut avant tout qu'il soit opposé à la Revolution et par lui-même et par ses principes. Sans cela nous continuerions nos expériences plus dangereuses encore qu'absurdes : ce serait nous obstiner à périr, ce serait de la dernière démence

Evidemment le gouvernement antirévolutionnaire dont nous avons si grand besoin, ne peut être que la monarchie. Tout nous le dit et nos maux qui vont croissant depuis que nous l'avons abandonnée, et la haine des révolutionnaires contre elle et les vœux de tous ceux qui aiment véritablement la France C'est si évident que le peuple lui-même en a l'intuition et s'y rallie de plus en plus, malgré des efforts impossibles pour l'en détourner. Mais quelle monarchie ? car il en est beaucoup, surtout de nos jours affolés, qui se laissent envahir par l'esprit révolutionnaire

Est-ce l'impérialisme ? Non pas, parce que sous des apparences ambigues il n'est rien moins que révolutionnaire Il l'est par son origine, ce n'est pas douteux, il l'est encore par son principe fondamental l'Appel au peuple ; il l'est enfin par l'ensemble de sa politique. Quelle que soit notre admiration pour le genie de Napoléon Ier et notre reconnaissance pour les services qu'il

nous a rendus, nous ne pouvons oublier qu'il
planta en France l'État laïque, c'est-à-dire athée.
et qu'il foula aux pieds tous nos droits ainsi que
ceux de l'Europe ; nous ne pouvons oublier non
plus que Napoléon III voulut en faire autant et
que c'est dans ce but qu'il inventa « Le fait accompli » et « la non-intervention » Cependant,
me dira-t-on, vous ne pouvez nier que l'impérialisme soit autoritaire. Non certes, je ne le nie
pas ; j'affirme au contraire qu'il l'est beaucoup
trop pour nous et nos droits Avec lui la famille,
l'Église, les grands corps de l'État eux-mêmes ne
sont rien, parce que ses préfets à poigne font tout
ratifier par le peuple, l'empereur seul est tout
c'est un despote, s'il en fut Tels furent Napoléon Ier et Napoléon III , tels seront tous les
autres si, ce qu'à Dieu ne plaise, il en arrive jamais au pouvoir Mais cela n'empêche pas l'impérialisme d'etre révolutionnaire , s'il ne l'est
pas sous la forme anarchique, il l'est sous la
forme autoritaire, ce qui ne vaut pas mieux.

D'ailleurs deux fois nous avons essayé de ce
régime, par nécessite d abord et ensuite faute
de mieux , or aux deux fois il nous a été fatal
c'en est donc assez pour que nous sachions l'apprecier Evidemment nous ne pouvons raisonnablement rien attendre de lui pour le relèvement de la patrie et c'est pourquoi il vaut mieux
rester en république que de rappeler le Bona-

partisme. Maintenant du moins nous sommes au bout du labyrinthe républicain, nous descendons forcément dans l'anarchie, et son aspect stimule notre énergie pour sortir de la République, tandis que sous un empereur nous ne pourrions que nous endormir dans une fausse sécurité, perdre le reste de notre énergie dans la servitude et nous réveiller alanguis entre les griffes de la monstrueuse bête rouge, d'autant plus vorace alors qu'elle aurait été contenue quelque temps par une main de fer Et, qu'on le remarque bien, cette catastrophe inévitable se ferait d'autant moins attendre que depuis le malheureux drame du Zululand, le prétendant actuel, Maçon très avancé, rejette tout ce que nous adorons et pretend bel et bien, tout en nous exploitant avec une âpreté Maçonnico-Juive, nous regir par la verge de fer des antiques Césars

Est-ce l'Orléanisme ? Non pas, mais du tout point, et cela parce qu'il est tout aussi révolutionnaire que l'impérialisme et bien moins capable de maintenir l'ordre. Par son origine il ouvre la porte toute grande aux révolutions. Si un prince du sang, lui qui doit tout à la patrie et au roi, les trahit l'un et l autre au point de verser le sang par torrents pour ravir la couronne, pourquoi tout autre ambitieux n'en ferait-il pas autant? Assurément ce serait moins criminel Par son libéralisme incarné, ce virus bacillifère de la Révolution, l'Orléanisme manque absolument de principes, il ne peut avoir et n'a que des balançoires c'est un vaisseau sans boussole ni gouvernail, qui vogue à l'aventure au milieu des passions ameutées et ne peut que sombrer sous leurs efforts Placé d'ailleurs entre deux feux, le feu d'en haut et le feu d'en bas, les légitimistes et les socialistes, il serait non seulement paralyse comme jamais, mais encore dans l'impossibilé absolue de se maintenir S'il a pu durer dix-huit ans autrefois, c'est que les Francs-maçons n'etaient pas prets, maintenant que leurs cadres sont au grand complet, il n'irait certes pas loin Ajoutons que son égoisme monstrueux, auquel il sacrifie tout, même la patric, comme nous l'avons vu en 1830 et en 1873, en fait le plus dangereux des régimes. Penser a lui donc pour nous sauver et nous relever serait de l hebetude toute pure. Non, l'Orléanisme, outre qu'il est révolutionnaire au possible, n'a pas ce qu il nous faut il n'a ni le sabre de l'imperialisme. ni les grandes vues des monarchies , il ne peut que végeter terre-à-terre en faisant sa pelote et, bon gré mal gré, comme en 48, nous livrer à la Révolution d'autant plus promptement que nous sommes actuellement plus corrompus et plus emmaconnes

Nous faut-il la monarchie traditionnelle mais parlementarisee par une Charte, une espece de

Restauration ? Non, pas encore et cela uniquement à cause du parlementarisme Qu'on adjoigne à la royauté, comme auxiliaires, des Chambres pour la seconder dans sa tâche sublime, rien de mieux, c'est même nécessaire ; mais qu'on ne nous parle pas de parlementarisme, par la raison que tout parlementarisme est essentiellement revolutionnaire et, comme tel, aussi bien l'ennemi de la royaute que le nôtre L'admettre, ce ne serait pas rejeter la Révolution, ce serait au contraire la legaliser et l'inoculer à notre monarchie Quelque mitige qu'il fût, non seulement ce parlementarisme paralyserait notre royaute, plus qu'on ne saurait dire, par la raison qu'aucun gouvernement base sur l'opinion publique ne saurait etre puissant, mais encore il la rongerait et la démolirait d'autant plus vite que nous sommes plus encombrés de politiciens sans cœur ni raison Les tiraillements de l'Italie, de l'Espagne et de la valeureuse Belgique ne sont rien auprès de ceux que nous subirions Aussitôt nos passions s'enflammeraient sous le souffle des sectaires et nous tomberions en plein socialisme, peut-etre pour toujours

Du reste, il suffit d'avoir un peu de memoire et de sens pratique pour comprendre que nous devons eloigner à tout prix les trois régimes pernicieux dont nous venons de parler Ce sont

eux qui, par leurs mensonges, leurs violences
et leur crimes nous ont arrachés à la monarchie
tutélaire sous laquelle nous vivions heureux et
puissants depuis quatorze siecles Et, quand
nous voulons y revenir, ce sont eux qui par
les memes moyens nous arrètent, coalises au besoin contre le roi, comme en 73, preuve qu'ils
sont les loups et lui le berger, ce sont eux aussi
qui nous captent par leurs fallacieuses promesses, et cela, non pas pour nous sauver, encore moins pour nous relever, ils en sont incapables avec leurs perfides balançoires, mais uniquement pour nous exploiter avec le plus d'astuce possible Ce qui le prouve sans conteste
c'est que, pour se maintenir, ils favorisent notre
mal révolutionnaire et nous ramenent toujours
à la Révolution, c'est que toujours aussi nous
les voyons siéger au centre de nos assemblées
pour y voter, comme des ventres sans oreille,
tous les impôts possibles et les dévorer N'est-
ce pas ignoble, exécrable? Nous ne saurions donc
prendre trop de précautions contre eux, d'autant plus qu'ils sont absolument les complices
de la République et que, si cette derniere voit
que nous allons lui échapper, elle fera tout son
possible pour nous imposer un de ces régimes
nefastes, bien sûre qu'elle est de le jeter bas en
peu de temps et de nous exploiter de nouveau avec
plus d'âpreté que jamais. Encore une fois nous

en avons assez, nous en avons de trop même de
ces *pantins* qui ne cessent de nous séduire et de
nous trahir depuis cent ans, de ces *cupides* sans
cœur ni raison qui ne cherchent qu'à nous exploiter, de ces *malins* de tout acabit qui ne peuvent que nous livrer à la Révolution Oui, mal
pour mal, il est moins dangereux pour nous de
rester en République que de reprendre niaise-
ment un de ces régimes cupides Du moins nous
savons qu'elle veut nous ruiner, nous abrutir,
nous devorer et cela stimule notre énergie pour
lui échapper Tandis que, sous un de ces régimes
perfides, nous ne pouvons manquer de nous
laisser endormir par leurs malignes promesses
et de tomber ensuite, pieds et bras liés, entre
les griffes de la Révolution qui du coup nous
dévorerait De tous ces libéraux, délivrez-nous,
Seigneur . ce sont nos pires ennemis et les
vôtres, *A liberalibus libera nos, Domine.*

Quelle monarchie nous faut-il donc? Eh ! je
l'ai dit le long de ces pages, il nous faut celle
qui est le droit, c'est-à-dire la monarchie traditionnelle, telle que la veut notre véritable constitution

Or cette constitution établit que la royauté est
l'apanage de la maison de France — qu'elle est
hereditaire par ordre de naissance pour les
hommes — qu'elle est toujours chrétienne — et
secondee par des corps électifs, appeles autrefois

Parlements et aujourd'hui Chambre et Sénat

Quoi de plus simple, de plus sage et de plus solide tout à la fois !

Ainsi, d'après notre constitution, la royauté est concédée à une illustrissime famille, dite de France pour mieux marquer son union avec nous Sans doute, c'est là un privilège immense pour cette famille ; mais n'est-ce rien pour nous que d'éviter ainsi des rivalités dangereuses, de n'avoir jamais de nouvelles familles à engraisser et d'avoir toujours un roi tout pret ; et d'ailleurs, ce privilege n'a-t-il pas été plus que payé par des services et des apports incomparables ? Que serait notre belle France sans nos rois et leurs apanages ?

La couronne est héreditaire pour les hommes seulement à l'exclusion des femmes. Ainsi nous ne sommes jamais exposés à avoir une reine qui pleure, nous avons toujours un roi auquel nous pouvons parler n'est-ce pas éminemment convenable pour une nation chevaleresque comme la nôtre? Ce roi n'a jamais sa fortune à faire comme tous les gouverneurs de hasard. Il sait que la France saura pourvoir largement à ses besoins, ainsi qu'à ceux de la famille royale qui est la nôtre, comme nous sommes la sienne D'ailleurs ce qu'il acquiert revient de droit à la couronne qui est à nous comme à lui. Enfin les intérêts du roi sont les nôtres c'est que la France qui est l'héritage de son fils, soit prospere, heureuse, puissante au dedans et au dehors ; c'est qu'elle soit respectée et honoree partout ; c'est qu'elle marche de progres en progrès , c'est qu'elle soit la reine des nations Tel est en effet le merveilleux côte de la monarchie, c'est de faire que les intérêts de la nation et du roi soient identiques Si les peuples comprenaient bien cette vérité, qui est claire comme le jour, c'en serait fait à jamais de tous les autres régimes.

Notre monarchie est chrétienne, c'est-à-dire que le roi doit toujours être chretien, sinon par sa conduite, du moins par conviction et de fait. Il faut qu'il s'incline devant Dieu et que, se défiant des caprices de sa raison comme le nautonnier de ceux de sa boussole, il cherche au ciel plus sûr les voies fécondes , il faut qu'il reconnaisse les droits de l'Eglise et les défende au besoin , il faut meme qu'il conforme sa politique aux principes eternels de droit et de justice dont cette Eglise est gardienne. Voyons, est-il rien de plus raisonnable ? Est-ce que les protestants voudraient être gouvernés par un Juif ? les déistes, par un athée ? Non certes, ce serait de la démence Eh bien, nos peres ne l'avaient pas cette folie, inconnue avant 1789, et c'est pourquoi, chrétiens, ils voulaient un roi chrétien, afin de pouvoir s'incliner devant le représentant de Dieu sans s'abaisser, de rester toujours libres de ser-

vir le Grand Maître et d'avoir un gouvernement
imperméable à la Revolution par ses principes.

Mais s'ils voulaient que leur monarchie fût
inebranlable, ils n'entendaient pas qu'elle fût
absolue c'est pourquoi la Constitution lui ad-
joint des corps constitués qui, sous des attributions diverses, doivent la seconder, la contrôler
même, sans toutefois pouvoir l'entamer. Autrefois c'étaient des parlements, maintenant ce
sont le Sénat et la Chambre Cette dernière a
pour mission de faire connaître les aspirations
du peuple et ses besoins, le Sénat doit veiller
d'une manière toute speciale à ce que la Constitution ne reçoive aucune atteinte ni du roi ni
de la nation L'un et l'autre doivent s'efforcer
de procurer le bien de tous, de concert avec le
roi.

Dans cette constitution sont réunis tous les
droits fondamentaux de l'ordre social ceux de
Dieu et de l'Église, qui sont hautement reconnus;
celui du chef de la famille royale, qui est d'etre
le roi, ceux de la France qui sont que le roi ne
puisse être autre que le chef de la famille ré-
gnante, qu'il soit chrétien et qu'il accepte le libre fonctionnement des Chambres. Il y a là un
contrat synallagmatique avantageux pour la
France et béni de Dieu, contrat qui fait qu'aucune
des parties ne peut anéantir les droits de l'autre
sans son consentement · c'est une espece de

nœud gordien. Ainsi la France, à part des fautes graves et continues, ne peut rien sur le droit de l'héritier royal qui est d'être le roi et dont il ne se départira pas, de même le roi ne peut changer l'ordre de la succession, ni la condition d'être chrétien, ni le fonctionnement des Chambres ce sont là des droits qui appartiennent à la France et auxquels elle ne peut raisonnablement renoncer, parce qu'ils sont sa sauvegarde.

Telle est notre véritable constitution D'autres peuvent convenir à d'autres peuples, mais voilà celle qui nous convient à nous, faite qu'elle est sur nos qualités et nos défauts Ce qui le prouve sans conteste, c'est que par elle nous sommes parvenus à la tête des nations et que nous y sommes restés tant que nous l'avons gardée, tandis que nous baissons sous toutes les autres, que nous sommes forcés de rejeter tour à tour pour ne pas périr Sans doute, elle n'est pas parfaite, puisqu'aucune œuvre humaine ne l'est, mais elle est bien supérieure aux douze élucubrations ridicules que, pour notre malheur et le bon plaisir de nos exploiteurs, nous avons subies dans le cours du siècle et que nous avons été forcés de reléguer au musée chinois, tant elles étaient mortelles elle est bien supérieure à la treizième que nous subissons actuellement et qui n'attend qu'une dernière couche d'athéisme, de tartuferie et de pornographie pour rejoindre les autres avec avantage et arriver au premier rang parmi les inepties antiques et modernes D'ailleurs ne pouvons-nous pas la perfectionner, cette constitution, à l'instar des Anglais qui ont la sagesse de ne jamais changer la leur ? Et pourquoi, puisque depuis un siecle, des princes criminels profitent du haut rang que leur donne cette constitution pour capter la couronne, pourquoi ne lui ajouterions-nous pas un cinquieme article qui exclurait à jamais du trône quiconque tenterait d'y monter ainsi que sa postérité ? Cela suffirait, me semble-t-il, pour arrêter les ambitieux et assurer notre avenir.

Tandis que nous sommes à l'article des perfectionnements, j'en proposerais volontiers deux autres, non plus pour la constitution, mais pour les lois organiques. La premiere consisterait à faire nommer les sénateurs moitie par le peuple et moitié par le roi, par la raison qu'ils sont chargés au nom de l'un et de l'autre de faire respecter la constitution La seconde serait de reculer le droit électoral à 25 ans sinon à 30 , ce n'est qu'a cet âge que les jeunes gens s'établissent et par suite peuvent se rendre compte des difficultés gouvernementales , ce n'est qu'à cet âge aussi que les militaires, qui ont un droit incontestable au vote, sont veritablement libres, par là d'ailleurs on éliminerait un certain nombre de voix peu conscientes et trop faciles à séduire.

18

Mais, qu'on le remasque bien, quoi qu'il en soit de ces humbles avis, telle qu'elle est notre constitution est on ne peut plus légitime et la seule légale

Elle est legitime au plus haut degré parce qu'elle est l'œuvre, non pas de faits violents, mais de faits providentiels et des volontés nationales librement exprimces et maintenues pendant de longs siecles.

Elle est la seule légale aussi pour bien des raisons, mais surtout pour les deux suivantes qui sont décisives D'abord elle n'a jamais été abrogée. Les deputés de 1789, qui ont voté contre, n'avaient pas ce droit. Le roi n'ayant pas failli, la France elle-même ne l'avait pas, et de fait, ne l'avait pas donné à ses députés, puisque tous les *cahiers* maintenaient la constitution. Leur vote est donc nul et non avenu . ce n'est rien moins qu'un crime de lese-nation et de lese-majeste tout a la fois Ensuite aucune des constitutions que nous avons subies depuis et qui sont l'œuvre de violences et de fraudes, n'a pu arriver à la prescription, leur seul titre possible Celle que nous subissons actuellement et qui n'a qu'une voix de majorité sur un grand nombre qui de par les électeurs ne pouvaient être données qu'a la monarchie, ne l'atteindra pas non plus . déja elle trébuche dans la fange, minée par le vice et chargée d'inepties

Chez nous d'ailleurs cette prescription est très difficile, pour ne pas dire impossible. Le roi n'a jamais cessé de réclamer contre ces intrusions et, sans doute, il ne cessera jamais, car selon la juste parole de Henri V « il est le droit, et le droit n'abdique pas » La France honnête en fait tout autant et son énergie, sous ce rapport, est indomptable. Aujourd'hui même, apres tout un siecle de diatribes sataniques contre la monarchie conforme à sa constitution, elle la réclame encore plus que jamais et, si elle était véritablement libre, c'en serait fait de la Révolution et de tous ses complices ; elle les enverrait de suite et pour longtemps, l'une à ses antres ténébreuses et les autres à leurs balancoires.

D'après notre véritable constitution donc, la monarchie fixée dans la maison de France, héréditaire par les hommes, chrétienne et secondée par deux Chambres, telle est notre monarchie traditionnelle Telle est aussi, disions-nous, celle que nous devons reprendre apres la République pour nous guérir de la terrible Révolution

Nous le devons tout d'abord parce qu'elle est radicalement antirévolutionnaire. Elle l'est en elle-même parce que, etant conforme à la constitution qui est le droit fondamental, elle est le droit lui-même le roi mort, vive le roi Elle l'est aussi par son adhésion aux principes éternels

de justice et de droit contenus dans le christianisme, principes qui sont imperméables à la Révolution et qui lui communiquent cette imper-
méabilité si précieuse

Si donc nous rappelons, non pas le roi des
compromis, mais le roi des principes, le roi chrétien, le roi véritable en un mot, comme l'exigent
et notre conservation et nos intérêts les plus
sacrés, ce sera notre conversion politique, c'est-
à-dire notre exode de la Révolution et de ses la-
byrinthes où sont les *malins*, et notre rentrée
dans les voies sûres, larges et fécondes de nos
hautes destinées Aussitôt le mal révolutionnaire, dont nous périssons, sera dompté, aussitôt nous entrerons en convalescence et notre guérison ne sera plus qu'une affaire de temps Tous
les droits en effet sont solidaires ; or le roi, qui
le sait mieux que personne, ne peut manquer,
une fois en possession du sien, de favoriser tous
les droits légitimes et de peser sur ceux qui ne
le sont pas des lors ceux-ci disparaîtront peu
à peu, et quand ils auront disparu tout à fait,
notre guérison sera complete.

Ce qui donne à cette vérité, déjà si claire par
elle-même, une évidence translucide, c'est la
conduite de tous nos ennemis passés, présents
et futurs a l'égard, non pas du roi métis, mais
du roi pur sang Ils ne s'y trompent pas eux, et
c'est pourquoi, convaincus que seul il peut nous

arracher de leurs griffes et nous sauver, ils se liguent contre lui et ne cessent de le poursuivre de leurs calomnies les plus venimeuses. Si vous en doutez, essayez de parler en sa faveur et vous verrez · aussitôt ils vous accableront de toutes les âneries possibles et impossibles, et, si vous insistez en réfutant ces rengaines, mille fois réduites en poussiere, ils entreront en fureur, selon l'habitude de ceux qui savent n'avoir pas raison, et vous lanceront à la face, faute d'argument, toutes les injures de leur vocabulaire nauséabond

Ce n'est pas seulement parce qu'elle est conforme à notre tempérament et que seule elle peut nous guérir du terrible mal révolutionnaire que nous devons rappeler la monarchie traditionnelle , nous le devons encore parce qu'elle restaurera d'elle-mème l'autorité, l'ordre, la liberté, la stabilité, le progres, la prospérité publique et la puissance nationale en un mot toutes ces grandes et belles choses qui font le bonheur des peuples et que tous les gouvernements de hasard promettent sans pouvoir jamais donner.

On le sait, pour être tombée en mains illégitimes, pour avoir été tournée contre le droit et deployée quelquefois avec faiblesse, plus souvent avec violence, l'autorité gouvernementale a perdu chez nous presque tout son prestige Eh bien, ce prestige si necessaire à son action lui

sera rendu par la monarchie. Celle-ci ne la pos-
sedera plus en vertu des hasards de la force,
mais en vertu du droit principe. la constitution,
de plus, sachant que le droit est chose sacrée,
elle ne l'emploiera qu'en faveur du droit et dans
les mesures du droit , enfin, parce qu'elle ne sera
pas un gouvernement de hasard, elle comman-
dera avec la fermeté calme des pouvoirs légitimes et non avec les alternatives de violence et
de faiblesse des pouvoirs de fait, qui osent tout
quand ils se croient les maîtres et qui n'osent
plus rien quand ils se sentent chanceler Or rien
de plus propre à relever l'autorité que la légiti-
mité du commandement, son calme et sa permanence dans les mêmes mains Elle n'y ga-
gnera pas seule, notre caractere et notre dignité
s'en ressentiront aussi. Cette dernière n'aura
plus à craindre les abus de la force. elle sera
restaurée dans sa plénitude . obéir à l'autorité
légitime, ce n'est pas s'abaisser, c'est s'incliner
devant Dieu. Quant à notre caractère qui a fléchi
plus qu'on ne voudrait dire, par suite des soleils
levants et des soleils couchants qu'il a fallu adorer et renier tour à tour, il ne peut manquer de
se relever et de reprendre sa consistance native
sous l'action permanente d'un soleil unique et
toujours le même : le roi.

Certes, il n'est pas difficile de prévoir que tout
changera promptement de face chez nous, quand

apparaîtra, dans toute sa splendeur, l'autorité
protectrice née du droit la monarchie traditionnelle Aussitôt les hommes de bien, trop longtemps comprimés, reprendront courage et ne se
gèneront pas pour parler tout haut, les méchants,
manquant d'appui , rentreront prudemment
dans l'ombre d'ou ils ne devraient jamais sortir,
il en sera de même de la presse provocatrice qui
n'est audacieuse que quand elle peut compter sur
l'impunité Des lors le calme se fera dans les
esprits et dans les cœurs, les crimes diminueront
et l'ordre renaîtra comme de lui-même Que si
le désordre ose encore lever la tête de temps a
autre, ce qui n'est pas impossible apres tant
d'années troublées, la monarchie, appuyée sur
'immense majorité de la nation, saura le réprimer avec l'intrépidité calme et sûre de quiconque tient en main, non pas le sabre farouche,
mais l'épée même de la justice au service du droit
Sans doute elle ne sera pas implacable, elle
tiendra même beaucoup à son plus beau privilege celui de grâce, mais quand elle en usera,
croyez-le bien, ce ne sera pas pour ces vauriens
qui réclament son bénéfice les menaces sur les
lèvres et dans l'intention de se venger, ce ne sera
jamais qu'en faveur de ceux qui, repentants,
seront résolus de racheter leurs crimes par une
vie modele

Sous les gouvernements irréguliers il y a peu

de place pour la liberté. Cela se comprend tout seul . ils en ont peur par cela-même qu'ils sont illégitimes ; et c'est pourquoi — nous l'avons vu le long de ce siecle — ils ne la donnent que d'une main avare quand ils ne la confisquent pas tout à fait. Il n'en est pas de même des gouvernements légitimes , bien au contraire. Pleins de confiance en leur droit et d'amour pour leurs peuples, dont ils sont les bergers et non les loups, ils se font un plaisir de leur octroyer toutes les libertés compatibles avec l'ordre. Ainsi fit dans le passé notre incomparable monarchie, ainsi elle fera dans l'avenir et cela d'autant plus volontiers que comme nous l'avons dit, le maintien de l'ordre lui sera plus facile. Sous son égide tutélaire donc disparaîtront, sans exciter nos larmes, toutes ces obligations et formalités par lesquelles nous ont ligotés nos gouvernements de hasard, nous verrons refleurir toutes nos libertés mutilees aujourd'hui . les libertés personnelles et religieuses, celles du domiciles et de la propriété, celles de l'ins-truction, de l'association et du vote etc. ; il nous en sera meme donné de nouvelles, conformes aux besoins actuels, car nos rois poussent toujours vers toutes les libertés possibles en un mot le grand mouvement du dernier siecle vers la liberté, comprimé par nos revolutions, reprendra tout son essor. Laissons donc à jamais de côté le mirage trompeur des charlatans cupides, pour nous rallier enfin au seul gouvernement qui, par sa nature comme par sa volonté, tend à favoriser ce que nous aimons tous . la liberté du bien.

Quant à la stabilité dont nous avons si grand besoin pour contenir notre légèreté naturelle, la monarchie traditionnelle saura nous la donner encore, et cela, comme le dit tres bien M. de Margerie. « Non seulement parce qu'elle réside au centre de la société, comme un point fixe, comme une institution perpétuelle dans la forme et perpétuelle aussi dans la personne de son représentant héréditaire ; mais encore parce qu'elle introduit dans toute la législation un principe de durée, celui-là même qui nous manque et faute duquel nul ne peut savoir aujourd'hui ce que la loi sera demain. Avec cela nous cessons de vivre au jour le jour, nous osons compter sur l'avenir et commencer résolument des œuvres réparatrices, que nous pourrons poursuivre et mener à leur terme. Nous le pourrons parce que la royauté ne sera pas réduite, vis-à-vis des majorités changeantes, au rôle d'exécutrice de leurs caprices ; elle nous donnera autre chose que la république déguisée sous un nom monarchique, elle aura une volonté et une action qui, dans la sphère législative s'exercera surtout pour empecher que les choses, une fois réglées et bien réglées soient inces-

samment remises en question L'immensité d'un
tel bienfait ne se discute pas plus que l'impuissance des pouvoirs révolutionnaires à nous l'assurer ; et c'est ici le point ou la supériorité de
l'établissement monarchique et son absolue nécessité, pour les peuples qui ont besoin de tout
raffermir chez eux, éclatent avec la plus victorieuse évidence (Solution V) »

Continuons le meme auteur sur le progrès
on ne saurait mieux dire. « Mais, ce qu'il faut
ajouter, c'est que la royauté est le progrès en
vertu même de la stabilité qu'elle apporte Faire et
défaire, ce n'est pas le progres , c'est l'agitation stérile. User en débi's politiques sur des
points décidés le temps des sessions parlementaires, ce n est point avancer la solution des
questions d'affaires, ni travailler à rendre meilleures les conditions morales et matérielles de
la vie populaire Au contraire, quand les fondements sont assurés, on peut bâtir , l'édifice
s'éleve d'autant plus haut que les bases sont
plus profondes , et quand il est achevé dans son
ensemble les détails de structure, sa distribution
intérieure, l'aménagement des services offrent
une ample matiere à l'activité intellectuelle qui
vise au meilleur Être en progres c'est ajouter
des acquisitions nouvelles aux anciennes, il faut
que la conservation des anciennes soit assurée.
Il faut aussi, puisque que les tâtonnements et les

erreurs sont inévitables dans toute œuvre humaine, qu'on puisse au besoin, si l'on s'aperçoit qu'on a fait fausse route, revenir en arrière, mais comme une armée qui se replie sur des positions solidement occupées, non comme une bande qui, s'avançant à l'aventure, ne sait plus de quel côté faire sa retraite quand elle est forcée de reculer Seule la royauté est cette base d'opération qui permet de marcher en avant, ce point d'appui nécessaire pour que les forces sociales se déploient et agrandissent successivement leurs pacifiques conquêtes »

D'autres parts, sous la monarchie encore, nous ne pouvons manquer d'arriver à une grande prospérité. Si, comme nous l'avons vu, nous l'atteignons facilement dès que l'ordre apparaît, tant est grande notre activité et immenses nos ressources, que sera-ce quand à l'ordre se joindra la stabilité, quand à la peur succedera la confiance, quand la folle prodigalité présente sera remplacée par l'économie traditionnelle de notre monarchie ? Qui pourrait dire la quantité d'entreprises, et de fonds peureux qui n'attendent qu'un régime sûr pour se montrer ? Le nombre de capacités inactives qui ne demandent qu'un gouvernement honnête et loyal pour apporter leur concours au relevement de la fortune publique ? Et d'ailleur est-ce que nos voies de communication ne se completent pas ? est-ce

que notre outillage ne se perfectionne pas ? est-
ce que l'instruction, devenue libre, ne sera pas
plus developpée ? Impossible donc, des qu'apparaîtra la monarchie et avec elle l'ordre, la stabilité et la justice, que la gêne actuelle ne dis-
paraisse pas promptement pour faire place à
une belle prospérite ! Jusqu'ou montera cette
prospérité ? Nul ne le sait, mais, quand on considere tous ces éléments, il est impossible de
douter qu'elle ne prenne un grand essor.

Quelque précieux que soient tous ces biens,
ils ne sauraient nous suffire, sans leur couronnement naturel qui est la puissance. Eh bien !
cette puissance, c'est encore la monarchie qui
nous la donnera, non pas telle quelle, mais
imposante et prepondérante comme autrefois,
en nous procurant tous ses éléments constitu-
tifs, savoir la richesse, l'union, la force matérielle, la force morale et des alliances.

Avec la stabilite, l'ordre et l'économie monar-
chiques la prospérité ne peut manquer de revenir, nous venons de le voir. Il en sera de même
de l'union qui est le fruit de l'accord, non pas
sur les intérets qui divisent tôt ou tard, mais
sur les principes tant civils que religieux. Au
fond, nous sommes chrétiens et royalistes, et
c est pourquoi, quand l'Église, devenue libre,
mettra ses principes salutaires en évidence d'une
part, et que de l'autre le roi, planant au-dessus

des partis, se montrera le roi de tous, l'accord
sur les principes fondamentaux de l'ordre social
ne peut manquer de se faire, et l'on savourera
de nouveau la sagesse de cet adage. « *In certis
unitas, in dubiis libertas, in omnibus charitas*
Alors l'union sera faite, et l'union c'est déjà la
force. La force matérielle, il est vrai réside, tout
particulierement dans l'armée, eh bien ! cette armée que nos pitres législateurs ne font que démon-
ter depuis 15 ans, faute d'entente, d'officiers et
de discipline, sera facilement reconstituée par
le roi. Alors il n'y aura plus qu'un maître qui
saura faire prévaloir les vues des hommes supérieurs compétents alors rentreront dans les
cadres toutes les brillantes épées, brisées aujour-
d'hui par la jalousie républicaine, ou retenues
captives pour n'ètre pas employées contre lé
droit ; alors aussi la discipline débarrassée de
ses Labordère, reprendra tout son empire. N'est-
ce pas tout ce qu'il faut pour reconstituer notre
armée et la rendre capable de paraître sur n'importe quel champ de bataille. Mais, nous le savons, par Sedan, quelle qu'elle soit, cette force
matérielle est la fragilité même quand elle n'est
pas appuyée par la plus consistante et la plus
grande des forces, c'est-à-dire la force morale
qui réside dans l'âme, et se nourrit de principes.
L'histoire nous le dit d'un bout à l'autre moins
les peuples ont de croyances, moins ils ont de

héros, moins ils sont courageux et moins ils ré-
sistent à la tentation de fuir devant le danger,
au contraire, plus ils sont véritablement religieux, plus ils comprennent la nécessité et le
mérite du devoir, plus ils sont capables d'héroïs-
me, plus ils sont tenaces et forts. Évidemment
nous n'avons plus cette force morale, et, malgré
notre courage naturel, nous tombons dans les
« quantités négligeables, » atrophiés que nous
sommes par les mensonges, les utopies absurdes, et la pornograhie nauséabonde ; mais,
cette force maîtresse nous sera rendue par la
monarchie chrétienne Alors, l'instruction et
l'Église seront libres or, à elles seules, elles
suffiront pour dissiper la plupart des erreurs actuelles et pour donner une grande diffusion à la
vérité dont nous avons si grand besoin pour réconforter nos âmes défaillantes. Dès lors, pleins
de facilités et de bonne volonté comme nous
sommes, nous ne pouvons manquer de nous attacher aux principes, et, par suite, de recouvrer
le bon sens, de refaire notre force morale et de
l'accroître de plus en plus. Quant aux alliances,
que la République éloigne et tourne contre
nous, elles nous reviendront aussi sous la monarchie, n'en doutez pas. En voyant notre gouvernement traditionnel rejeter tous les errements
révolutionnaires et protéger hautement le droit.
tous les petits États qui n'ont pour force que ce

droit, n'auront rien de plus à cœur que de se grouper autour de lui pour avoir son secours au besoin ; et les grands, poussés par leur similitude de vue d'une part et de l'autre gagnés par sa sagesse et sa loyauté, regarderont notre alliance comme une bonne fortune, ils seront très heureux de l'obtenir et feront leur possible pour la cimenter par quelque mariage avec notre famille royale, la plus illustre du monde.

Et, quand après quelques années de recueillement pour réparer ses ruines matérielles et morales accumulées par tout un siècle d'erreurs, notre chère France reparaîtra sur la scène du monde, forte de sa prospérité, de son union, de son armée refaite, et de ses alliances, n'est-il pas évident qu'elle sera accueillie avec une grande considération, qu'elle jouira d'une influence prépondérante et qu'elle se trouvera tout naturellement placée de nouveau à la tête des nations.

D'ailleurs, la monarchie est le plus naturel et le plus parfait des gouvernements civils ; elle est de beaucoup le plus cher à l'humanité ; dominant dans le monde, surtout chez les grands peuples, elle nous donnera des alliés puissants que la République tourne contre nous , acclimatée chez nous depuis des siècles, elle est tellement incrustée dans nos esprits et dans nos cœurs que, malgré tout un siècle de diatribes sa-

taniques, nous nous prenons encore à chaque
instant d'enthousiasme pour quiconque nous
rappelle le roi. Enfin nous ne pouvons avoir aucun doute sur la bonne volonté de notre famille
royale, car, comme celle de David, elle reste
toujours fidèle à son ministère auguste ; nous
n'en pouvons avoir non plus sur ses aptitudes ·
ses succès pendant quatorze longs siècles, souvent difficiles, sont garants de ses succès futurs.

Pour toutes ces raisons donc, et pour d'autres
encore, si nous rejetons, enfin la République
qui nous dévore, c'est vers la monarchie héréditaire et chrétienne que nous devons tourner
nos regards : elle est notre unique ressource
contre la Révolution, notre meilleure boussole,
et notre véritable palladium.

Pour y arriver, je le sais, les difficultés à
vaincre sont considérables · nous sommes si
égarés au civil et au religieux ! Vous est-il ar-
rivé dans un voyage ou dans une excursion de
prendre une route qui vous éloignait du but et
de ne vous en apercevoir que longtemps après ?

Que de peines et de temps il fallait pour y revenir ! Eh bien, il est mille et une fois plus difficile encore à une nation de retrouver sa voie,
et d'y revenir quand elle l'a perdue. Ceux qui
l'ont égarée, poussent en avant de toutes leurs
forces , les aveugles qui sont nombreux, ne
voient jamais le danger ; les esprits courts qui

ne le sont guère moins, croient trouver la véritable voie ou elle n'est pas, et ceux qui la connaissent réellement ne font pas assez d'efforts pour désabuser les uns, convaincre les autres et y ramener le gros de la nation. Mais, quelles que soient ces difficultés, elles ne sont pas invincibles. De quoi n'est pas capable un grand peuple, surtout avec le secours de Dieu ? N'avons-nous pas vu naguere les valeureux Belges, qui étaient enlacés comme nous par les malins, briser tous les obstacles, nommer partout des chrétiens éprouvés et remporter une superbe victoire sur la Révolution. Pourquoi n'en ferions-nous pas autant ? Est-ce que nous serions moins intelligents, moins courageux, moins dévoués à la patrie ? Non, certes, et c'est pourquoi, quand nous le voudrons, nous remporterons une magnifique victoire · il ne s'agit que de bien vouloir.

IV. Soit, me dira-t-on, mais que faut-il faire pour remporter cette victoire et restaurer notre monarchie nationale et chrétienne, dont nous avons si grand besoin pour réparer toutes nos ruines et rétablir notre puissance évanouie ?

Il faut tout d'abord revenir à Dieu qui a fait les nations guérissables, par qui règnent les rois et de qui relevent tous les empires sans Lui nous ne pouvons rien, sinon périr. En Jésus-Christ, disions-nous, plus haut avec Tertullien, est la solution de toutes les difficultés du monde. De fait, plus nous nous en éloignons, plus nos difficultes croissent, et, si le roi n'est plus en évidence actuellement, c'est sans doute à cet éloignement que nous le devons, soit que Dieu veuille nous punir de l'avoir repoussé si longtemps, soit qu'il veuille le soustraire aux diatribes de ses ennemis, qui sont les nôtres soit qu'il ait résolu de ne nous le montrer que quand nous serons revenus à nos devoirs. Toutefois, ce n'est pas assez de revenir à ce bon Maître, il faut encore le prier, le prier beaucoup; il faut joindre nos supplications à celles de Charlemagne, de saint Louis, de Genevieve, de Jeanne d'Arc, de Louis XVI et de tant d'autres saint Français, afin qu'il nous vienne en aide et qu'il aplanisse toutes les difficultés, comme autrefois pour Charles VII et pour Henri IV, d'impérissable mémoire.

Il faut en second lieu cesser à jamais de voter pour les républicains, quels qu'ils soient. Évidemment, les meilleurs eux-mêmes ne valent rien pour nous gouverner, parce qu'ils font partout chorus avec les méchants et ne cessent de les seconder dans toutes leurs entreprises, si détestables qu'elles soient. Comment ose-t-on voter pour ces misérables de toutes couleurs, quand on sait, disons plus, quand on voit qu'ils s'acharnent à dévorer la France ? N'est-ce pas un crime pour tous, ce vote ? Et pour les chrétiens n'est-ce pas de plus une stupidité ? puisque tous ces républicains ne cessent et ne cesseront jamais de leur faire ainsi qu'à Dieu une guerre acharnée, implacable

Il faut en troisieme lieu, choisir pour tous les degrés de la hiérarchie, des hommes de principes sûrs, tant au civil qu'au religieux, c'est-à-dire de véritables chrétiens et, tout en écartant les libéraux qui nous perdraient comme en 1873, porter énergiquement au pouvoir ces hommes d'élite, sans écouter ni les diatribes des salariés, ni leurs promesses, ni leurs menaces, ni quoique ce soit.

Quelle belle victoire nous remporterions si tous ceux qui aiment encore la France, si seulement tous les chrétiens, qui sont l'immense majorité, revenant enfin à cette juste et généreuse devise de nos pères

Fais ce que dois, arrive que pourra

voulaient accomplir leur devoir ! Immédiatement c'en serait fait de tous nos exploiteurs insatiables qui rentreraient sous terre. Immédiatement aussi le droit, que la Révolution foule aux pieds depuis si longtemps, se relèverait en France et ce relèvement serait un aplanissement considérable des difficultés élevées contre le roi.

Hommes de principes et de devoirs tout à la fois, nos élus n'auraient pas de peine à distinguer parmi les prétendants actuels celui qui est le «droit», au besoin, Dieu, content d'eux et de nous, le leur ferait connaître par quelque événement providentiel, et ils se hâteraient de le proclamer, de nous le donner, sans aucun souci des opportunités politiques qui nous perdent.

Dès lors le triomphe du droit serait assuré chez nous, mais là ne s'arrêteraient pas ses succès Nos voisins, si malades aussi de la Révolution, voudraient aussi y revenir pour ne pas périr et nous leur prêterions volontiers main forte en ce but. Le droit donc reprendrait peu à 'peu le dessus dans notre vieille Europe et peut-être dans tout l'univers. Quel bienfait pour le monde! bienfait dont nous serions le principe et les agents, revenus enfin à nos glorieuses destinées, aux incomparables *« Gesta Dei per Francos »* de nos pères.

A l'œuvre donc ! sans retard, avec opiniâtreté, pour le bonheur de la France d'abord et ensuite pour celui de l'univers. A l'œuvre sans tergiversation, sans abstention · dans les dangers extrêmes tous les citoyens se doivent à la patrie dans la mesure de leurs forces. A l'œuvre ! non pas pour l'aigle-vautour, ni pour le coq de basse-cour, ni pour les trois couleurs maçonniques, si chères aux bohémiens de tous les crûs, mais pour le

drapeau sans tache au lis pur, emblème de la
loyauté, du droit, de la paix, du bonheur, de la
puissance et de la gloire. Comme le disait hier
(23 juillet) au Sénat l'éminent M. Chesnelong
« Là est le salut de la France; là est aussi le
devoir et l'honneur. »

FIN.

TABLE DES MATIÈRES

PREMIÈRE PARTIE

LE GOUVERNEMENT DIVIN

DEUXIÈME PARTIE

GÓUVERNEMENT DE DROIT DIVIN : L'ÉGLISE

TROISIÈME PARTIE

GOUVERNEMENT DE DROIT HUMAIN OU CIVIL

CHAPITRE PREMIER

PRINCIPES GÉNERAUX

CHAPITRE SECOND

REPUBLIQUE ET MONARCHIE

CHAPITRE TROISIEME

LE DIX-NEUVIÈME SIÈCLE

CHAPITRE QUATRIÈME

CONCLUSION

FIN DE LA TABLE DES MATIÈRES.

Paris. — Imp. G Téqui, 92, rue de Vaugirad, 92.